ゼミナール

景気循環入門

景気循環学会＋金森久雄［編］

東洋経済新報社

はしがき

景気循環は経済学でも最も興味あるテーマである。過去に景気はいかに循環してきたか。その原因は何であるか。現在、経済は景気循環のどのような局面にあるか。この景気は今後どう展開するか。知りたいことがたくさんある。

本書は最近の景気動向、理論、歴史、景気対策、景気予測などについて、やさしくしかしかなり詳しく解説したものである。執筆者は景気循環学会のメンバーである。

本書は普通の入門書とは少し違って、現実の景気の分析と見通しを初めにもってきた。第1章「景気ＮＯＷ」がそれである。この章では、現実の景気分析はなかなか手ごわく一筋縄ではいかないことを示している。執筆者は一九九〇年代の不況が建設循環の下降期にあたっていたことを重視している。またコンドラチェフの長期波動の下降期であるともいっている。景気の見通しでは、交易条件の改善や景気の一致・遅行比率の上昇などから、景気が意外に早く回復する可能性があるとしている。金融政策を批評し、また小泉首相の構造改革路線に対してはやや批判的で、もっと景気重視の政策をとるべきだと主張している。この章を読んで執筆者の意見に賛成する人もあるだろうが、疑問を持つ人もいるに違いない。それは当然のことなのだ。景気分析は現実を一つの理論で割り切って答えを出せるような簡単なものではないのだ。

第2章「景気とサイクル」は景気循環に関連する諸問題、第3章「景気循環の主な要因」は景気循環と株価、為替相場、地価、投資、消費、貿易、雇用、物価の関連を論じた。第4章「景気循環の歴史」は、明治、大正、昭和前期、戦後の高度成長期、減速経済期の循環が説明されている。読者はこれによって現在の不況の特色を知ることができる。第5章「景気循環の理論」は景気循環の理論の批判的解説である。第6章「グローバリゼーション下の景気」は、日本の景気も世界の景気と切り離しては論じることはできないことを示している。第7章「財政・金融政策と景気」は金融政策だけで不況を乗り切るのは難しく財政政策が必要だという立場を取っている。第8章「景気の予測」では、景気動向指数、サーベイ、計量モデルなどの特質が説明されている。

景気循環にはわからないことが多い。執筆者の間でも見方が違っている点もある。しかし本書では皆自分の知識と経験に基づいて全力を出して書いている。入門といっても、全部を熟知している先生が知らない人に教えるという本ではなく、書いている人自身が自問自答を重ねながら一定の答えを出しているところもある。景気循環に関する本はたくさんあるが、そのなかで、本書の特色といえば、この点にある。読者はそのような本としてこれを読み、結論を鵜呑みにせず、自分の頭で考えて欲しい。

二〇〇二年二月

金森　久雄

主要目次

ゼミナール　景気循環入門

目次

第2章 景気とサイクル

第3章 景気循環の主な要因

第4章 景気循環の歴史

第5章 景気循環の理論

第8章 景気の予測

序　章

景気の読み方

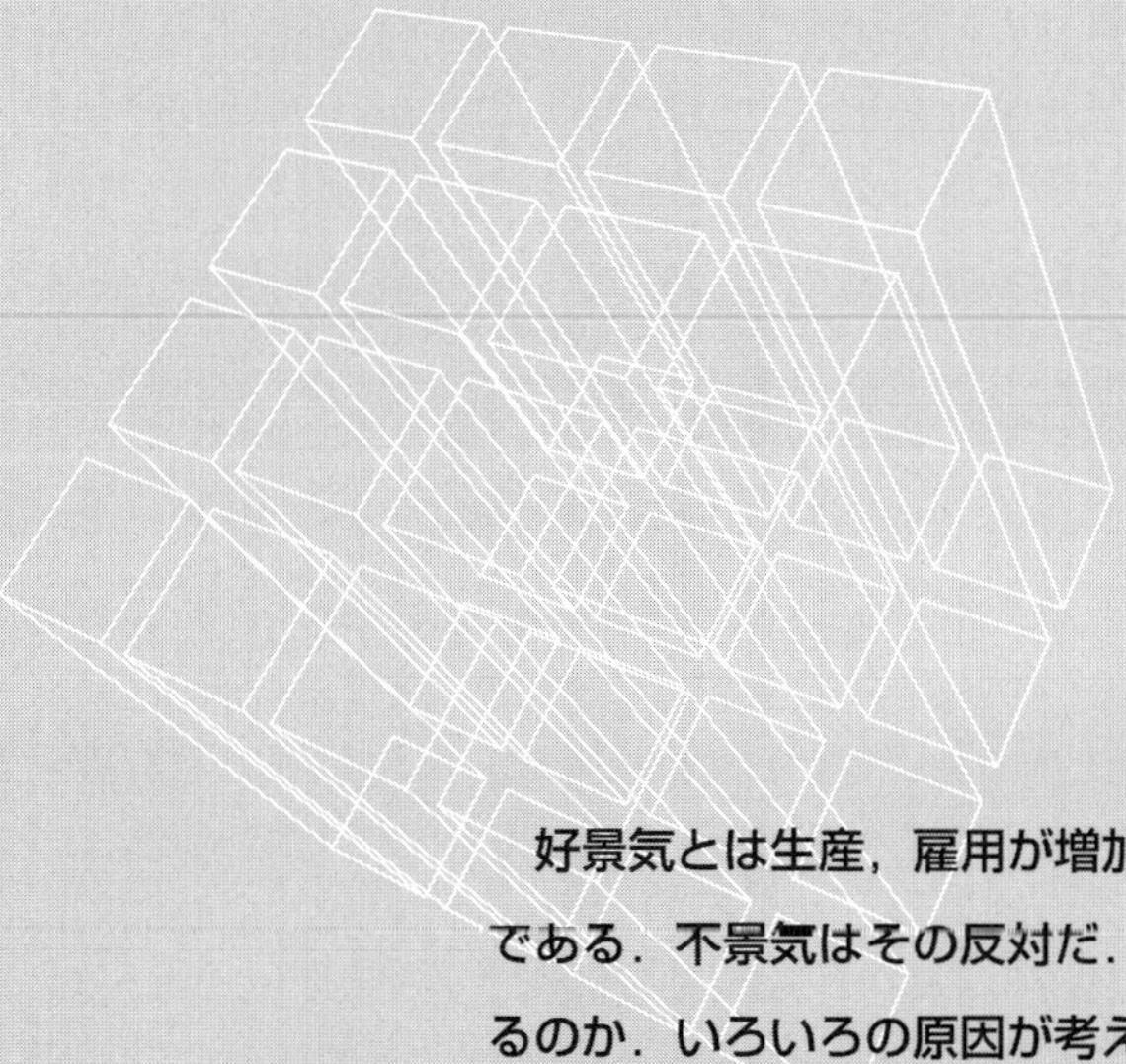

好景気とは生産，雇用が増加し，企業収益が伸びる時期である．不景気はその反対だ．なぜこのような変動が起きるのか．いろいろの原因が考えられる．経済の中には，技術革新，設備投資，在庫投資など循環的な変化をするものがあり，その合成が景気循環を生み出すという説もある．だが現実的に一番重要なのは設備投資の増減だ．設備投資は需要を増やし，供給力を高める．需要効果と供給力効果の矛盾が設備投資の変動を生む．景気予測は諸理論を背景にし，いろいろな現実の動きを取り入れ，熟考を重ねた上で，明確な答えを出さなくてはならない．

1 景気変動と景気循環の違い

経済には、生産が増え、雇用が増加し、企業収益が伸びるというときがある。逆に生産が減少し、雇用が減り、企業収益が落ち込むというときもある。前者の時期を好景気または好況といい、後者の時期を不景気または不況という。このような好景気と不景気の繰返しを、景気変動または景気循環という。

景気はたんに、①好況と不況というように変動するのか、②好況が原因となって不況が起き、不況が原因となって好況が発生するというように循環するのかについて経済学者の間に意見の違いがある。英語では前者をエコノミック・フラクチュエイション（景気変動論）といい、後者をトレード・サイクル（景気循環論）という。

景気循環論ではその変動の期間に規則性があると考えるのが普通である。しかし、通常の議論では、景気変動論者でも好況と不況との因果関係をまったく否定することはないし、循環論者でも厳密な規則性を主張するわけではない。両者を区別する実益は少ないだろう。

景気が変動するということは誰もが経験によってよく知っていることだ。そこで、どういう原因で景気変動が起きるのだろうか、その変動をなくして経済を安定して成長させる手段はないだろうか、景気変動を予知して会社の利益を上げる方法はないだろうか、といったことを知りたいという欲望が起きてくるのは当然のことである。昔から景気変動に関する本は無数にある。それはこうした欲望がはなはだ強いことの証拠でもあるし、その解答がまだ十分に見つからないことを示しているともいえるだろう。

しかし、まったく答えがないわけではない。多くの人の研究によって、ある程度のことはわかってきた。本書もそれらの研究をもとにして、景気変動についてさまざまな側面から光を当て、これらの欲望に答えていくことを目的にしている。具体的な問題は以下の各章で詳しく触れるので、ここでは全体的なテーマについて概略を述べよう。

2 景気の上昇と下降を判断する法

　経済活動が活発なときを好況といい、沈滞しているときを不況というと初めに述べた。だが経済活動を知るには生産、消費、雇用、企業収益などいろいろな指標がある。多くの場合これらは、同一方向に動くのでどれに着目してもいい。

　だが時には生産が増えても雇用が減るというようにばらばらな動きをする。そこで景気が上がっているか、下がっているか議論が分かれるときがある。それでは経済分析や景気政策のために具合が悪いことがあるので、機械的に景気の上昇・下降を判断し、決めようという考え方がある。

　日本ではその一つに、内閣府経済社会総合研究所でつくっている景気動向指数がある。これはアメリカのＮＢＥＲ（全米経済研究所）で始めたのをまねしたものである。生産、雇用、家計消費など景気と関連深い統計を先行系列一一種類、一致系列一一種類、遅行系列八種類に分類して集め、三カ月前の数字と比較して上がったか、下がったかをみて多数決で景気を判断しようというものである。機械的であるが、それだけに客観的に判断できるという長所がある（第２章参照）。アメリカでは実質ＧＤＰが２四半期連続して下降した場合を景気後退と呼んでいる。

　機械的決定法は便利ではあるが、実態に即さない場合がある。日本では政府は学者を集めて、景気動向指数を参考にしながら、景気転換点の日付を決定している。これによると、日本では一九五一年以来今日まで一二回の循環があり、現在は一三回目の循環が進行中だということになる。アメリカでもＮＢＥＲでは総合的な判断によって景気循環の日付を決めている。アメリカでは一九四五年以来一〇回の循環があり、現在は一一回目の循環の過程だということになる。

3 景気の水準か方向か

景気の判断で景気動向指数とは別の考え方もある。景気動向指数が経済活動の前期からの増減で景気を判断するのに対し、経済活動の絶対水準を基準にしようというものだ。日本で一九九一年の春から景気動向指数は著しく落ち始めた。しかし、長い好況続きの後だったので、生産水準は高く、企業の収益も好調だった。そこで経済企画庁（当時）では景気は良いと主張して、景気動向指数の信奉者たちと激しく意見が対立したことがある。後になって景気の基準日付が決められたときには一九九一年の二月が転換点とされたが、景気を方向で判断するか、水準でみるかは論争点として残っている。

またマクロ経済の好況、ミクロ経済の不況の対立が問題となったこともある。一九六四年、マクロ経済指標である国民総生産や鉱工業生産指数は増加しているのに、ミクロ経済指標である企業収益はひどく落ち込んだ。どちらが景気を正しく現すかについて論争が起きた。当時の日本のように高い成長が持続しているときには、成長率はプラスでもそれが鈍るときには、企業収益は減益となるというようにマクロ経済とミクロ経済の動きが反対になってもおかしくない。日本では景気循環は経済水準の変化でなく、成長率の変化でみるべきだという主張があるが、一理ある説である。

以上のように景気の状態をどうみるかについては、いろいろな問題があり、同じ状態をある人は好況だといい、他の人は不況だといって、議論が噛み合わないこともある。機械的判断では不十分で総合的な判断が必要だが、大体としては景気動向指標を使うのが良いと思われる。

4 四つの景気循環説

景気循環にはその性質の差によって長さに違いがあるというのが一般的な意見である。

普通は、①五〇～五五年周期の長期のコンドラチェフ・サイクル、②一五～二五年周期の中期のクズネッツ・サイクル、③七～一〇年周期のジュグラー・サイクル、④四〇カ月前後の周期のキチン・サイクル、の四つがあるといわれている。どれも発見者の名前をつけて呼ばれている。

コンドラチェフ・サイクルの原因は農業、技術革新、大戦争、金生産量だという。クズネッツ・サイクルは建築投資である。ジュグラー・サイクルは設備投資によって起きる。キチン・サイクルは在庫投資が原因である。これ以外のサイクルがあるという学者もいる。W・S・ジェヴォンズというイギリスの経済学者は太陽の黒点の増減が景気循環を生むといって一〇年の周期があるといった。こうしたサイクルの存在を認めない学者もいる一方で、このようなサイクルをもとにして景気変動を予測しようとする人もいる。

N・D・コンドラチェフがいうような農業の変化や技術革新がなぜ五〇年のサイクルを生むように起きてくるのかは理解しがたい。またC・ジュグラーのいうような設備投資の起きる期間も時代により変わってくる。景気政策の進歩によってサイクルは打ち消されてしまうかもしれない。したがってどのサイクルも厳密に景気を予測するのには役立たない。ただ、経済の中にこのような長期あるいは短期の変動を引き起こすいろいろな要因が存在していることは認めていいだろう。

5　景気循環の理論

どの景気循環も独自の顔をもっているといわれる。設備投資が重要な役割をするときもあれば、輸出が変動の主役となるときもある。石油危機や中東戦争のような外的要因によって引き起こされることもある。だがこのことから景気循環についての理論が無用だといってはならない。こうしたさまざまな要因を超えて循環を生み出す一般的な法則があるのではないだろうか。それを考えてみよう（第5章）。

景気循環がなぜ起きるかについての理論は無数にある。筆者が最も有用と考えるのは次のような説である。

(1) 革新（イノベーション）

革新を経済変動の原動力であるということを最も力強く述べたのは、J・A・シュンペーターであった。シュンペーターは、新製品の開発、新しい生産方式や商業技術の導入、新販路の開拓、新原料の供給源の獲得、生産組織の破壊や創造などを通じて起きる革新投資（イノベーション）の盛り上がりによって景気の上昇が生じ、それが経済全体にひろがって過剰な利益が消滅するにつれて投資は落ち景気は下降すると述べた。コンドラチェフの理論のうち、技術革新という面を強調したものともいえるが、シュンペーターは革新投資が起きるのに金融の役割を重視しているのが特徴である。

彼の理論のエッセンスはきわめて簡単である。しかし、景気循環の本質をついたものといえ、現在の景気循環を説明するものとしても有用である。ただ革新がいつ起きるか、それがどれだけの期間持続するかなどの点は明らかでない。シュンペーターの理論は大きな趨勢をつかむのには有用であるが、細かい経済分析の道具として使うのにはあまり役立たない。

(2) 設備投資の変動

中期の景気循環を引き起こす最も重要な原因は設備投資の変化である。そこで設備投資を変化させる要因は何かが問題になる。再投資循環説というのがその一つの解答である。これはK・マルクスの景気循環論にもあるのだが、一度設備投資ブームが起きると、何年か後に設備を更新するためにまた投資の山がくる。これの繰返しによって規則正しい循環が発生するという説である。これは一理ある見方であるが、更新期間がさまざまである投資が行われた場合、再投資の時期がばらばらになり、経済全体の循環は起きないという問題があるだろう。

興味深い考え方として加速度原理が挙げられる。これは実物資本ストック（設備・機械などの蓄積量）の変化率と最終需要の増加率との間には決まった比率があるという点に着目して、投資水準を予測しようという考え方である。これはおもしろい着想であるが、通常は投資によって需要が決まるのに、逆に需要が投資を決めるとしているところに問題がある。これに似た考え方に資本ストック調整原理というものがある。現実の資本量を望ましい資本量に一致させるように投資活動が行われるという説である。

また、乗数と加速度原理を組み合わせて循環を説明しようという考え方もある。これはP・A・サミュエルソンが発見した理論である。投資が起きるとその乗数倍の所得が増える、そうすると少し時間をおいて加速度効果によって投資が誘発される、その投資でまた所得が増加し、次の投資が増えるという連鎖的反応が発生する。この場合サミュエルソンは乗数や加速度係数の値のいかんによっては、経済が循環的な変動を示す場合があることを明らかにした。これは非常に興味深い理論であるが、実際の経済で乗数や加速度係数が循環を引き起こすような値をとるだろうかという疑問がある。この加速度原理や乗数との組合せの理屈は少し複雑であるから第5章を参照されたい。

玉突き台の理論というのもある。これはJ・R・ヒックスが唱えた説である。設備投資が増加するとGDP（国内総生産）は螺旋的に増えていくが、やがて労働力不足、資本のフル稼働、国際収支の壁などにぶつかり反転する。しかしその下降はどこまでも続くわけではなく、基礎的な消費や技術革新による投資という床につきあたって上昇に転じるという。上昇と下降の転換をうまく説明しているといえる。

J・M・ケインズは設備投資を利子率と資本の限界効率との関係から説明する。資本の限界効率というのは、投資の予想収益率のことである。すなわち資本の限界効率が利子率より高ければ設備投資をするという。これはわかりやすい説である。ただ、ケインズは予想収益は企業家の冷静な確率計算によるものではなくアニマル・スピリットによって決まるといっている。ここがたんなる学者でなく、現実の経済にも通じていたケインズらしいところだ。このアニマル・スピリットの変化があれば景気変動が発生するが、投資がアニマル・スピリットによるということになると予測が難しい。

投資の二面性から投資の将来を予測しようという考え方もある。これはいろいろな人が主張したが、最も力強く述べたのは、ケインズの弟子のR・F・ハロッドだ。設備投資には生産力を増やすという生産力効果と需要を拡大する需要効果との二面性がある。この両者が一致するとき経済は安定した成長をする。生産力効果の方が大きくなれば投資は減り、逆の場合には投資は拡大する。

生産力効果と需要効果との比較が設備投資を決定するという。この説では、理論的には投資は増加を始めればどこまでも増加し、減少すればどこまでも減少することになって循環は発生しないことになり、財政・金融政策によってその流れを変えることが必要になる。現実的に応用範囲が広い理論である。

(3) 貨幣の変動

以上は実物面から投資を考える理論であるが、金融面からのアプローチもある。金融面を重視した古典的な学者はR・G・ホートリーである。彼は「貨幣が増大するときには取引は活発となり生産は増大し、物価は上昇する。貨幣が減少するときは取引は衰え、生産は縮小し、物価も低落する。貨幣の流れが景気循環の唯一かつ十分な原因である」といった。貨幣が景気循環を引き起こす重要な要因であることは間違いない。最近の日本でも銀行の貸し渋りが不況の原因だという説があった。ただそれが実物的要因より強いかどうかという点になると、そうとは思われない。

(4) 外的要因

景気循環が戦争、海外の景気変動、石油危機、地震などの外的要因によって起こることもある。天候の変化、豊作、凶作なども外的要因に数えてもよいであろう。理論家はこうした要因は軽視しがちであるが、実際にはきわめて大きな影響を経済に与えることがある。したがって、景気循環を分析したり、予測しようというエコノミストはそれを軽視してはならない。またこういうことがしばしば起こるから、単純に過去のサイクルから景気を予測しようといったやり方が成功しないのである。

二〇〇〇年後半からのアメリカの景気後退は外生的要因によるものではなく、内生的原因によるものであろう。そうだとすると、どのような内生的理論がこれを説明するか。また二〇〇〇年末からの日本の景気後退の主因はアメリカの景気後退という外生的なものである。景気の予測をしようというエコノミストは前述の景気循環に関する諸理論を頭におき、外生的要因も考慮して、総合的な判断をしなくてはならない。

6 現実の景気予測法

現実の景気予測の方法はいろいろである。

(1) 評論家的な予測

多くのニュースをもとに景気は良くなるか悪くなるかを予想する評論家的予測がある。これはその人が経験を積んでいる場合には、駆け出しのエコノミストの予測よりうまく当たる場合もある。ただ成長率が何％になるというような数量的予測はできない。

(2) エコノメトリクス

経済を連立方程式のモデルであらわし、過去の統計を用いてパラメーターを推定し、方程式を解いて解を求めるというエコノメトリクスによる方法もある。これは一時はやったが現在ではそれほどでもない。それは多分経済が連立方程式であらわせるほど簡単なものでないということがわかったからだろう。だが金利が変化した場合、あるいは世界経済の動向が変わった場合に景気がどうなるかといった、政策や外的条件の変動の分析などに使われることは少なくない。

(3) 段階的接近法

多くの研究所の予測で最も普通に用いられるのが段階的接近法である。政府の予測も段階的接近法による。

これは、国民所得統計を基礎とし、投資、消費、住宅投資、政府消費、政府投資、輸出、輸入などを個別に推計し、それを積み上げて、討論を経て、全体の景気を予測する方法である。

予測にあたっては各種の統計、予測調査、ニュース、経済理論など利用可能なものはすべて使う。たとえば設備投資の予測であると、ストック調整理論、設備投資予測調査、鉱工業生産、出荷、機械受注、法人企業統計などをチェックする。また、設備の稼働状況、資金の動きなどを調べて一番ありそうだと思う投資レベルを決定する。

消費についても、雇用者所得、家計調査、百貨店売上高、消費動向調査などを用いて予測する。貿易については世界経済、為替相場、輸出関数、輸入関数などから予測する。政府支出については予算がもととなるが、過去の政府の傾向から判断すれば補正予算が組まれることが普通であるから、それも含めて考えなければならない。

こうして設備投資、在庫投資、住宅投資、消費、輸出、輸入、政府支出など各分野の予測を行い、最後にそれらを突き合わせて、相互に矛盾がないか調整を行って予測を完成させる。当然、結果は予測者の主観に左右されることをまぬがれない。予測者の能力あるいは無能力がはっきりする点に特色がある。

7 実際の予測にあたっての心得

景気循環の研究の目的の一つは過去の動きの分析である。それは非常に興味があることだが、さらに進んで予測をしようとすると、いろいろな問題が出てくる。予測を趣味や自分の経済理論の鍛練のためにやろうという人にとってはどうでもいいことであるが、会社や研究所で予測をしようという人のために、大事だと思うことを少し述べておこう。

まず予測は明確でなくてはならない。景気が良くなるか、悪くなるか、どう考えているかはっきりしない人がいる。一寸先のことはわからない。そこでいろいろなことを考えるとはっきりしなくなるのも無理はない。だがそれではだめだ。最もありそうなことを選んで予測しなくてはならない。たとえば、物価が下がっているとき消費はどうなるか。物価が下がるから実質所得は上がり、消費が増えるかもしれない。物価が低下しているから消費を繰り延べ、消費が減るかもしれない。どちらだろう。迷っていても仕方がない。消費動向調査や家計調査などあらゆる統計をもとにして、先行きを予測し景気の判断を行わなくてはならない。

また、条件付き予測を避けるべきである。よく「アメリカの景気が良くなれば日本の景気は大丈夫です」などという人がいる。それを聞いた人は「それではアメリカの景気はどうなるのか」と質問するに決まっている。アメリカの景気と併せた景気判断をしなくてはならないのである。それでも、あまりわからないことを独断的にいってはかえって信用されないこともあるので、ある程度の留保をつけた方がいい場合もある。その兼ね合いが難しい。

最後に予測は当たるだろうかという問題が残る。当たらなければこの本に書いてあることはすべて空論になってしまう。昔から天気予報と景気予測は当たらないという人がいた。最近天気予報はよく当たるようになった。景気予測の方は相変わらず評判が悪い。だがきちんとした方法を使えば景気予測はかなりよく当たると思う。特に一年程度の短期予測の成績は悪くない。ただしあまり細かいところまで当てるのは無理である。大筋で当たればよしとしなければならない。

もっとも、突発的な事件が起きて、年初の予測をだめにしてしまうことがある。一九七三年と一九七九年の二度にわたって起きた石油危機や二〇〇一年のアメリカの同時多発テロのような場合である。こうしたときは、予測をご破算にして、やり直す他はない。状況の変化にしたがって弾力的に予測を変えるのもエコノミストに要求される資質である。

第1章

景気 NOW

「失われた10年」には，景気循環的な背景がある．建設循環や長期波動の下降、貨幣的過剰投資の反作用などだ．平成の大型バブルは，これらの長波の下降局面で発生・崩壊した．

近年の日本銀行の金融政策は，IT バブルへの対応が招いた困難もあって，マネーの大変動に繋がった面がある．今後は政府と共に，名目成長率の目標管理を目指すのが，一つの望ましい方向と考えられる．小泉政権の構造改革は，供給面を重視する政策である．短期循環的には，景気底入れを示唆する先行指標が，足元で複数出てきている．その芽を摘み取らないよう，需要面にも配慮した政策姿勢が打ち出せるか否か，注目される．

1 循環論から見た「失われた一〇年」

(1) 二つの拡大期と三つの後退期

一九九〇年代における一〇年間の（もしくは、それに引き続き今日に至るまで継続している）経済的な停滞の時代のことを、総称して「失われた一〇年」と呼んでいる。一般に、この用語が使われる際には、不良債権の処理や構造改革が先延ばしにされ、当座の景気悪化をしのぐために公共投資などの国の財政支出が無駄に出費されてきたことに対する、やや否定的なニュアンスが込められていることが多い。だが、そもそも経済の低迷がなければそうしたこともあまり問題視されなかったろう。

もっとも、このように「失われた一〇年」と呼んだからといって、短期の景気循環の観点からみて、この一〇年間がすべて景気後退に終始したかといえば、けっしてそうではない。一九九〇年代以降、今日まで二つの景気拡大（拡張）期間が存在した。

まず、一九九三年一〇月を谷にして、一九九七年五月（二〇〇一年一二月に内閣府の「景気動向指数研究会」で暫定となっていた基準日付を変更・確定した）まで四三カ月間続いた景気拡大期である。世にいう「好況感なき回復」だ。しかし、拡張の期間そのものは短いとはいえない。戦後では、最長の「いざなぎ景気」（五七カ月。一九六五年一〇月～一九七〇年七月）、第二位の「平成（バブル）景気」（五一カ月。一九八六年一一月～一九九一年二月）に次ぐ、堂々の第三位に入る。長さだけからいえば、高度成長期の只中の「岩戸景気」（四二カ月。一九五八年六月～一九六一年一二月）さえ凌駕しているのである。

もう一つの拡大期は、一九九九年一月（暫定日付を変更・確定）を谷に、二〇〇〇年一〇月までわずか二一カ月間という短い拡大に終わった、俗称「ＩＴ（情報通信技術）景気」である。戦後の景気拡大期で、これまで最も短かったのは、第一次石油危機後の、いわゆる「ミニ景気」（一九七五年三月～一九七七年一月）の二二カ月間であるので、当初はアメリカの「ニューエコノミー」同様の構造変化を内包して長期化すると期待する向きの多かったこの「ＩＴ景気」が、戦後の最短記録を塗り変えてしまったのは、歴史の皮肉ともいえる。

このように「失われた一〇年」の中にあっても、短期の景気循環でみれば、それぞれに個性的な二つの景気拡大期があったことは、厳然たる事実である。

一方で、景気後退期は、一九九〇年代に入ってから三つ発生した。最初は、「第一次平成不況」(「バブル崩壊不況」とも呼ばれる)であり、これは一九九一年二月を山とし、一九九三年一〇月を谷とする三二カ月間の景気後退である。戦後最長の景気後退である「世界同時不況」(一九八〇年二月～一九八三年二月の三六カ月間)に次いで第二位の長さとなった。二番目は、「第二次平成不況」(一九九七年五月～一九九九年一月の二〇カ月間)であるが、このときは、橋本龍太郎内閣の財政構造改革による財政緊縮政策に端を発し、間にアジア通貨危機をはさんで、最後は山一證券、日本長期信用銀行といった大手金融機関が次々に破綻する、戦後最大の金融危機にまで発展した。

そして三番目は、二〇〇〇年一〇月(暫定日付)を山に現在に至る景気後退であり、ITバブルの崩壊や一般物価水準の継続的低下をともなったことから、「IT不況」とも「デフレ不況」ともいわれている。

(2) 景気拡大「前半・後半」の法則

さて、以上のように、二つの拡大期と三つの後退期をもつ一九九〇年代の景気循環であるが、結果的にはやはり、文字通りの「失われた一〇年」となっていることが否定できない。というのも、一九五〇年代以降における他の四つのディケード(西暦の一〇年間)と比べ、最も拡大期間の短いディケードであるからだ。この点について、以下でデータに基づいてみてみよう。

表1-1は、一九五一年度以降、二〇〇〇年度までの五〇年にわたる期間について、短期循環における浮き沈みの様子を、内閣府の「景気基準日付」をもとに四半期ごとに、拡大期(白丸)と後退期(黒丸)に分けて記し、拡大期の全期間における比率を、一年ごと、五年ごと、一〇年ごとに各々計算したものである。

計算された白丸のシェア率である「景気拡大期間比率」の毎年の変動は、短期循環あるいは在庫循環(キチン・サイクル)の推移を示している。次に、白丸のシェア率について、一九五一～一九五五年度、一九五六～一九六

◎ 表1-1　戦後の景気拡大期と後退期の推移（四半期）◎

	4-6月期	7-9月期	10-12月期	1-3月期	景気拡大期間比率（%）	同5年平均値（%）	直前5年間との長さの比較	同10年平均値（%）	同2年ずらしの平均値（%）	直前10年間との長さの比較
1951年度	○	●	●	○	50	75（15）	—	77.5（31）	—	—
1952	○	○	○	○	100					
1953	○	○	○	○	100				72.5（29）	—
1954	●	●	●	○	25					
1955	○	○	○	○	100					
1956	○	○	○	○	100	80（16）	長い			
1957	○	●	●	●	25					
1958	●	○	○	○	75					
1959	○	○	○	○	100					
1960	○	○	○	○	100					
1961	○	○	○	●	75	60（12）	短い	75（30）		
1962	●	●	●	○	25					
1963	○	○	○	○	100				77.5（31）	長い
1964	○	○	○	●	75					
1965	●	●	●	○	25					
1966	○	○	○	○	100	90（18）	長い			
1967	○	○	○	○	100					
1968	○	○	○	○	100					
1969	○	○	○	○	100					
1970	○	○	●	●	50					
1971	●	●	●	○	25	60（12）	短い	62.5（25）		
1972	○	○	○	○	100					
1973	○	○	○	●	75				50（20）	短い
1974	●	●	●	●	0					
1975	○	○	○	○	100					
1976	○	○	○	○	100	65（13）	長い			
1977	●	●	●	○	25					
1978	○	○	○	○	100					
1979	○	○	○	○	100					
1980	●	●	●	●	0					
1981	●	●	●	●	0	45（9）	短い	65（26）		
1982	●	●	●	●	0					
1983	○	○	○	○	100				65（26）	長い
1984	○	○	○	○	100					
1985	○	●	●	●	25					
1986	●	●	●	○	25	85（17）	長い			
1987	○	○	○	○	100					
1988	○	○	○	○	100					
1989	○	○	○	○	100					
1990	○	○	○	○	100					
1991	●	●	●	●	0	45（9）	短い	52.5（21）		
1992	●	●	●	●	0					
1993	●	●	●	○	25				58.3（21）	短い
1994	○	○	○	○	100					
1995	○	○	○	○	100					
1996	○	○	○	○	100	60（12）	長い			
1997	○	●	●	●	25					
1998	●	●	●	●	0					
1999	○	○	○	○	100					
2000	○	○	○	●	75					
2001	●	●	●	●	0	—	—	—		
2002	—	—	—	—	—					

（注）1．○印は景気拡大期，●印は景気後退期．2001年度については筆者の推定．2002年度はN.A.．
2．景気拡大期間は，各年度（4四半期）に占める○印の割合で表示．（　　）内は拡大四半期数．
3．大きな○（△）印は直前の5年間，あるいは10年間との長さを比較して相対的に長い（短い）時期．
（出所）内閣府経済社会総合研究所「景気動向指数」，嶋中雄二『繁栄は繰り返す』PHP研究所，1994年，嶋中雄二『複合循環』東洋経済新報社，1995年．

〇年度、といった順にちょうど五年間ずつに分割して、各々の平均値を出してみると、表の「同五年平均値」のようである。

これをみると、戦後の日本経済が、きわめて規則的に、ディケードの前半と後半の五年間ごとに、景気拡大期間の相対的に短い時期（前半、図中の△印）と長い時期（後半、〇印）とを交互に繰り返す一〇年サイクルを反復してきたことがわかる。この現象は景気拡大期間からみた中期循環あるいは「ジュグラー・サイクル」といってよいが、日本経済にみられるこの明瞭なパターンを、筆者は「前半・後半の法則」と呼んでいる。

一九九〇年代においても、景気拡大期間についてのこの法則はきちんと成り立っており、前半（一九九一～一九九五年度）に四五％と低かった景気拡大期間比率は、後半（一九九六～二〇〇〇年度）には六〇％と、やや盛り返している。

しかし、以上のようにジュグラー・サイクル的な上下動を繰り返しながらも、一九九〇年代全体を平均してみれば、景気拡大期間比率が五二・五％と、戦後における既往のディケードの中で最低となっている。すなわち、一九五〇年代は七七・五％、一九六〇年代は七五％、一九七〇年代は六二・五％、一九八〇年代は六五％であった。このことは、一九九〇年代が景気後退の比率が際立って高いまさしく「失われた一〇年」であったことを裏づけるものといえよう。

(3) 下降局面にあった建設循環

さて、表1-1で示された景気循環の推移についてよく観察すると、一〇年単位でみた景気拡大期間が一九七〇年代以降では、減衰傾向をたどりながらも、一九七〇年代＝六二・五％（短い）→一九八〇年代＝六五％（長い）→一九九〇年代＝五二・五％（短い）、という具合に一〇年ごとの反転、したがって全長二〇年の循環変動を繰り返していることがわかる。これは、建設循環ないしクズネッツ・サイクルあるいは長期循環が、今日でも日本経済に実在していることの一つの証左と考えられるとともに、一九九〇年代が「失われた一〇年」と称されるほど停滞した時代になってしまった理由の、一つの必要条件が循環的に与えられていたことが理解される。

さらに、一〇年間の起点を一九五一年度ではなく、二年遅らせた一九五三年度からとると、この一〇年ごとの短い・長いという反転の規則性は、一九五〇年代（一九五三～六二年度）以降、一九九〇年代（一九九三～二〇〇二年度。ただし、二〇〇一年度は推定、二〇〇二年度はデータなし）まで一貫して続いてきたことがわかる。

2 建設・設備・在庫の複合循環

(1) 戦後の建設循環

このように、日本の建設循環は、ずいぶん前からはっきりとした下降局面に入っているといえる。では、建設循環は、景気拡大期間比率以外では、具体的にどういう指標でみればよいのだろうか。以下の三つが比較的明瞭であろう。

第一は商工業・サービス向け建築着工床面積（図1－1の点線の有効求人倍率については後述）、第二は工場立地件数、第三は建設投資が土地投資と深い関連があることから、六大都市の市街地価格指数をGDPで割った地価比率である。図1－1はその三つの指標を時系列であらわしたものであるが、これらは互いに連動しており、日本の建設循環の姿を浮き彫りにしている。

なお、図中の下段の地価比率と一緒に点線で描いてあるのは公共投資の対名目GDP比率である。これをみると、従来は公共投資比率は、全体の建設循環の流れとは基本的に逆サイクルの動きを示してきたことがわかるが、一九九六年にピークをつけてからは、民間の建設活動の落込みと同調して落ち込み続けている。これは明らかに橋本・小泉の両内閣を中心とする財政構造改革と地方単独事業の落込みの影響であろう。

ところで、この三つのグラフから、一九六〇年代半ばに始まるいざなぎ景気から一九七〇年代前半の列島改造ブームまでは、建設循環は上昇局面にあったことが読み取れる。その後、第一次石油危機を経て、長期的な下降局面に向かい、一九八二、八三年頃に谷に達し、一循環を終えた。そして、建設循環は一九八〇年代を貫いて、再び上昇期を迎えている。特に一九八〇年代後半のバブル期に建設活動は加速をみる。

◎ 図1-1　1990年代から下降局面にある建設循環 ◎

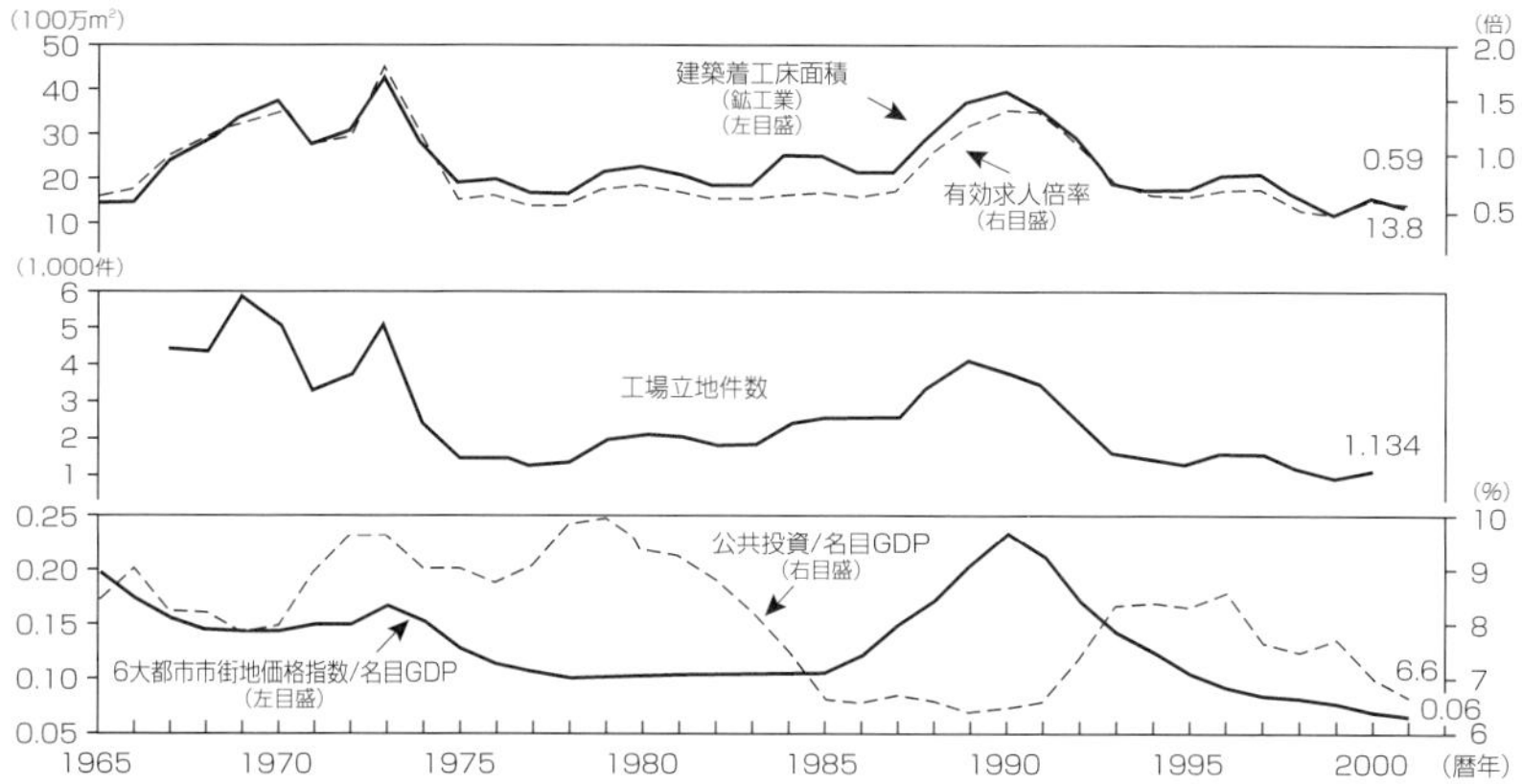

（注）直近の有効求人倍率，建築着工床面積は2001年1-12月平均値，工場立地件数は2000年（上下半期平均値），6大都市市街地価格指数は2001年9月末値，名目GDPは2001年7-9月期，1980年以前の数値は旧ベース．

（出所）国土交通省「建築着工統計」，厚生労働省「一般職業紹介状況」，経済産業省「工場立地動向調査」，日本不動産研究所「市街地価格指数」，内閣府「国民経済計算」．

ところが、一九九〇年から九二年にかけて、建設活動は再び転換点を迎える。地価は一九九一年がピークであるが、その後暴落に転じ、今日に至るまでなお下降を続けており、建設投資の縮小と歩調を合わせ、先行きも、少なくとも二〇〇二年度いっぱいは下降が続くとみられる。いずれにしても、日本の建設循環については、現在大底局面に差しかかろうとしているという認識が必要だろう。

問題は、およそ二〇年を一循環とする建設循環が下降しているときに、何が起きるかである。より長い循環の下降局面においては、それよりも短い周期、たとえば一〇年前後の周期の設備循環が上昇しようとしても、その上昇は軽微なものになってしまいがちである。逆に、より長い循環の下降局面における、より短い循環の下降局面は激烈で、長いものになってしまう。一九九六年から一九九七年にかけての、また一九九九年から二〇〇〇年にかけての設備投資の上昇が微弱ないし短命に終わったのは、財政構造改革などの影響もさることながら、建設循環のようなより長い循環の下降局面にあったからともいえる。一般に、建設循環の下降局面と複合すると、設

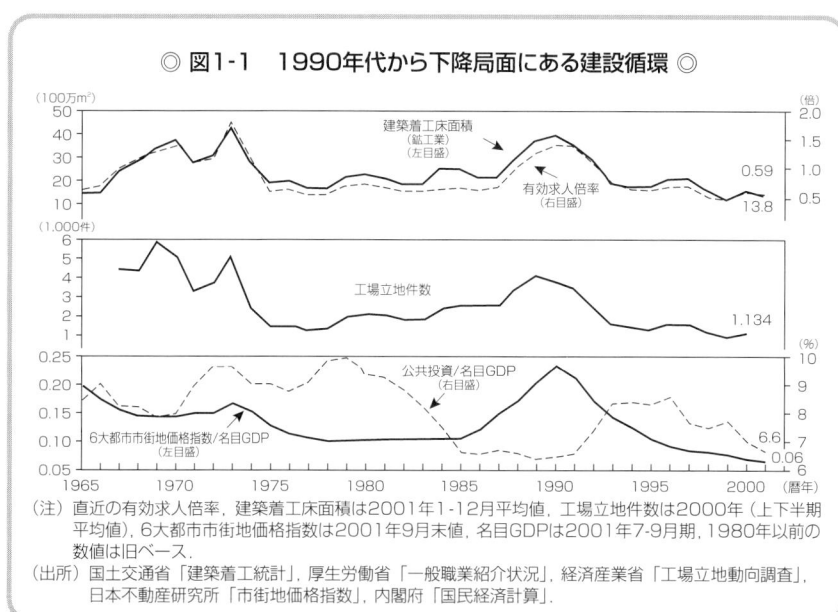

備循環の下降局面は経済全体に厳しい調整圧力をもたらす。

こういった建設循環と設備循環、あるいは設備循環と在庫循環の間の相互作用を「複合循環の法則」と呼んでいる。こうした考え方は、後述のように、J・A・シュンペーターやA・H・ハンセンが確立した。

(2) 建設循環の裏にある債務の循環

ところで、最近、金融機関のいわゆる不良債権問題と絡んで、その裏側にある企業の過剰債務問題が指摘されている。実は、債務にも循環があり、これはいわゆるバランスシート調整のサイクルということになる。このバランスシート調整は、実物面での建設循環の裏側にある、金融面での調整にほかならない。

建設循環の金融面でのあらわれがバランスシート循環だというのは、建設投資には土地の取得が当然前提になるからである。建設投資が活発になれば、土地の取得が増え、土地の値段が上がる。建設投資が大きく落ち込めば、当然土地の取引も不活発になり、土地の値段は下がる。また、土地の値段がさらに下がっていくという期待が発生すれば、建設投資は抑えられる傾向となる。しかし、建設投資のために取得した土地は、投資抑制時には未稼働のまま残り、取得のために借り入れた資金は債務の形でバランスシートに残る。金融機関の側からみれば、これは場合によっては「不良債権」となって積み上がったことになる。その資産・負債のバランスシートの調整が終わって、はじめて建設投資が回復するという循環になるのである。

(3) 雇用の循環とも連動

このように、建設循環と債務の循環、つまりバランスシート調整の循環は密接に結びつくわけであるが、建設循環と雇用の循環も密接に結びついている。これは論より証拠で、図1-1のように建設投資の長期循環をみる指標である商工業・サービスの建築着工床面積に有効求人倍率のグラフを一緒にプロットすると、非常によく連動し、ほとんど同じような形状を呈するのである。

建設循環と雇用の循環が結びついているとすれば、雇用の循環も長期循環の一側面であるといわざるをえない。なぜ建設循環と有効求人倍率が結びついているのだろうか。日本の場合、建設業者が全国でおよそ五八万社あり、六〇〇万人弱の雇用を支えているといわれる。建設活動の盛衰にともなって、建設業界の労働需給が逼迫したり緩和したりするわけで、これが雇用の循環を引き起こす最大の理由になっていると思われる。

いずれにしても、両者は非常に密接に結びついているので、建設循環が底入れしないことには、今日の雇用の過剰も本格的に是正されないし、逆に、雇用調整が終わらないかぎりは、建設投資の調整も、債務のバランスシート調整も、あるいは不良債権問題自体も終わらないという連動性があるのではないだろうか。

とはいえ、建設循環との関わりで債務のバランスシート調整を議論するだけでは、そもそもいわゆる「資産デフレ」がなぜ発生したのかについての十全な説明にはならない。そこで、以下では、貨幣的景気循環理論と長期波動論の見地から、資産デフレについて検討してみることにする。

3 資産バブルから資産デフレへ

(1) ハイエク理論と平成バブル

一九九〇年前後を境に起こった、日本経済の「資産バブル」から「資産デフレ」への転換過程と、その後遺症的現象の発生についての流れは、理論的にはＦ・Ａ・ハイエクの貨幣的景気循環理論が最もよく説明できるように思われる。

ここで、ハイエクの理論、すなわち貨幣的過剰投資説を簡単に紹介しよう。いま、資源の完全利用状態で（一九八〇年代半ばの日本経済はまさしくその状態だった）、ある数量の貨幣が企業家に追加的な信用の形で供与されたとしよう（金融緩和と金融行動の活発化の局面といえる）。ハイエクによれば、この新たなマネーサプライが借り手を見出すためには、市場での貸出利子率（貨幣利子率）が均衡水準よりも低下しなければならない。すると、借り手となる企業家は、新たに生産手段を追加することはできないので、それまで消費財の生産に使用されていた生産手段（原材料や労働）をより高い価格で仕入れて、資本設備の生産に振り向けるだろう（一九八〇年代後半の日本の「人手不足」状況が想起されよう）。

この結果、投資財部門は経済全体の中で、消費財部門に対して不均等に拡張しつつ、生産量を増大させていく（これは設備投資比率の上昇を意味する）。

ここに、信用の供与によって、社会の貯蓄Sに対して投資Iの過剰が発生するわけである。ところが、こうしてファイナンスされた好況は、ハイエクによると、けっして永続きしない。

なぜなら、消費財部門から投資財部門へ転用された原材料や労働のコストは、好況の継続によって上昇せざるをえず、また増加した所得を手にした消費者は当然、消費支出を増やそうとするからだ。その結果、次に消費財部門の方が投資財部門よりも利潤面で相対的に有利になり、投資財部門から逆に資源を取り返そうとする動きが始まる。

このとき、さらに新たにマネーが注入されれば、問題は表面化しない。だが、銀行は無限に信用供与することはできない（日本の実際のケースでは金融引締めが始め

COLUMN

ハイエク（Friedrich August von Hayek）［1899～1992年］

ハイエク（1974年ノーベル経済学賞受賞）は，1921年にウィーン大学を卒業し，1927年，オーストリア景気研究所の初代所長に弱冠28歳で就任し，翌1928年に『貨幣理論と景気循環』を書いた．彼は，景気循環の貨幣的要因を強調すると同時に，一般物価水準を偏重していると彼がみなした貨幣数量説的見解に批判を加え，相対価格の重要性を訴えた．

1929年２月の同研究所の報告で，信用拡張にともなう誤った資源配分の必然的結果として，アメリカ経済に恐慌が差し迫っていると警告し，予測を的中させた．1931年に，ハイエクはロンドン大学で，景気循環における生産構造の変容過程の理論について連続講義を行ったが，その内容は『価格と生産』と題して刊行され，これを契機として，ほぼ同時期に『貨幣論』（1930年）を刊行したケインズとの間で白熱した論争が引き起こされた．

ハイエクはイギリスのロンドン大学で約20年，アメリカのシカゴ大学で約12年を過ごし，その後ドイツのフライブルク大学，そして最後は母国オーストリアのザルツブルク大学へと移り，心理学・科学方法論・哲学・法学・政治学・経済学の幅広い分野にまたがって，独自の自由主義思想体系を樹立した．

られた)。貸出金利が均衡水準を上回るところまで上昇しなければ借り手は金を借りられなくなり、マネーサプライの増分は縮小していくであろう。こうして、投資財部門の不均等発展はストップし、それまで投資財を大量に生産し、設備投資の拡大をもたらしていた生産構造が成り立たなくなるため、不況が始まるわけである。

以上が、ハイエク理論の簡単なスケッチである。要点は、均衡水準を逸脱した低金利での貸付資金の供給によって開始された設備投資の拡大は、いかに大きな好況を生み出そうとも、本質的に不均衡を内包しているため、やがて必ず金利の反転上昇と新規マネーサプライの停止という反作用を受けて終息せざるをえないということだ。つまり、貨幣的過剰投資による景気拡大は、同じ貨幣的な制約により崩壊するのである。この貨幣的過剰投資説は、バブル・マネー(信用)の生成・発展・崩壊にともなう「平成バブル景気」からその後の長期不況への逆転現象を巧妙に説明するものといえる。

(2) 長期波動の下降局面とデフレ

そして、もう一つは、ロシアの経済学者N・D・コンドラチェフの長期波動論である。

コンドラチェフは、循環論の先駆者としてシュンペーターらにも特段の敬意を払われていたA・シュピートホフの『恐慌論』の研究を参照した形跡を示しながら、次のように述べた。

「長期波動は、資本主義経済の中期循環が好況と不況というその主要局面を伴って進行するのと同じ動態的過程の中で、現にわれわれに与えられている。しかし、この中期循環は長期波動の存在によって、一定の刻印を受ける。研究の示すところによると、長波の上昇期には好況の年数が、長波の下降期には不況の年数が規則的に優位を占めている」(中村丈夫編[一九七八]、一三六ページ)。

この着想をより普遍化し、複合循環論の体系を樹立したのは、一九三九年におけるシュンペーターの仕事であった。すなわち、

「長期波動がその好況段階にあるときは、より小さい波動——概して、より重要性の少ない革新に対応するものであるが——は、上昇がより容易だろうし、その『基礎となっている』好況が続く限り、それらに対してクッ

ションが用意されているだろう。また基礎となっている波動の不況段階では、小さい波動が少しでも目立って上昇することは不可能だろう」(シュンペーター[一九五八]、一二七四ページ)。

そしてシュンペーターは、長期波動・中期循環・短期循環の「三循環図式」を完成し、単一循環の想定では排除できなかった不規則性の要素を排除しようとしたのである。

コンドラチェフは、主として欧米の物価や金利水準などの名目値の九年移動平均値によって長期波動を導き出したが、コンドラチェフが使った統計的手法に即してみれば、現在の日本経済は、明らかに長期波動の下降局面の中にあるといえる。今日、デフレという言葉が盛んに使われているが、これは景気循環論の概念でいえば、コンドラチェフの長波の下降局面現象であると言い換えることができる。

(3) 公定歩合と名目成長率にみる長期波動

日本経済が当面しているコンドラチェフの長波として、物価水準だけではなくて、金利水準についても、下降波動が出てくるのではないかとも考えられる。

そこで、公定歩合の長期波動を取り上げてみよう。実は、日本の金利統計の中で最も長期にわたって活用できるのは公定歩合である。明治時代の一八八〇年代から今日まで、公定歩合は時系列的に明確な数値を記録として残している。これらの公定歩合の九年移動平均をとって時系列化すると図1−2の上段の実線のようになる。九年の移動平均をとる理由は、一〇年前後の中期循環をあらわすジュグラー・サイクルを除去するためである。

グラフでみるように、九年の移動平均を施してみた公定歩合の水準の時系列は、一八八〇年代から一九三〇年代に至ってきれいに一つの大きな波を形成し、一九四〇年代から、二〇世紀末の一九九〇年代にかけて、また一つの大きな波を形成している。なお、点線の方はその前年差である。また、細かくみると、一つの大きな波の中にさらに二つずつのこぶが形成されている。つまり、建設循環があらわれていると解釈できる。

公定歩合のコンドラチェフ・サイクルをより浮き立たせるために、グラフに示したような、公定歩合の九年移動平均の一八八七年からのトレンドラインとの乖離幅を

◎ 図1-2　60〜70年周期をもつ公定歩合の長期波動 ◎

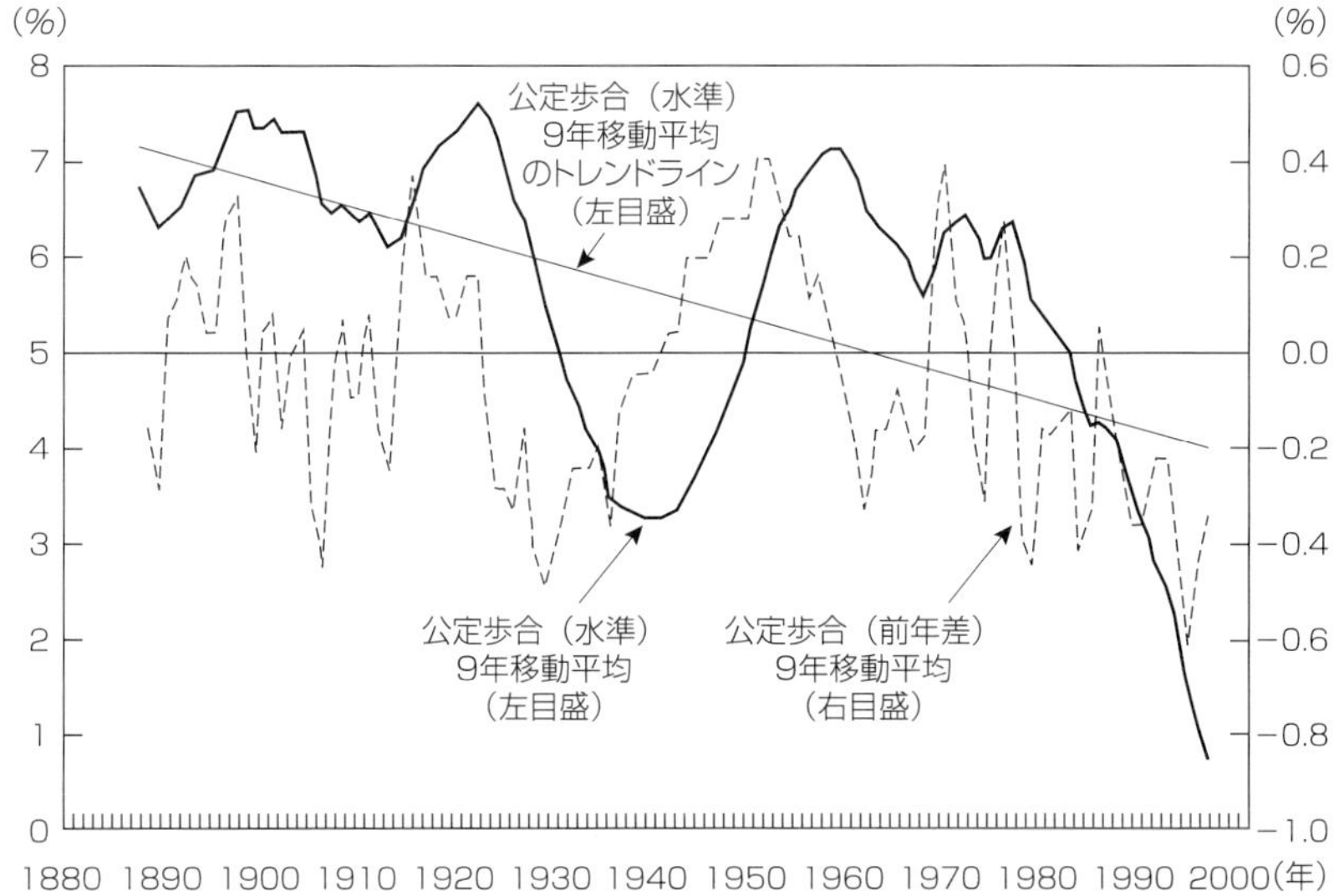

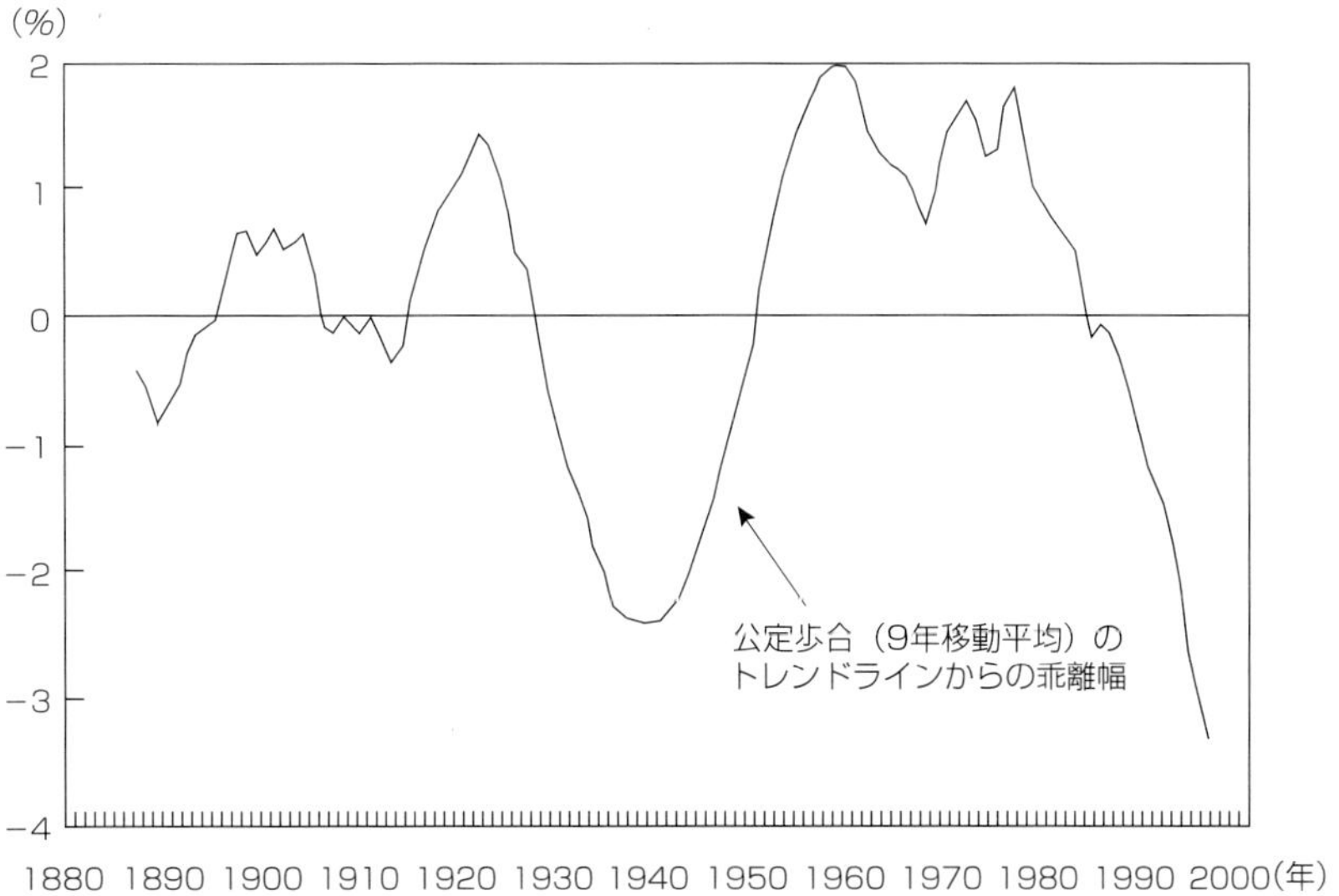

（注）トレンドライン（趨勢線）は1887-2001年.
（出所）総務省『日本の長期統計総覧』，日本銀行「金融経済統計月報」.

◎ 図1-3　67年ぶりのマイナスとなった名目GDP成長率と長期波動 ◎

（注）1945-1946年はN.A..
1947年の伸び率は176.2%、1948年は103.7%.
1956-1980年：旧ベース，81年以降：新ベース.
2001年は1-3月，4-6月，7-9月期平均値.
（出所）大川一司・高松信清・山本有造『国民所得』（『長期経済統計』第1巻）東洋経済新報社，1974年，内閣府経済社会総合研究所「国民経済計算年報」.

とり、その推移をみると、よりいっそうはっきりした波が出てくる（図1–2の下段）。

このグラフで注目されるのは、一九三〇年代の、いわゆる昭和恐慌から満州事変を経て太平洋戦争に至る日本経済の低迷期と、一九九〇年代のバブル崩壊以降の日本経済がほとんど似た動きを示しているということだ。したがって、今日の日本経済が経験しているデフレーション（デフレ）は、かつてない経験であるというよりは、一九三〇年代の再来、つまり六〇年から七〇年ぐらいの周期的間隔をおいて、一九九〇年代から世紀をまたいで、再びあらわれてきた現象ではないかと解釈できるのである。

その事実は、名目GDP伸び率の時系列推移（図1–3）にもあらわれている。名目GDPの成長率は、一九九八年に一九三一年以来実に六七年ぶりにマイナス成長に突入した。マイナス成長は戦後はまったくなかったのだが、戦前には、一九三〇年代初頭の昭和恐慌時にあった。その意味で、名目成長率においても、日本のコンドラチェフ長波は、はっきりと存在しているといえる。

このように、日本経済は現在、公定歩合、名目GDP

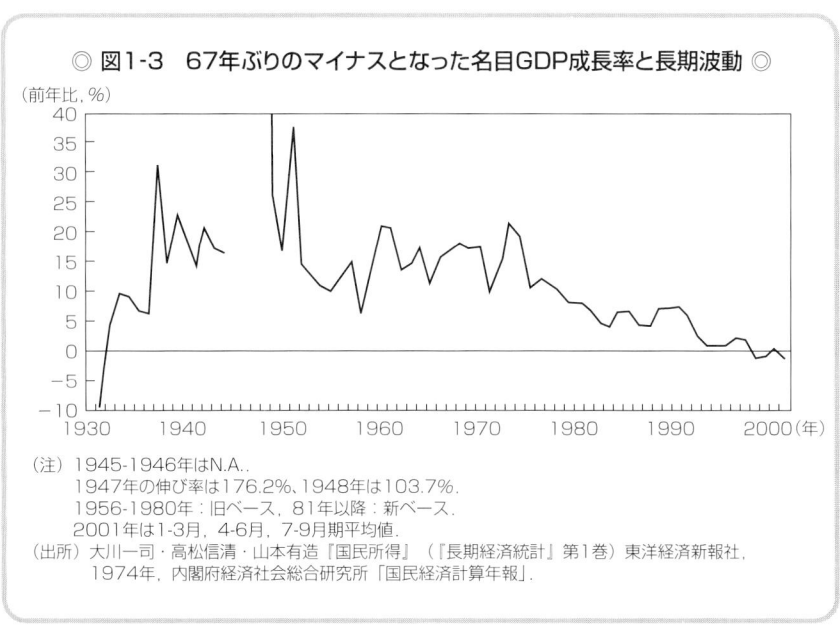

の伸び率の二つの長期推移からみて、六〇年から七〇年ぐらいの周期的間隔で繰り返す波のデフレ的な下降局面にあるといえる。

ちなみに、長波の下降から大底期に至る過程は低圧経済的（物価の低下で経済活動全体が不活発になる状態）で、典型的なデフレ経済局面になりやすい。当然、その下では経済主体の実質債務負担は重くなる。循環論に大きな足跡を残したアメリカの経済学者、A・H・ハンセンは、「物価が下がるにつれて負債の重圧が一段とその重さを加える」中で、「回復期といっても貧血的で弱くて回復しきるというところまで達しないということが知られている」と述べている（ハンセン［一九五〇］、一八ページ）。この考え方は、I・フィッシャーの「債務デフレ」理論と非常に近い。

以上のように考えてみると、さまざまな特殊要因や外的ショックなどが複雑に結びついて起こった一連の事態ではあったが、一九九〇年代以降の「失われた一〇年」あるいは「資産デフレ」の時代を、コンドラチェフ長波の下降局面現象として把握することは、さほど奇異なことはいえないことがわかる。

COLUMN

ハンセン　(**Alvin Harvey Hansen**)［1887〜1975年］

ハンセンは，1915年，ウィスコンシン大学で博士号を取得し，1937年から20年間，ハーバード大学で教壇に立ち，政府や民間の諸機関にも関与した．彼は，アメリカのケインズ派を代表する経済学者である．特に，主著『財政政策と景気循環』(1941年）では，景気の累積的な下降を抑止して完全雇用を維持するため，公共投資を投入する「補整的財政政策」の必要を説いた．また，高弟Ｐ・Ａ・サミュエルソンと共同で，乗数理論と加速度原理の相互作用による国民所得の累積的・循環的な変動過程を理論的に解明した．

だが，ハンセンはケインズ派であっただけではない．彼の経済学研究は，当初より，循環論分野での貢献が際立っている．彼は，景気循環が単なる「変動」とは異なり，周期性や累積性をもって波動を繰り返す，規則性のある経済現象であることを強調した．また，循環サイクルを，主循環（設備循環）と小循環（在庫循環），それに建設循環，長期波動，の４種類に分類したのはハンセンが最初である．さらに，特に建設循環がアメリカの1920年代の好況と1930年代の不況とに果たした役割の重要性を指摘した．他方，1920年代以後のアメリカ経済が「成熟」状態に到達したとみて，いわゆる「長期停滞」論を主張した．

それどころか、篠原三代平（一橋大学・東京国際大学名誉教授、景気循環学会名誉会長）の「大型バブルの長期波動『属性』」説に従えば、日本の平成バブルのような「大型バブル」の発生と崩壊は、まさしく長期波動にともなう、周期的な反復現象と考えられるのである。

4 ゼロ金利と量的金融緩和政策

(1) 一九九九年以降の日銀の金融政策の展開

本節では、主として一九九九年以降の日本銀行の金融政策の変更を景気循環の位相と比較しながら、ゼロ金利と量的金融緩和を巡る議論を検討してみる。まず、二〇〇一年版の『経済財政白書』による公式の整理に一部従いながら、一九九九年以降日本銀行がどのような金融政策をとってきたかをみてみよう。

●ゼロ金利政策の発動

日本銀行は、一九九九年二月の金融政策決定会合において、「より潤沢な資金供給を行い、無担保コールレート（オーバーナイト物）を、できるだけ低めに推移するように促す」ことを決定した。また、四月には、日本銀行総裁が「デフレ懸念の払拭ということが展望できるような情勢になるまで」、無担保コールレート（オーバーナイト物）を事実上ゼロ％で推移させることを表明した（日本銀行総裁定例記者会見要旨四月一三日による）。

●ゼロ金利政策の解除

ゼロ金利政策は、およそ一年半にわたって継続された。その後、日本銀行は二〇〇〇年八月の金融政策決定会合において、無担保コールレート（オーバーナイト物）を平均的にみて〇・二五％前後で推移するよう促すことを決定し、ゼロ金利政策を解除した。

(2) 二〇〇一年以降の日銀の金融政策の展開

●二〇〇一年三月の金融緩和策

日本銀行は、二〇〇一年二～三月の金融決定会合で、金融緩和を実施した。特に三月一九日には、①金融市場調節の主たる操作目標を、これまでの無担保コールレート（オーバーナイト物）から日本銀行当座預金残高に変更し、当座預金残高を五兆円程度とする（四兆円程度から増額）、②新しい金融市場調節方式は消費者物価指数（全国、除く生鮮食品）の前年比上昇率が安定的にゼロ％以上となるまで継続する、③日本銀行当座預金残高を円滑に供給する上で必要とされる場合には、月四〇〇〇億円ペースで行っている長期国債の買入れを増額することを決定した。ただし、日本銀行が保有する長期国債の残高は、銀行券発行残高を上限とすることも決められた。①によって、無担保コールレートはほぼゼロ％の状態に復帰したほか、②の時間軸の設定については、前回のゼロ金利政策時は「デフレ懸念が払拭されるまで」というやや曖昧な基準であったが、三月の緩和策では「消費者物価指数の前年比が安定的にゼロ％以上」という明確な基準となっている。

●二〇〇一年八月の追加緩和策

八月一四日の金融政策決定会合では、日本銀行当座預金残高を五兆円程度から六兆円程度に増額するという金融市場調節方針の変更と、こうした調節方針の下で、円滑な資金供給に資するため、長期国債の買入れを月四〇〇〇億円から六〇〇〇億円（年七・二兆円）に増額することを決定した。さらには、アメリカ同時多発テロ事件などを受けて先行きの経済に対する不透明感が強まる中、九月一八日の金融政策決定会合において、日銀当座預金残高の目標を六兆円を上回ることとしたほか、公定歩合を引き下げる（〇・二五％→〇・一〇％）などといった措置を決定した（以上、『経済財政白書』より引用）。

●二〇〇一年一二月の追加緩和策

一二月一九日の決定会合では、日銀当座預金残高目標を「六兆円を上回る」水準から「一〇兆～一五兆円程度」に引き上げ、金融調節を行うとともに、長期国債の買切りを月八〇〇〇億円（年九・六兆円）ペースに増額することを決定した。さらに、金融市場調節の手段の拡充策として、ＣＰ現先オペ、資産担保債券（ＡＢＳ）のいっそうの活用が表明され、金融市場調節の運営面の改善策も講じられることとなった。これらは、景気が広範に悪化しており、先行きも当面厳しいCP、社債の発行金利について信用度の違いを反映した格差が広がるなど、金融機関や投資家の姿勢が慎重化しているとの認識から、日本銀行が実施に踏み切ったものである。

●二〇〇二年二月の追加緩和策

日本銀行は、二〇〇二年二月の決定会合で、政府の総合デフレ対策に協調し、長期国債の買入れを月八〇〇〇億円から一兆円（年一二兆円）に増額するとともに、二〇〇一年度末に向けて一〇兆～一五兆円の当座預金目標にかかわらず一層潤沢に資金を供給することを決定した。さらに、金融機関が緊急の資金確保に迫られた場合などに使うロンバート型貸出制度の利用条件を大幅に緩和することに加え、資金供給の際に金融機関が差し出す担保について、預金保険機構と地方交付税特別会計向けの貸出債権の適格担保化の検討を表明した。

5 ITバブルの生成と崩壊

⑴ ハード傾斜の日本のIT革命

ところで、一九九九年二月に日本銀行がゼロ金利政策に移行してから、二〇〇一年三月に実現されることになる量的金融緩和政策採用までの道程は長かった。後にIT景気と呼ばれることになる、一九九九年一月を谷とする景気回復期が出現し、この景気回復の先行きを強気にみる「ニューエコノミー」論、「IT革命」論が台頭し、これが政策判断にも影響していったのだ。実際には、この景気回復は戦後最短の二一カ月で終わったわけだが、その本質はバブルであり、アメリカの景気拡大のラスト・スパート局面ともいえるインターネット・バブル経済化が、日本やアジア諸国の半導体や半導体製造装置の輸出と生産を刺激し、猛烈なハイテク株高をともなって、あたかも本格的な拡大期の到来とみえるような妖しい輝きを放ち始めていたわけである。

世の中は、株価の上昇とともににわかに沸き立ち、経

◎ 図1-4（a） ITバブル期における情報通信関連の生産への寄与 ◎

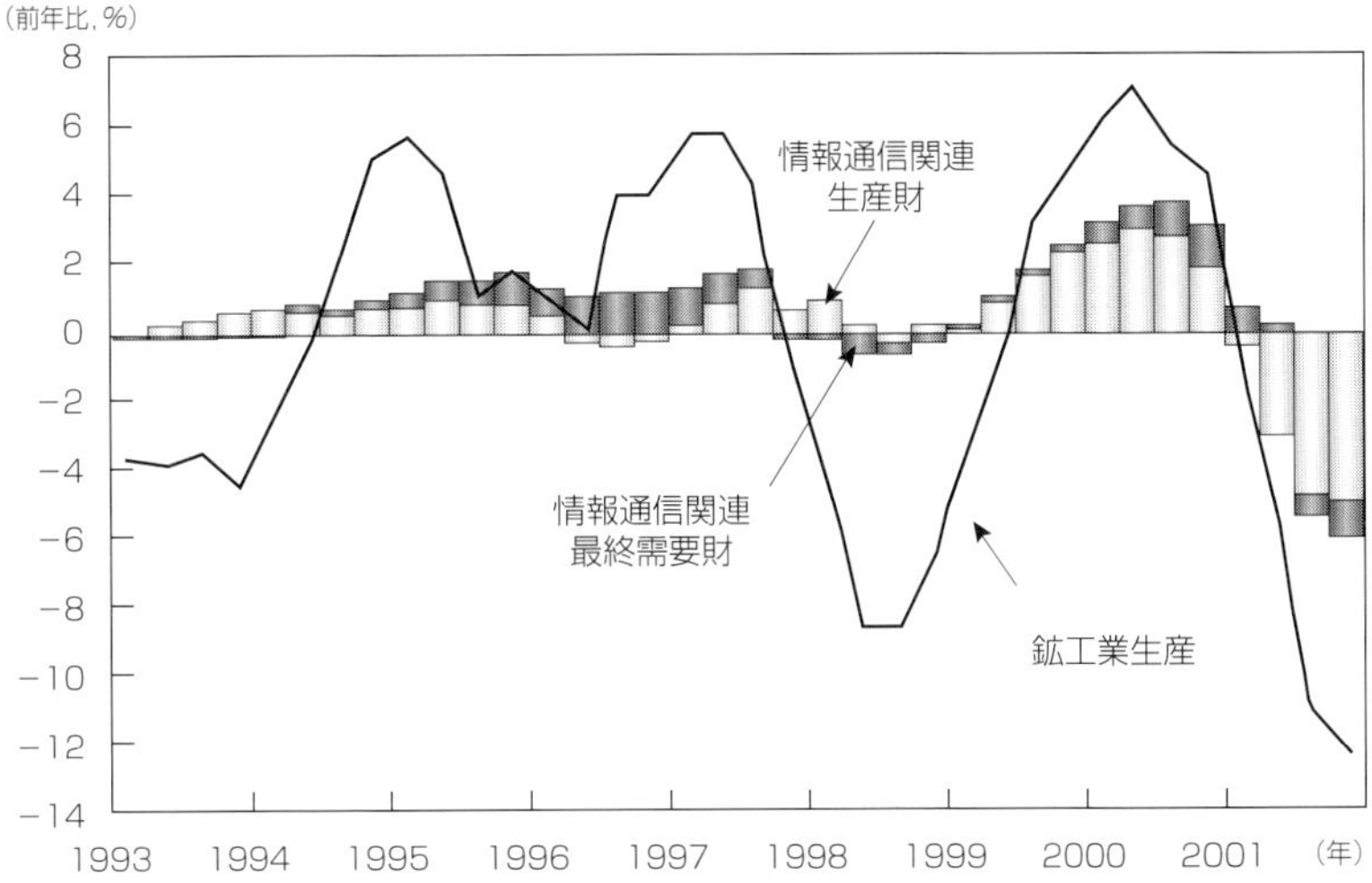

◎ 図1-4（b） ITバブル期における情報通信関連の設備投資への寄与 ◎

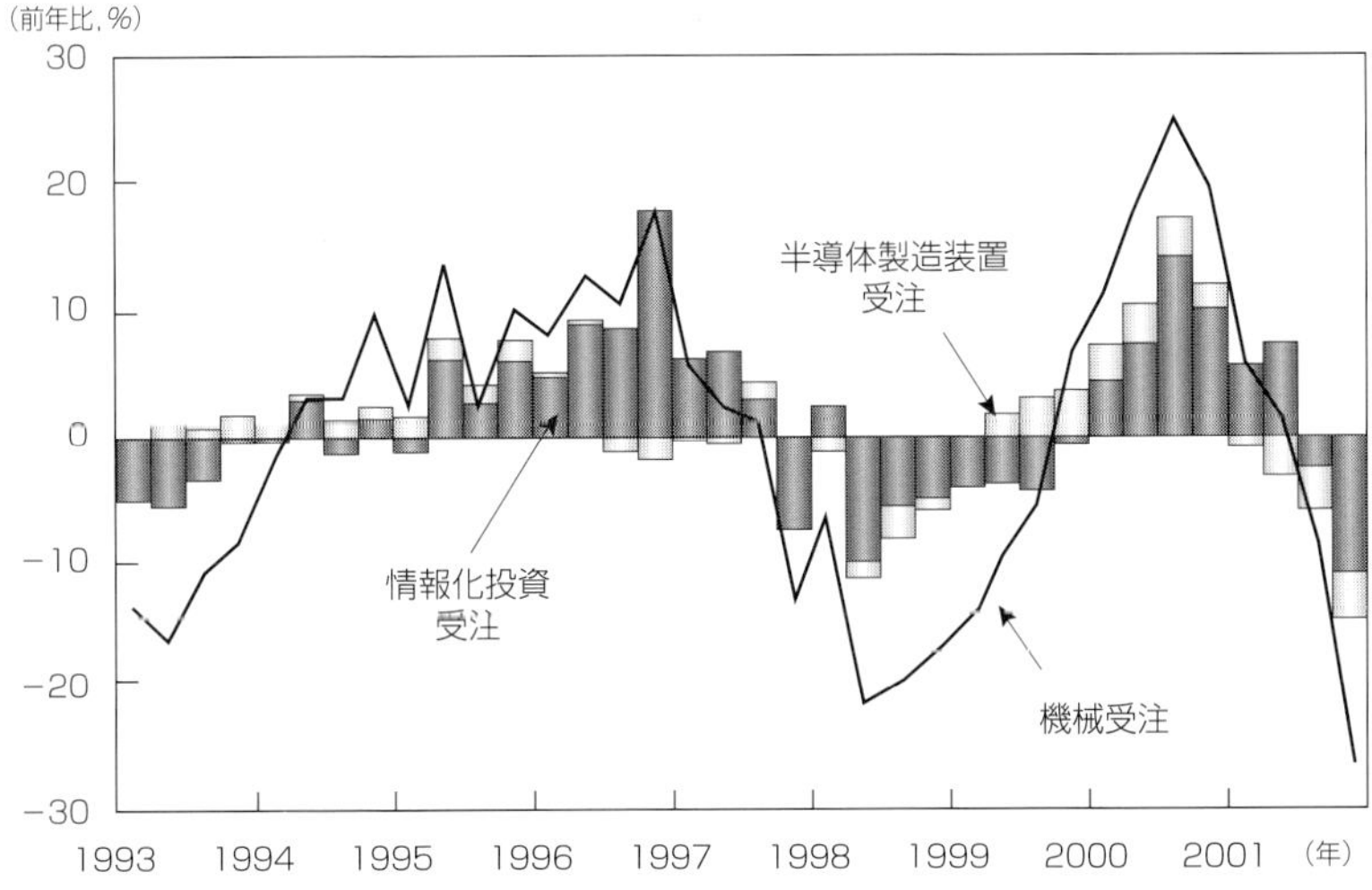

（注）情報通信関連生産財は半導体等，同最終需要財と情報化投資は電子計算機，通信機，電子応用装置．
図1-4（a）の直近は2001年10-12月期，UFJ総合研究所投資調査部作成．

（出所）経済産業省「鉱工業指数」，内閣府「機械受注統計」．

済に関する本や雑誌、テレビの経済番組などはいっせいに「IT革命」を論じ始めた。こうして、日本経済は二〇〇〇年の春から夏にかけて、足元での景気回復の動きに対する手ごたえと、IT革命にともなう設備投資の本格化への期待とが相まって、久々に楽観的なムードに包まれていた。日本でのIT革命の進展は、景気との関連でいえば、ソフト面よりもむしろハード面で顕著にあらわれた。すなわち、鉱工業生産の前年同期比増加率は、最盛期の二〇〇〇年四–六月期には七・一%に達したが、このうち三・六%は半導体などの情報通信関連生産財（寄与度三・〇%）、およびパソコンなどの情報通信関連最終需要財（寄与度〇・六%）の生産であった（図1–4(a)）。また、設備投資への寄与についても、機械受注の前年比増加率のピークである二〇〇〇年七–九月期（一五・三%）において、パソコン設置などの情報化投資受注（寄与度一七%）のみで実に全体の六七%を説明できたのである（図1–4(b)）。

(2) アメリカでのITバブル

しかし、日本経済が置かれていた内外の環境をよくみてみると、少なくとも手放しの楽観を許すような状況ではなかった。中には、日本経済は油断の中にあると指摘するエコノミストもあった。

そうした論者が懸念要因として、まず挙げていたのはアメリカ経済である。それまで九年間、アメリカ経済は、一度も景気後退に陥ることなく、繁栄を続けてきていた。特に、一九九五年以降は、基本的にドル高、原油安、低金利のトリプル・メリットを享受しながら、株価がハイテク株主導のニューエコノミー相場となり、まるでロケットで成層圏まで打ち上げられるような展開となっていった。そして、こうした株高こそが、記録的な貿易赤字を出しながらも、持続的で高い経済成長を遂げてきたアメリカ経済の原動力といえた。

けれども、あらゆる景気拡大は、必ずこれにともなうさまざまなストレスを蓄積しながら進行する、というのが景気循環論の教えるところである。二〇〇〇年に入ると、そのストレスが徐々に表面化し始めていた。すなわち、ドルが円に対して下落したり、原油が一時大幅に値上がりしたり、将来のインフレ懸念に対応してFRB（連邦準備制度理事会）が、二〇〇〇年五月までに通算六回の利上げを行ったりして、前述のトリプル・メリットが次々と剥落しつつあった。

そのうえ、それまでのアメリカの株価形成それ自体に投機的な要素がかなりみられた点も気になる点であった。ノーベル経済学賞受賞者のＦ・モジリアニは二〇〇〇年三月三一日付の『ニューヨーク・タイムズ』紙上で、「アメリカの株式市場のインターネット株やハイテク株はバブルの状態にあり、崩壊する」と述べた。実際、そのころのアメリカの株価は、高値ながら振幅の大きい不安定な展開になり、ハイテク株の多いＮＡＳＤＡＱ株価指数は、三月一〇日に五〇四八・六二と、ＬＴＣＭ（ロングターム・キャピタル・マネジメント）社の破綻による危機に揺れた一九九八年一〇月八日につけた既往の底値から実に三・五六倍にも達した後、暴落に転じ、最終的にはアメリカ同時多発テロ後の二〇〇一年九月二一日に一四二三・一九と、ほぼ三年前の水準に戻るまで下落を続けたのである。

実際に、当時のアメリカ経済には、一九二〇年代のアメリカや一九八〇年代の日本に共通してみられたような、バブル経済独特ともいえる常軌を逸した諸状況が数多く見出されており、現在時点から振り返れば、バブル現象そのものとしか思えないような状況を、アメリカ人、日本人を問わず多くの人々は真剣に「ＩＴ革命による構造変化」とみなして期待に胸を膨らませていた。そして、アメリカでは経済のＩＴ化が進展する中で、労働生産性が継続的に伸び、インフレなき成長の時代が到来し、一部には、ＩＴ技術の高度利用によって在庫循環・設備循環が消滅したと考える者まで出現したのであった。

だが、二〇〇〇年五月下旬の段階では、すでに日米の株価の下落は明瞭になっていた。この結果、そのころより二〇〇〇年後半から二〇〇一年前半にかけての日米両国の景気は、ほぼ同時に失速に向かう可能性が高くなってきたとの見方も出てきていた。

(3) マネーのジェットコースター的振幅

しかし、二〇〇〇年八月一一日、日本銀行は経済学者や一部民間エコノミスト、政治家の反対を押し切り、しかも政府の議決延期請求権を否決までして、ゼロ金利解除（〇・二五％への政策金利引上げ）を決定したのだった。これは、当時の世の中ではなお主流ともいえた、高

◎ 図1-5　ゼロ金利解除とともに失速し，量的緩和で増勢に転じた ◎
マネタリー・ベース

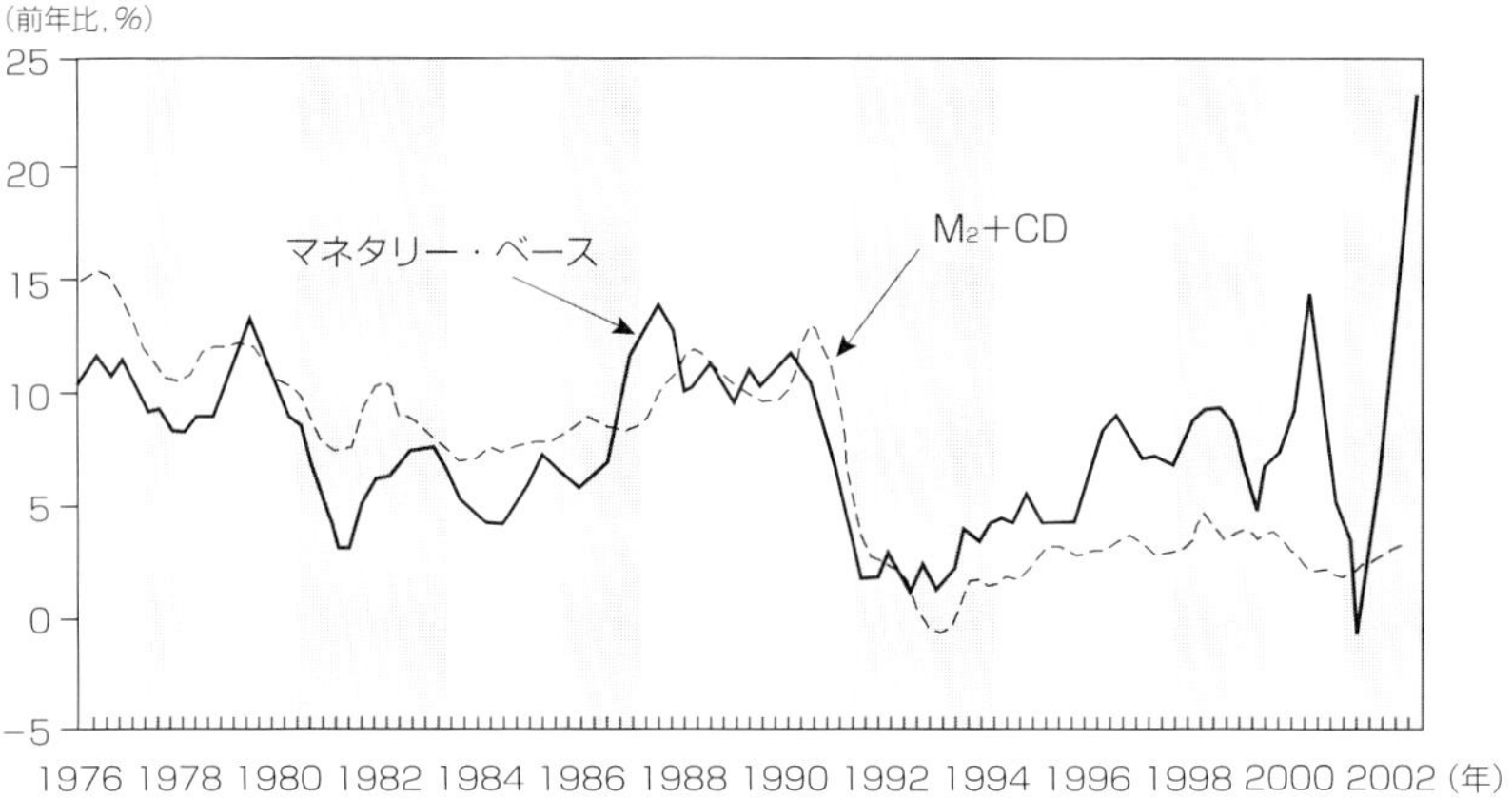

（注）1．シャドウの部分は景気後退期（内閣府調べ）．
2．マネタリー・ベースは準備率調整後のデータ．
（出所）日本銀行「マネタリー・ベース」，「マネーサプライ」．

い企業収益の伸びを背景とする設備投資の加速見通しや、日本銀行のいわゆる「ダム論」に代表されるように、企業収益から発した家計の所得改善による個人消費の盛り上がりを期待した形での下期本格回復論を背景にしたものであった。そうした楽観論主導の流れの中で、日本銀行はゼロ金利解除を決定したのであった。

この〇・二五％利上げのイニシャル・エフェクト（第一次効果）は、最大の懸念要因の一つといえるマネー、つまりお金の量の伸びに早速反映され始めた。図1－5は、マネタリー・ベース（流通現金＋日銀当座預金、実線）とマネーサプライ（M_2＋CD、点線）の前年比増加率の推移を、一九七六年から四半期ベースで描いたものである。これをみて、直ちに気づくことは、近年のマネタリー・ベース（以下、MBと記す）増加率の極端な振幅の大きさである。一九九九年一－三月期、つまりゼロ金利政策導入当初には前年比四・九％にすぎなかったMBは、四－六月期以降、七・〇％、七・五％、九・六％と伸び率を高め、二〇〇〇年に入って、コンピューターの二〇〇〇年問題と閏《うるう》年対応で日本銀行が積上幅を最大二四兆円まで増やした量的緩和にともなって一－三月期

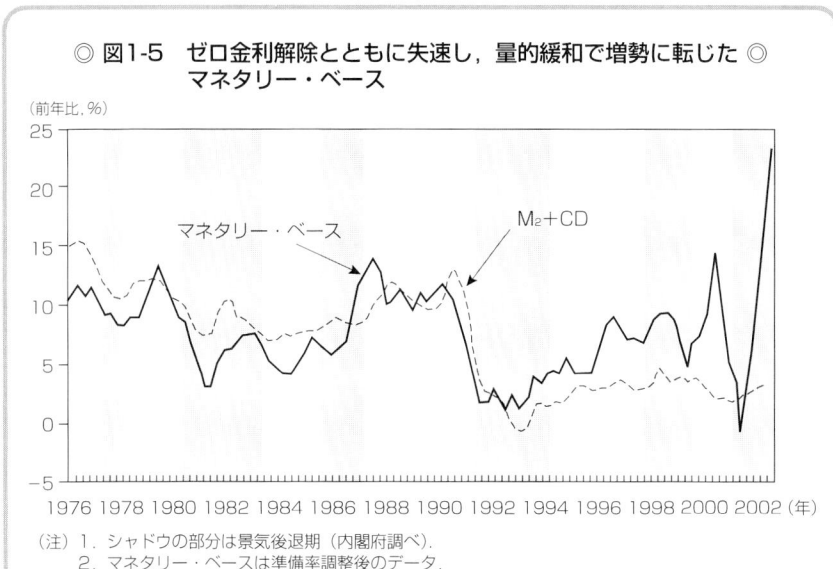

は一四・四％と著増した。だが、その後、日本銀行は急速に資金回収を進め、四–六月期は八・六％まで鈍化した。

ゼロ金利解除のあった八月は、さらに劇的だった。解除前の八月一日から一一日までの平残で前年比五・七％を確保していたMBは、解除後（いわゆる「積み」の期間は無視する）の八月一四日から二四日までをみると、わずか三・二％の伸びに急失速している。これは、日銀券そのものが個人消費低迷や資産取引の弱含みにより前年比四・七％増まで鈍化していたのに加え、日銀当座預金が、ゼロ金利解除による日本銀行の中立金融調節でそれまでの資金余剰分が吹き飛んだことから、実に前年比一一・七％減と急激に落ち込んだためである。

そして、MBの伸び率は二〇〇一年一–三月期に前年割れとなった。MBの前年割れという事態は、それまで、わが国では一度もなかったが、いずれにしても、このMBの収縮幅は、平成不況直前の一九八九年末に始まり一九九二年春までの局面（前年比一一・四％から一・四％まで一〇％ポイント収縮）、また世界同時不況直前の一九七九年春に始まり一九八一年春まで続いた局面（一二・五％から三・二％まで九・三％ポイントの収縮）をしのぐ急収縮に発展してしまったのである。平成不況と世界同時不況といえば、戦後最大・最長の不況であり、そのちょうど一〇年後、二〇年後にマネーのジェットコースター的な振幅を、日本経済が再び経験することになった意味は、歴史的にみても小さくないだろう。

(4) ＩＣブームの失速とゼロ金利復帰

景気の方も、ある意味では予想通り、二〇〇〇年度下期以降、目にみえて失速していった。それまで日本の機械受注や生産・収益を直接・間接に支えてきた、アメリカのIT（情報技術）ブームに陰りがみえていた。NASDAQ株価指数の深刻な低迷に加え、多数のネット企業の資金繰り悪化や、半導体関連企業の業績下方修正が相次ぎ、ついに、肝心の情報・ソフト投資や労働生産性の伸びにも頭打ち感が出始めてきていた。

また、そのころには、世界全体で半導体市況の下落が著しくなってきた。当時の半導体メモリーの主力、パソコン向け六四メガビットDRAMのスポット価格は、夏場にピークをつけた後、二〇〇〇年九月中旬以降一一月中旬までの二カ月間で、半値以下まで急落した。その後、北米パソコン市場の動向によってさらに一段の下落となっていき、最終的にはピーク比一二分の一（二〇〇一年一一月）まで落ち込んだ。こうした中で、日本製半導体製造装置の受注（海外を含む）も、すでに二〇〇〇年九月には前年比二八・八％と、これまでの三桁台のペースからスローダウンしていた。前年の水準が高かった一〇月以降は、さらに大きく鈍化していき、ついに二〇〇一年一月、一五・九％減と前年割れとなり、ついには前年比八一・三％減まで記録したのだった（二〇〇一年一〇月）。

結局、日本の「IT景気」は、むしろ「ICブーム」と呼んだ方が相応しかった、と考えられよう。それ程、半導体・同製造装置の海外輸出への依存ぶりが目立っていた。それだけに、世界的にハイテク株が急落する中で、米・欧・アジアのいずれの地域でも輸入需要の減退が目立ち始めた状況下では、中長期的な「IT革命」は別として、「ICブーム」は息切れしていったのである。

後に（二〇〇一年一二月）、公式の景気基準日付（暫定）に関しては、内閣府の景気動向指数研究会で二〇〇〇年一〇月が山と決定されたが、景気一致指数の一一個の個別系列のうち、生産関連の五指標が二〇〇〇年八月にピークアウトし、過半数の六個目の指標である所定外労働時間（製造業）が山をつけた一〇月が景気全体の山となったのである。

景気悪化に気づいた日本銀行は、ゼロ金利解除時点からわずか半年間経過後の二〇〇一年二月より、再び金融緩和政策に転じ、特に三月一九日の金融政策決定会合では、政策金利をゼロ金利に戻すにとどまらず、量的金融緩和政策への移行という画期的な政策レジームの変更を行った。

その後も、金融政策を巡っては紆余曲折があったものの、先述の通り、日銀当座預金の残高目標は二〇〇一年三月の「五兆円」から「六兆円」（八月）へ、そして、「六兆円を上回る」（九月）を経て、「一〇兆円から一五兆円」（一二月）、さらには、その「当座預金目標にかかわらず一層潤沢」（二〇〇二年二月）へと拡大し、また国債の買入れ額も月六〇〇〇億円（年七・二兆円）ペースから月一兆円（年一二兆円）ペースへと増額されて、現在（二〇〇二年二月）に至っている。

6 「インフレ目標」か「名目成長率目標」か

⑴「インフレ目標」と「調整インフレ」

ところで、二〇〇〇年以降の経済政策論を鳥瞰してみると、一般物価水準の持続的下落、つまりデフレをともなった厳しい景気後退が続く中で、さらなる追加金融緩和策としての「インフレ目標（インフレ・ターゲティング）」の導入を巡り賛否両論が展開されているのが目立つ。

インフレ目標は、大恐慌時の一九三一年から一九三二年にかけてスウェーデンで採用された「物価水準目標」に淵源をもつ物価安定化政策の一環といえる。一九九〇年代にはイギリス、カナダなど、多くの中央銀行が物価上昇率の目標値を公表して金融政策を運営するようになり、インフレ率の安定化に一定の成果を収めている。

このように、インフレ目標とは、あくまでも物価の安定を目的として、物価上昇率の数値目標の実現へ向けて努力するという金融政策の枠組みをいう。これに対して、債務者の負担軽減や不況心理の逆転を目指して、意図的に物価やその期待を引き上げ、インフレ利得の発生を狙う政策を「調整インフレ」と呼んでいる。したがって、インフレ目標と調整インフレとは、似て非なるものだ。

だが、現在のように物価上昇率がマイナスにあるデフレ状況下にあっては、どちらの政策も物価の上昇を企図する点で方向性が同じなので、一般には区別がつきにくい。

現に、最近の議論をみていると、インフレ目標と称して実は調整インフレを意図している論者があるかと思えば、逆に、たんにインフレ・アレルギーからインフレ目標に反対する向きもあるなど、誤解や混乱が目立っており、インフレ目標という用語自体が一人歩きしている印象がある。

そうした中で、最近では、インフレ率ではなく特定の物価水準を目標とする「プライス・レベル・ターゲティング」の考え方も有力となってきた。実際に、日本銀行の金融政策決定会合において、中原伸之審議委員によって唱えられている。この物価水準目標は、達成の年限をたとえば二年間と区切って設定した場合には、インフレ目標よりさらに厳格な制約が中央銀行に課せられることになる。

　というのは、インフレ目標ならば一年目にターゲットを達成できなくても二年目に達成すればよいが、物価水準目標の場合は、一年目に物価水準が低下してしまうと、二年目には、一年目に下がった分まで取り戻す必要が生じるためである。

(2) 金融政策における名目成長率目標

　ところで、中央銀行が行う金融政策の目標として、なぜインフレ率であれ物価水準であれ、「物価」だけが問われるのだろうか。日銀法第二条では、日本銀行の理念として、「物価の安定を図ることを通じて国民経済の健全な発展に資すること」と記している。この条文は、前半を強調するのか後半を重視するのかによって、解釈が異なってこよう。しかし、マクロ経済的には、「物価の安定」とともに「国民経済の健全な発展」が達成されることが求められていることは明白である。ここで、「国民経済」を単純化して実質ＧＤＰ（国内総生産）に置き換えて考えてみると、日本銀行に真に求められているのは、「物価の安定」と「実質ＧＤＰの健全な発展」とを複合した、「名目ＧＤＰ成長率の安定化」の達成なのではないかとの見方も成り立つ。

　これを、経済学的にも妥当とする考え方もある。というのは、Ｊ・Ｍ・ケインズが『一般理論』で批判した古典的貨幣数量説の「貨幣ヴェール観」（貨幣的変化は実物経済に何ら影響を与えず、すべて物価に反映されるという考え方）を克服して出てきたＭ・フリードマンのマネタリズム以降、Ｒ・Ｅ・ルーカスらの合理的期待理論が登場するまでの間は、貨幣的変化は短期（フリードマンによれば五年や一〇年の場合もある）では、すべて物価には反映されないことが共通認識となっていたからだ。

　つまり、金融政策は、短期的には実質産出に主として影響するが、長期的には主に物価に反映されるという意味で、一般的には、これらを包含した名目所得（ＧＤＰ）の決定に関与するとの考え方が基本であった。名目ＧＤＰの変化が、実際にどのくらいの割合で実質産出と物価とに分割されるのかは、ＧＤＰギャップ、つまり潜在実質ＧＤＰと現実の実質ＧＤＰとの乖離幅と、期待インフレ率の程度とにより変わってくるので、最初から貨幣増イコール物価上昇とはならない。

このように理解すると、金融政策にインフレ目標のみを設定するのは、非常に長期の視点に立つ（短期の視点を欠く）ことを意味しており、逆言すれば、その政策を短期の景気対策として日本銀行に要請するのは、論理矛盾との考えも出てこよう。

このことは、直ちにインフレ目標論自体に反対であることを意味しない。ただ、たとえば、ある政治家の主張のように、日本銀行が景気や雇用にも配慮するべきだということであれば、むしろ、誤解を招きやすい語感をもつインフレ目標は内側に取り込みつつ、短期的な景気循環への対応も考える「名目成長率目標」の方がすっきりするとの考え方も成り立つわけである。

この名目GDP成長率の数値目標に基づく金融政策運営は、一九八〇年代初頭にアメリカの経済学者R・E・ホール（スタンフォード大教授）によって唱えられた。ホールによれば、名目成長率目標は「危機の事前回避(fail-soft)」政策である。ある望ましい名目成長率が設定されれば、この目標成長率を実際の成長率が下回った場合には金融を緩和し、逆に上回った場合には金融を引き締めることになる。この目標政策運営は、短期のGDPギャップと長期のインフレ率の両方を同時に勘案するため、景気後退の深刻化やインフレのスパイラル化を抑止できる。

長期のインフレ目標のみに基づく金融政策運営の場合は、インフレ率が目標値を上回っている間は引締めを続け、逆に目標値を下回っている間は緩和を続ける結果、短期の景気循環を増幅してしまうリスクがある。この点で、中期的な名目成長率目標には、政策の行過ぎを早目に軌道修正できる利点がある。

(3) マッカラム・ルールとテイラー・ルール

ところで、名目成長率目標と直接操作目標とを結びつけて考案された自動的な金融政策ルールとしては、B・T・マッカラム（カーネギー・メロン大教授）による「マッカラム・ルール」がある。

このルールでは、まず実質潜在成長率とインフレ目標値の和として名目成長率目標値が決まると、そこから四年移動平均でならした通貨の所得流通速度（前年比）を差し引く。以上で求めた数値に、一期前の名目成長率の目標からの乖離幅と調整係数（通常は一）の積を加算す

◎ 図1-6　マッカラム=テイラー・ルールに基づく ◎ 必要マネタリー・ベース増加率の推移

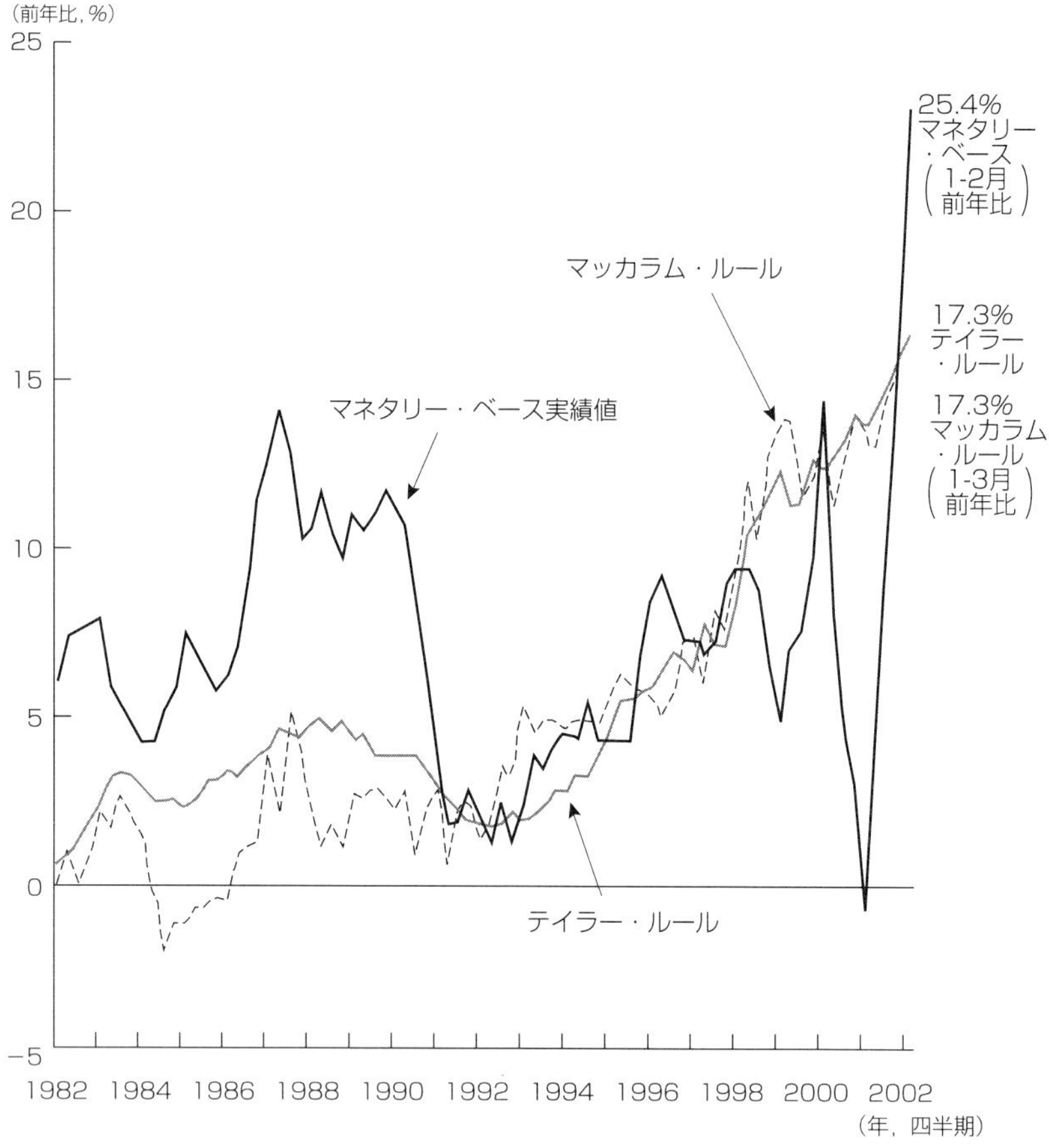

(注) 1．マッカラム・ルールに基づく必要増加率は下記の式より算出(四半期ベース)．
マネタリー・ベース増加率＝(目標インフレ率＋実質潜在成長率)−流通速度前年比(4年移動平均)
＋調整係数×(名目GDP成長率目標−1期前名目GDP成長率)
(インフレ目標＝1%, 潜在成長率＝2%, 名目成長率ターゲット＝3%, 調整係数＝1として試算)
2．テイラー・ルールに基づく必要増加率は下記の式より算出
マネタリー・ベース増加率＝(インフレ率＋長期均衡実質金利)−流通速度前年比(4年移動平均)
＋0.5×GDPギャップ＋0.5×(インフレ目標−インフレ率)
(長期均衡実質金利(＝実質潜在成長率)＝2%, インフレ目標＝1%として試算)
GDPギャップはコブ=ダグラス型生産関数をもとに労働，資本の平均投入量などから推計した平均的GDPからの乖離率，インフレ率は生鮮食品を除く消費者物価．
(出所) 内閣府経済社会総合研究所「国民経済計算」，日本銀行「金融経済統計月報」，総務省「消費者物価指数」よりUFJ総合研究所投資調査部作成．

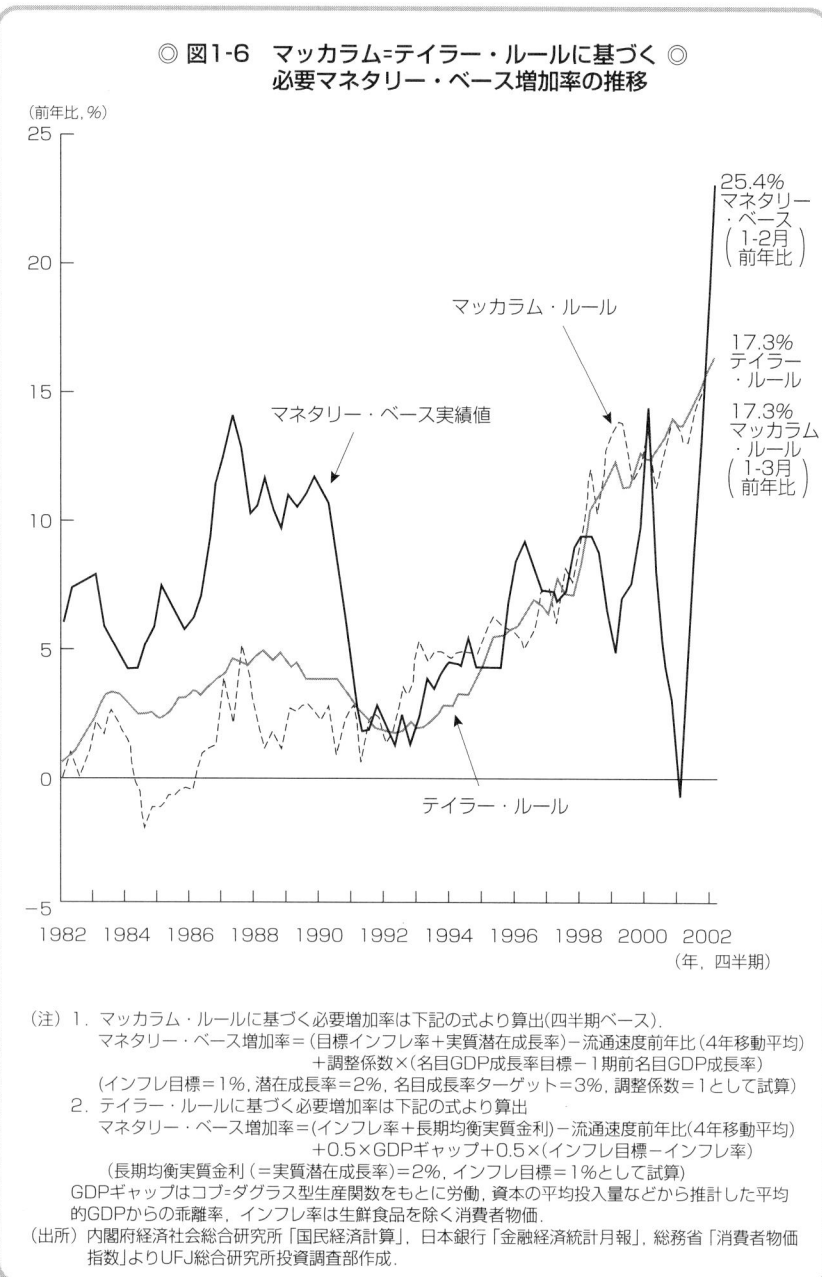

ると、当期に必要とされる操作目標のMB増加率が算出される。そして、この数値は、名目成長率目標と実績値とのギャップが縮まれば小さく、逆に広がれば大きくなるように、次第に変化していく。実際の金融政策運営としては、この数値変化を追いながら日銀当座預金の残高を適宜調節していくことにより、短期の景気循環と長期の物価安定という二つの課題に応えていくことが、論理的には可能となる。

また、これと並んで、実物面と物価面の両方に視野をもつ金融政策ルールに、J・テイラー米財務次官による「テイラー・ルール」がある。このルールは、政策金利水準を、GDPギャップと、現実のインフレ率の目標値からの乖離に応じて決めるものだが、ゼロ金利下では、金利ではなくMBを操作目標として計算することもできる。

図1-6では、試算値として、実質潜在成長率を年二%、インフレ目標値を一%（消費者物価指数の統計上の上方バイアスを修正した事実上のゼロ・インフレ）とした場合に必要なMB増加率を、マッカラム、テイラーの両ルールから弾き出し、これを実績値と比較している。

両ルールとも、二〇〇二年一-三月期時点でおおむね前年同期比一七%強（マッカラム、テイラーの両ルールともに一七・三%と試算される）の増加率が必要なことを示している。一方、現実の増加率も二〇〇二年二月平均では、決算期に入ったこともあり、二五・四%に達しており、この枠組みでは、現在すでにこの適正な増加率水準をキープした、かなり多めの水準で推移しているといえよう。

実際の名目成長率目標の設定にあたっては、経済財政諮問会議が実質潜在成長率、並びにGDPギャップを、また、日本銀行がインフレ目標を推定し、両者間で整合性などを検討・協議しながら決めるのが望ましい。その意味では、インフレ目標の導入も、政府・日本銀行が共同してあたる中期的な名目成長率の目標管理政策へ向けての第一歩と位置づけられよう。

7 構造改革下の景気循環と今後の展望

(1) 消えていない景気回復のメカニズム

二〇〇一年の初夏、森喜朗内閣の後を継いだ小泉純一郎内閣は、各種世論調査で軒並み八〇%以上という驚異的な支持率をバックに、「改革なくして成長なし」のスローガンの下に、構造改革の断行を旗印にスタートした。小泉内閣による構造改革の方向性は、二〇〇一年六月に経済財政諮問会議が打ち出し、閣議決定された経済・財政の基本方針、いわゆる「骨太の方針」に示された。その骨格は、不良債権問題の処理、財政再建、特殊法人の見直し、規制改革などであった。これらの方針は、二〇〇一年一〇月までに、民間部門の活性化、雇用のセーフティーネットの整備、IT化・少子高齢化への対応という三つの主要目標に向けて、「改革工程表」や「改革先行プログラム」の形で具体化された。

だが、こうした小泉政権の改革の前に立ちはだかったのは、二〇〇〇年一〇月を境にした景気後退の深まりとデフレ（一般物価水準の持続的下落）の進行、アメリカのIT不況とテロ・戦争による不透明感の増大、そして政権発足とほぼ同時の五月に始まり、二〇〇〇年四月のピークからみれば最大で五四・八%（日経平均株価ベースで二〇〇二年二月に記録）に達した株価の下落である。そして、株価の下落は、二〇〇二年初めまでに、流通・ゼネコン・不動産・金融機関などの一角に、空売りをともなって集中的に襲いかかり、一部には、一九九七〜一九九八年を彷彿とさせる金融危機的な様相すら垣間見え始めたのである。

しかし、だからといって、いまや景気回復のメカニズムがまったく消えてしまったと考えるのも正しくないだろう。第一に、円安と在庫調整の進展を受けて商品市況が、二〇〇一年秋を境に全般的に上昇している。景気との連動性の強い、段ボール外装原紙の価格や半導体メモリー市況（主力の一二六メガ・ビットDRAMのスポット価格）を見ても、一〇月に底入れ後、上昇基調にある。

第二に、世界景気の底入れにともない、日本の輸出に下げ止まりの動きが出てきた。世界景気の先行指標である経済協力開発機構（OECD）景気先行指数は、二〇〇一年一一月以降、アメリカ・欧州を中心に大幅改善を見せた。また、世界の半導体の供給基地である韓国・台湾の景況改善も著しくなっている。

第三に、企業・家計のマインドも、ひところに比べ落ち着いてきた。中小企業金融公庫の二〇〇二年二月の景況調査によると、売り上げＤＩは、既往のボトムである二〇〇一年一二月の水準を八・七ポイント上回った。一方、一月の東京都の消費者態度指数（前年差）も、一〇月のボトムを二・六ポイント上回っている。

第四に、製造業の交易条件（産出物価／投入物価）が、七–九月期に前年同期比〇・二％と、8四半期ぶりのプラスに転じ、二〇〇二年一–二月平均では〇・九％とさらに改善している。これは食料品・鉄鋼製品を除く全業種で共通にみられる現象となっており、先行きの株価を上向かせる牽引力となりつつあると評価できる。

原油価格の下落は企業の仕入れ原材料コスト（変動費）を低廉化し、相対的に産出・販売価格との利益率が開く。こうして交易条件の改善は企業の限界利益を上向かせることによって、時間の経過とともに将来の収益期待を体現する株価に織り込まれていくことになると考えられる。

第五に、日米両国でＣＩ（ＣＩについては第2章68ページ参照のこと）の一致・遅行比率（一致指数を遅行指数で割ったもの）が、上昇基調にあることも、軽視するわけにはいかないだろう。交易条件が変動費に関しての企業の収益環境を示すものであるのに対し、一致・遅行比率は、基本的に、金利・在庫コストや人件費・減価償却費など固定費に関する収益環境をあらわすものである。

日米両国の一致・遅行比率とＣＩ一致指数は、アメリカのものが先導する形で、それぞれ連動しながら循環を繰り返してきている。注目すべきは、一致・遅行比率の前年比系列が、アメリカでは二〇〇一年一月、また日本では二〇〇二年七月にそれぞれ大底を打って、その後上昇に転じていることである。過去のタイム・ラグからみる限りでは、前年比ベースでは二〇〇一年度内にも一致指数が大底を入れてもよい計算となり、実際に、後述のように、その蓋然性も十分にあるが、今回はＩＴバブル崩壊やテロ、日本の不良債権処理問題などマイナス要因が大きいこともあって、多少の遅れが見込まれる。それでも二〇〇二年前半までには両国の一致ＣＩすなわち景気が底入れする可能性は小さくないと推察される。

(2) 雁行形態的にみた短期景気循環

ここで、しばし日本経済の現局面を複数の景気指標間のタイム・ラグをともなった、「雁行形態」（雁の飛行のように景気指標が隊列を組み、時間差をつけて並ぶ様子的な流れの中で位置づけてみることにしよう。図1-7は、六点で一〇本の四半期・前年同期比（一部を除くベースの時系列曲線から成っているが、上から順に、①交易条件（太い実線は水準、点線が前年比）、②CI一致・遅行比率（太い実線）と有担保コールレート（逆サイクル、細い点線）、③日経平均二二五種、④CI先行指数、⑤CI一致指数（太い実線）と機械受注（点線）、⑥実質民間設備投資（太い実線）と完全失業率（逆サイクル・前年差、点線）、の推移を示している。

全体の流れを一覧すればはっきりとわかるように、景気指標の動きには、時間的順序があって、①→②→③→④→⑤→⑥の順で、規則的に繰り返している。

本章執筆時点（二〇〇二年二月）で把握できる傾向は、①、②、③、つまり交易条件、一致・遅行比率、株価等（前年比ベース）に底入れから回復の動きが明瞭に出ている点である。だが、現時点ではまだ④以降の底入れは確認できていない。

景気の本体と考えられるのが⑤である。すなわち、CI一致指数や設備投資の先行指標である機械受注（一般には景気の先行指標とみなされているが、実際には先行性はない）であるが、これらが底入れするのは、過去の平均パターンでいえば、④のCI先行指数が底入れしてから約半年後であるので、仮に、先行指数のボトムを二〇〇一年一〇-一二月期とすれば、一致指数のボトムは二〇〇二年四-六月期ごろというのが一つの推定になる。ただし、現時点で既に一致指数一一系列のうち生産指数や稼働率指数など過半数を占める六系列が、二〇〇一年一二月近辺までに底をつけていることから、二〇〇一年一〇-一二月期または二〇〇二年一-三月期が景気の谷であったとの見方もあり、景気底入れの時期はかなり流動的であることに留意する必要がある。

なお、⑥は典型的な景気の遅行指数といえる設備投資と失業率であるので、これらは⑤の部分がボトムをつけてもなお、少なくとも半年程度（たとえば二〇〇二年末ごろまで）は悪化に向かうことを覚悟しておかねばならない。付言しておくと、⑥の点線の失業率の曲線と⑤の

◎図1-7　雁行形態的にみた短期景気循環の現局面◎

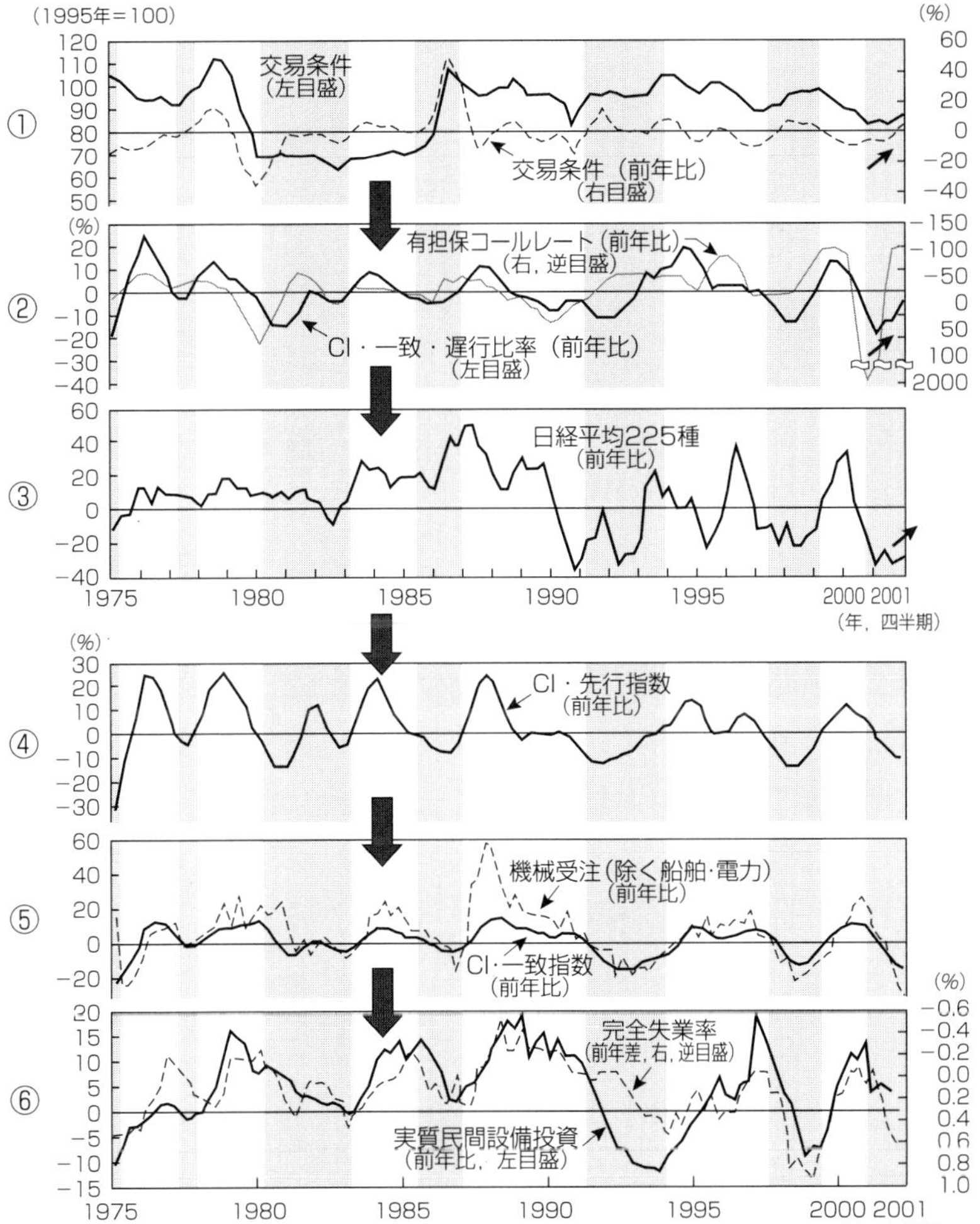

(注) 交易条件は輸出物価 /輸入物価．交易条件の直近は10，11月平均値，CI，完全失業率，機械受注の直近は10月値．
機械受注（除く船舶・電力）の 87年1-3月期以前は旧ベース（調査対象社数178社）で算出．

シャドウの部分は景気後退期（内閣府調べ）．

直近2001年10-12月期の日経平均225種，有担保コールレートは10-12月（3〜26日）平均値．

(出所) 内閣府経済社会総合研究所「景気動向指数」，「国民経済計算」，「機械受注統計」，日本銀行「卸売物価指数」．

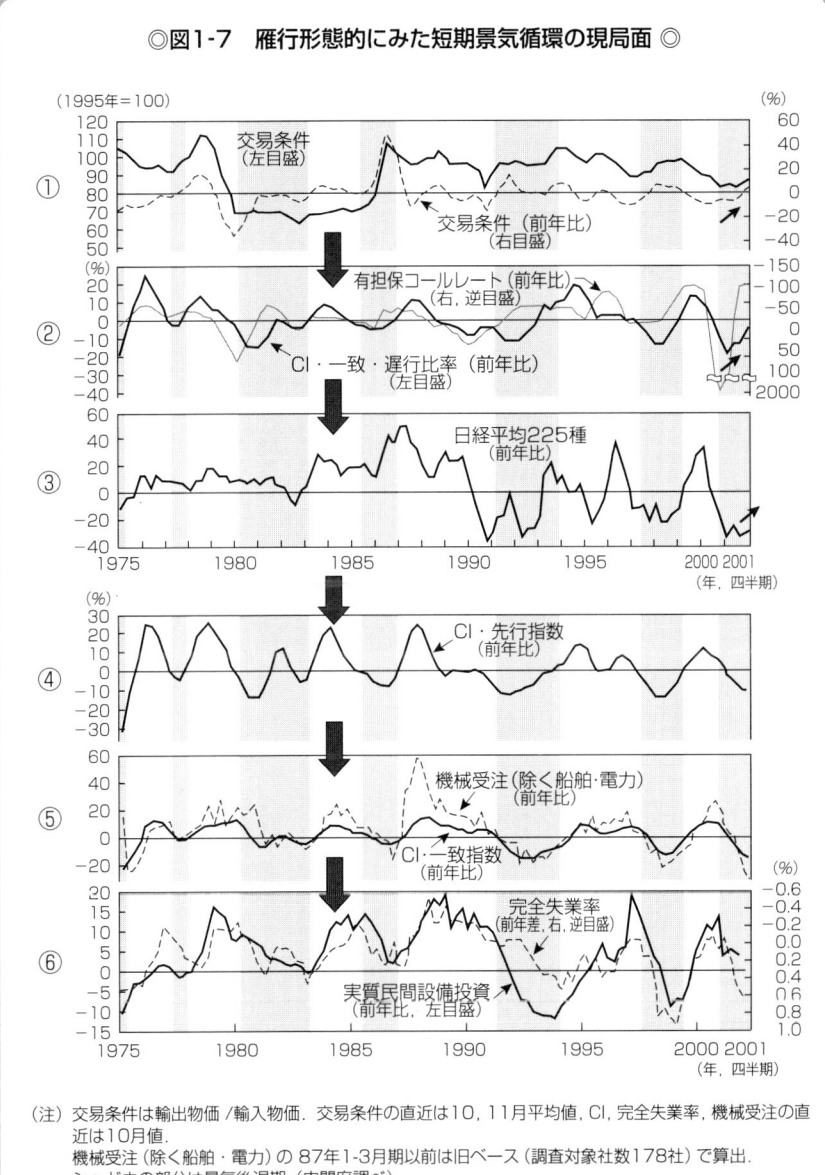

点線の機械受注の曲線は、時間差こそあれ、形状がほとんど同じである。

二〇〇一年版『経済財政白書』では、日本の失業率について、約八割が雇用のミス・マッチなどによる構造的失業であって、景気循環に基づく失業の部分、いわゆる循環的失業は二割程度にすぎないと分析している。だが、この機械受注と失業率の同調的な循環変動をよくみて、果たして読者は『経済財政白書』の主張に納得されるだろうか。実際には、UV分析（人手不足の度合い、つまり欠員率と失業率との関係の分析）を前提に推定しても、少なくとも半分程度は循環的失業とみなすことが可能との見方もある。

以上のようにみるならば、雇用の悪化はなお厳しくなるとはいえ、景気の先行きを過度に悲観的に考えるのは妥当とはいえないだろう。ただし、こうした一連の雁行形態的な連鎖の中で、交易条件や一致・遅行比率の改善、さらには最近顕著になってきた製品在庫の低下、という形で、主としてコスト面での負担低下が将来の期待収益率を引き上げるという、ある意味で循環論そのものといってもよいこの議論は、それが必要条件として正しくとも、二〇〇二年前半までにおける景気底入れのための十分条件を提供するものとまではいえない。前述のように、商品市況や世界景気、企業・消費マインドに多少の動意が出てきたとはいえ、現状までのようなデフレ基調の中で、「構造改革」という名のデフレ的なマクロ政策が現実に採用されている状況にあっては、需要の拡大を保証しないコスト低下による雁行形態論中心の議論では、なかなか現実の需要が増えていく形での景気回復には、具体的に結びついていくようなイメージをともなわないことも事実である。

それだけに、旧来のケインズ経済学流の考え方によれば、当然、ここで必要なのは政府や中央銀行によるマクロの有効需要喚起政策だということになる。ところが、問題は、現在日本の政策運営を担当しているのが小泉政権であり、この政権においては、「世界恐慌やデフレ・スパイラルに陥らない限り」（小泉首相）総需要喚起策をとることはないと宣言してきた経緯がある点にある。

(3) 小泉改革とマクロの需給バランス

小泉改革は、本来、民間経済にいたずらに規制・介入しすぎる政府や非効率な公的部門、低生産性部門の膨張にストップをかけ、民間でできることは民間にやらせて日本経済全体の生産性を高め、潜在成長率の底上げを図ろうとするものである。このような小泉改革の中長期的な戦略としての妥当性を疑う者は、比較的少ないと思われる。

しかし、五年や一〇年という長期で見れば正しいことでも、一、二年といった短期では社会的厚生を害する、行き過ぎた政策となってしまうこともありうる。しかも、ケインズが『一般理論』の中でいみじくも述べたように、「人間は長期には皆死んでしまう」ことを考慮すると、小泉改革によって必然的に生じる短期的な「痛み」、たとえばすでに二〇〇一年一二月で五・六％に達した完全失業率がさらに一段と上昇していく事態が続いたときに国民がどこまで耐えられるかという点は、かなり切実な問題といえよう。

一般に、小泉改革は、長期重視であると同時に供給面重視であるととらえられている。小泉改革に対しては、現在、あまりに供給側に改革内容が偏りすぎているとの批判も多い。さらに問題をいっそう難しくしているのが、小泉内閣が優先的に取り組もうとしている金融機関の不良債権問題と一般政府の財政赤字問題につきまとう、構造的ならぬ循環的な側面の存在である。

まず、不良債権問題については、発展途上国の累積債務問題が結局は原油を含む国際商品市況の循環的変動に随伴して起きた問題であったと整理されているように、日本の金融機関の不良債権問題も、景気悪化ならびに資産とモノの価格の値下がりによって企業の債務返済能力の劣化が生じた結果、もたらされた側面があることを軽視できないのである。

つまり、不良債権問題を信用供給の面のみからとらえて、処理手続きとスピード、さらには金融機関側の財務体質の健全性のみに目が向きすぎるのは、供給と需要のバランスが織りなす景気循環の側面を十分に考慮していないとのそしりを免れないともいえよう。

景気循環の視点がともすれば忘れられて議論される傾向があるのは、一般政府の財政赤字問題についても同様だ。財政赤字のうち、どのくらいの部分が、景気循環の下降にともなう税収の減少による赤字（「循環的赤字」）で、またどのくらいの部分が景気回復によっても改善が見込めない「構造的赤字」であるかを究明することは、財政構造改革とマクロ政策による政策努力の客観的な配分を考える上で役立つだろう。

ただし、この結果は、GDPギャップ（デフレ・ギャップ）の推定の仕方によって異なってくる。『経済財政白書』では、三〜四％という少なめのGDPギャップを前提に、構造的赤字が全体の八割との試算を出しているが、それは妥当だろうか。GDPギャップの推定値（八％という試算もある）によっては、景気対策を極力控えようとしてきたこれまでの政府のスタンスには疑問が投げかけられる。いずれにせよ、経済問題の数量的把握をする際には、幅をもって解釈する必要があろう。

(4) 必要な名目成長率引上げへの政策努力

さて、今後の日本経済を見る際の一つのポイントは名目経済成長率にある。政府経済見通しの改定値では、二〇〇一年度の実質経済成長率はマイナス一・〇％、名目経済成長率は実にマイナス二・四％という、マイナス成長だ。また、二〇〇二年度は実質〇・〇％、名目成長率はマイナス〇・九％になっている。名目経済成長率がマイナスということは、企業にとっては減収を意味する。こうした状況では、企業に「元気を出せ」といっても無理であろう。であれば、短期的に大切なのは日本銀行と政府による政策対応ということになる。金融機関の貸出増大という間接金融ルートが期待しにくい現状では、日本銀行が名目GDPを増やそうとするためには、直接金融ルートを利用するしかないとの見方も成り立つ。短期金利はすでにゼロなので日銀当座預金の潤沢な供給を通じて期待に働きかけ、債券・株式・外貨資産の価格形成に関与し、その資産効果と円安効果により、実体経済を押し上げ、GDPギャップの縮小とともに名目値の引上げを図っていくのが筋道だとの考え方である。

前にも述べたが、すでにゼロ金利下での量的金融緩和を実施している日本銀行は、二〇〇二年二月二八日の金融政策決定会合で、一段の金融緩和策を決めた。これは、現状でも前年比二十数％に達しているマネタリー・ベースの拡大を一段と増強した形で持続することにつながるものであるため、仮に、マネタリスト的な立場に立つとすれば、デフレ対応策として、基本的に適正な措置だといえる。ただ、万が一、この先ドルや株価が急落して底割れする気配が出てくるような場合には、危機管理策として外債（ドル債）や株価指数連動型上場投信に加え、日本版ＲＥＩＴ（不動産投信）の買切りオペ（財務大臣の承認があれば日本銀行は株式等を購入できるとの解釈もある）などを実施し、量的緩和を、より確実な成果の出るものとすることができるとの考え方もある。

一方、政府も日本銀行の金融緩和決定に先立って、二月二七日の経済財政諮問会議で、①不良債権処理の促進、②金融システムの安定、③市場対策、④貸し渋り対策、⑤金融政策の緩和要請、の五項目からなる「総合デフレ対策」を決定した。こうした情勢下で、今後、政府としては、「国債発行を三〇兆円以下に抑えること」にこだわるよりも、企業が減収にあえぎ国民も高失業率に苦しんでいる現在の日本の経済社会にとって、真にふさわしいインフラを整える財政政策をとる選択肢もあろう。すなわち、構造改革と矛盾しない、都市再生や環境、医療、教育、科学技術といった分野での支出に対し、民間活力を引き出すことを大前提としつつも、財政負担を惜しまないというスタンスが望まれている。現に、小泉内閣は、二〇〇一年度の第二次補正予算としてＮＴＴ株の売却を主財源とした、都市再生策等を中心とする国費二・五兆円の予算の編成を表明した。ただし、一般歳出を前年度比二・三％減とした二〇〇二年度予算では、公共事業を一〇・七％も削っており、二〇〇二年度予算成立後には、土地保有税や所得税・贈与税の減税を含めた財政出動の可否を巡る議論が一段と活発になってこよう。

屈折した企業マインドを立て直し、景気回復のメカニズムを顕在化させるためにも、以上のような金融財政政策によって、マクロ経済フレームとしての名目経済成長率をできる限り早期にプラスにもっていけるように、政府・日本銀行は共に努力すべきだといえるだろう。塩川正十郎財務大臣は、二〇〇二年二月、Ｇ７（先進七カ国財務相・中央銀行総裁会議）の場で、「成長率を二〇〇二年度にゼロ％、二〇〇三年度に一％に引き上げる」と国際公約とも受けとれる発言をした。まだ「三〇兆円」枠は取り去っていないものの、小泉政権の経済政策にも微妙な変化が出てきた。また、そうした努力の積み重ねの上にこそ、構造改革下での持続可能な、真の力強い景気回復という新次元を迎えることができるといえるのではないだろうか。

【参考文献】


金森久雄［一九九〇］『景気への挑戦――変動か循環か!?』実業之日本社。

木村健康監修［一九六四］『現代経済理論のエッセンス』ぺりかん社。

J・M・ケインズ著／塩野谷祐一訳［一九九五］『雇用・利子および貨幣の一般理論（普及版）』東洋経済新報社。

篠原三代平［一九九九］『長期不況の謎をさぐる』勁草書房。

嶋中雄二［一九九一］『景気の転換点を読む――二一世紀への景気サイクルはどう動くか』同友館。

――［一九九二］『「転型期」の日本経済――世界同時不況からの脱出』講談社。

――［一九九四］『繁栄は繰り返す――「循環論」で説く二〇〇〇年までの景気シナリオ』ＰＨＰ研究所。

――［一九九五］『複合循環――よくわかる景気の読み方』東洋経済新報社。

――［一九九六］『メジャー・サイクル――日本経済第五の波』東洋経済新報社。

――［二〇〇〇］『日本経済の油断――アメリカン・バブルの行方』東洋経済新報社。

J・A・シュンペーター著／吉田昇三監訳［一九五八］『景気循環論Ⅰ』有斐閣。

田原昭四［一九九八］『日本と世界の景気循環』東洋経済新報社。

中村丈夫編［一九七八］『コンドラチェフ景気波動論』亜紀書房。

西山千明・矢島鈞次編［一九八八］『ハイエク全集1』春秋社。

野村信廣［一九八八］『景気サイクルの読み方』自由国民社。

F・A・ハイエク著／西山千明訳［一九九二］『隷属への道』春秋社。

A・H・ハンセン著／都留重人訳［一九五〇］『財政政策と景気循環』日本評論社。

深尾光洋・吉川洋編［二〇〇〇］『ゼロ金利と日本経済』日本経済新聞社。

森一夫［一九九七］『日本の景気サイクル』東洋経済新報社。

Moore, J. H. (ed.) [1984], *To Promote Prosperity : U. S. Domestic Policy in the Mid-1980s*, Hoover Institution Press.

第2章

景気とサイクル

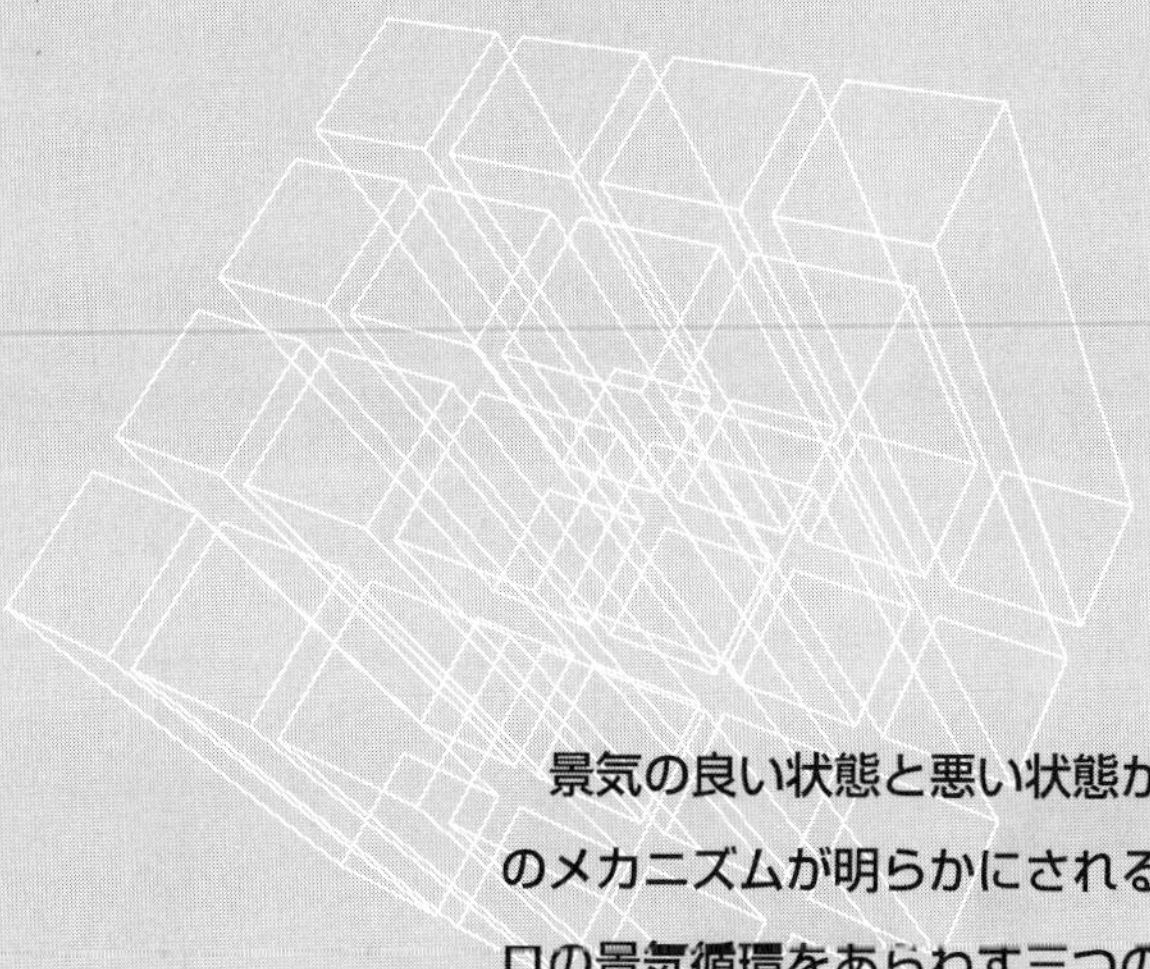

景気の良い状態と悪い状態が交互におとずれる景気循環のメカニズムが明らかにされる．そして，日本経済のマクロの景気循環をあらわす三つのサイクルが明示される．このサイクルは，GDPの成長率，日銀短観と景気動向指数である．

この日本経済全体の景気をあらわす三つのサイクルは，タイミングが少しずれているがほぼ同一の波長を示している．このような景気の循環的変動が，長期的にどのように変化し，どのような要因によって循環的変動が影響を受けるのかについて考える．そして最後に，日本経済の景気のサイクルの特徴について詳しく分析している．

1 景気循環とは何か

景気という言葉は多様な面を持っている。もちろん、日常用語としても用いられるが、経済学の世界で用いられる場合でも、いろいろな意味に使われる。ミクロ経済の世界では、ビジネスマン、商店主、中小企業の経営者が、景気が良いとか、景気が悪いというときは、売上高の増減、利益の増減を意味することが多い。

もう少しスケールの大きな場面での使用としては、産業の景気としての意味がある。ビジネスマンや大企業経営者が用いる場合には、自分が所属する産業全体の生産高や販売高の増減を指していることがある。本章で用いる景気とは、一国全体の景気であり、マクロ経済の景気を意味する。

いま、より具体的に、日本のマクロ経済の景気を考えてみることにする。日本経済を構成する産業には、農林・水産業に始まり、各種の製造業がある。さらに、さまざまな種類の第三次産業がある。また、地域的な多様性もある。これらのいろいろな産業や、地域的なばらつきは、一様に同じ方向に動くとは限らない。

一九九九年や二〇〇〇年には、IT関連産業では景気が良かったが、建設・不動産や流通関係の産業で、それほど景気は良くなかった。また、東京圏は景気が良いが、関西圏は景気が良くないということもある。さらに、鹿児島や島根といった地方都市では、もともと景気の変動の波がそれほど大きくないと考えられる。

(1) 総体的経済活動

このようにみてくると、マクロ経済の景気というものは、その産業や地域の多様性が存在するので、前述のミクロ経済での景気やある特定の産業の景気という場合とは異なり、その意味や内容は、それほど単純明快なものではない。

景気循環論で景気が良いというのは、総体的経済活動が活発なこと、ないしは増加している状態を指す。また、景気が悪いというのは、総体的経済活動が低調、ないしは減少している状態を意味する。そこで、具体的に景気を計測するためには、この総体的経済活動の内容を明示

◎ 表2-1　総体的経済活動を示す7つの経済分野 ◎

経済分野	代表的な景気指標
1　生産と所得	GDP，国民所得，生産指数
2　消費と商業	民間最終消費支出，家計消費支出，商業販売額指数
3　固定資本投資	法人企業設備投資，投資財出荷指数，実質機械受注
4　在庫品と在庫投資	原材料在庫指数，製品在庫指数
5　雇用と失業	完全失業率，常用雇用指数
6　価格，費用，利益	経常利益，卸売物価指数，消費者物価指数，単位労働力コスト
7　貨幣と信用	金融機関貸出態度（短観），マネーサプライ，コールレート，CDレート

する必要がある。

普通、総体的経済活動は、次の七つの経済分野を含んでいる。

1　生産と所得
2　消費と商業
3　固定資本投資
4　在庫品と在庫投資
5　雇用と失業
6　価格、費用、利益
7　貨幣と信用

ただし、これに外国貿易を加え、八つの経済分野を含めることもある。

したがって、景気、すなわち総体的経済活動を観察するためには、これら七つの経済分野のそれぞれを代表する統計値を観察すればよいことになる。そして、これらの統計値を景気と深い関わり合いを持つ経済指標という意味で、われわれは景気指標と呼んでいる。

いま、前述の七つの経済分野の内容をより明確にするために、日本経済における七つの経済分野を代表する景気指標を例示すると、表２-１のようになる。この表をみてもわかるように、マクロ経済の景気は、多様な側面を持っている。

生産と需要（消費支出、投資支出、在庫）、労働市場、企業のパフォーマンス、金融市場というのが、総体的経済活動を構成している内容である。

(2) 景気の循環的変動

次に、このような多様性を持った総体的経済活動の中に、一本の太い流れである全体としての傾向を示す景気と呼ばれるものを見出すことの意味を明らかにしたい。さらに、その景気の流れの中に、上昇局面と下降局面を交互に繰り返す、景気循環というものが存在することを明らかにしたい。

初めに、前述の七つの経済分野を総合的に分析して、そこに一つの景気という流れを見出すことが意味を持つ根拠は、七つの経済分野がそれぞれに結びつきを持っているという点にある。

ある分野とある分野は、非常に強い結びつきを持っているが、ある分野とは間接的な関係で弱い結びつきしか持っていないという強弱の程度はある。しかし、いずれの分野とも、その相互の間に何がしかの相関関係を持っており、これがマクロ経済の景気を考える上での基盤である。

次に、このマクロ経済の景気というものが、景気循環と呼ばれる、明確な循環的変動をする性質を持っている点を考えてみる。この性質を明らかにしている根拠は、次の二つの点にある。

一つは、前述の七つの経済分野の多くの景気指標が、さまざまなショックに対して同じようなサイクルを描くという、共通性の性質である。二つ目は、このサイクルの上昇局面や下降局面が、ある一定期間は続くものであるという、持続性という性質を持っている点にある。

このマクロ経済の景気循環を作り出す二つの性質を具体的に図を用いて示してみる。一つ目の経済変動の共通性については、図2−1に示されている。このグラフが示すように、製造業と鉱業の物的生産をあらわす生産指数、景気循環をもたらす最大の駆動力の一つである設備投資の動向をあらわす実質法人企業設備投資（全産業）と、すべての企業の収益をあらわす全産業営業利益という三つの指標は、同じようなサイクルを描いている。

◎ 図2-1　景気循環の共通性 ◎

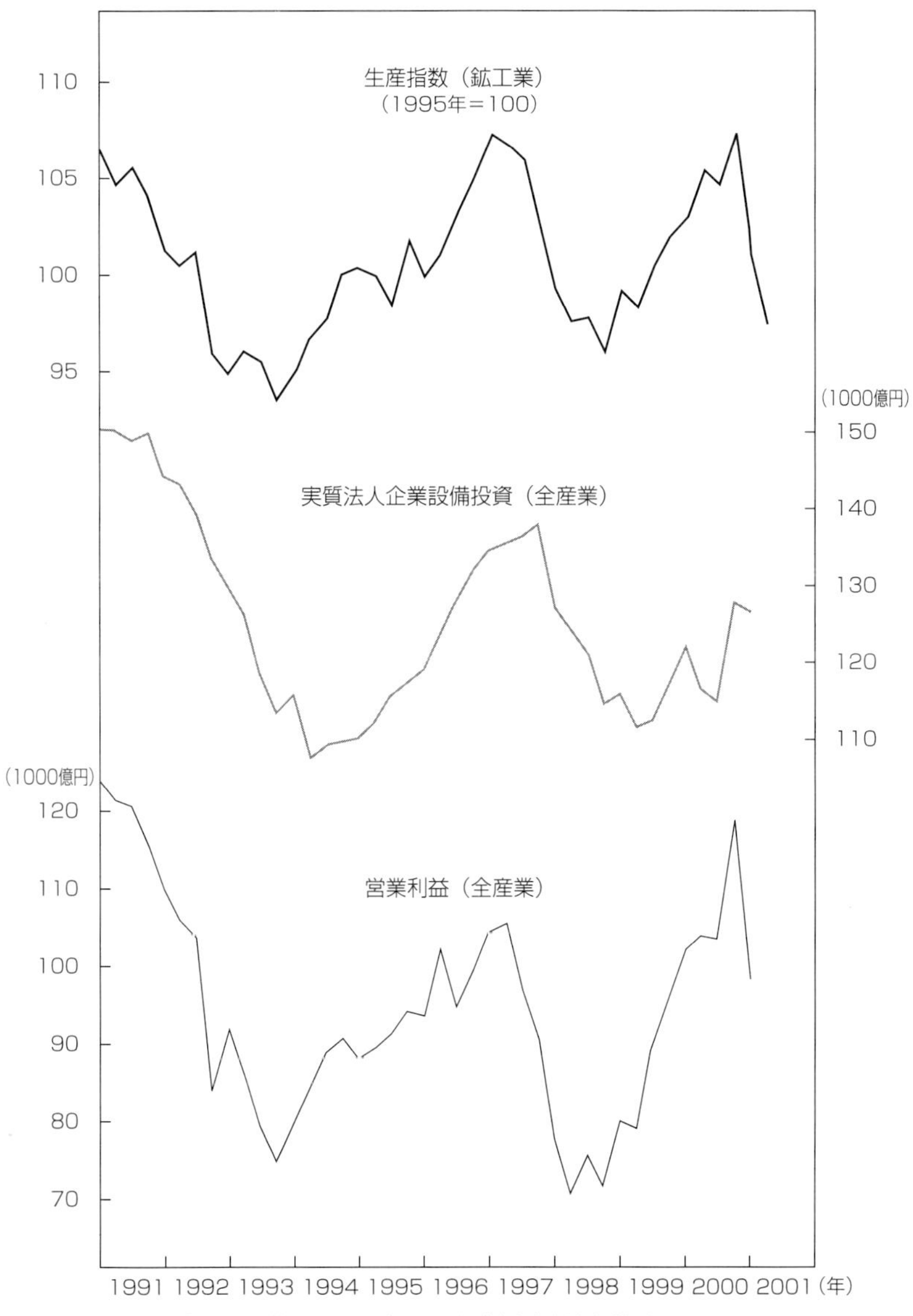

（出所）経済産業省「生産・出荷・在庫指数」，財務省「法人企業統計季報」．

このように、日本経済のマクロの変動を代表する三つの指標が、最近のバブル景気以後の一〇年間で、同じようなタイミングを持った循環的変動という、明確な共通性を示していることが描かれている。

次に、変動の中に持続性があるという事柄は、図2―2に示されているグラフを用いて説明する。多くの景気指標は二つのタイプに分けられる。一つは、中・長期的に上昇傾向や下落傾向を示す変数、すなわちトレンドを持っている変数である。二つ目は、その変数の性質として一定の幅の中で変動する、稼働率のような指標である。

いま、トレンドを持つ変数については、トレンドを除去し、トレンドからの比率、またはトレンドからの差を計算する。そして、トレンドを持たない変数については、中・長期的な平均値からの差を計算する。これら二つのタイプの指標の代表例として、図2―2には、トレンドを持つ変数として大口電力使用量が取り上げられ、最近ではまったくトレンドを持たない変数として投資財出荷指数が選択されている。

このグラフをみてもわかるように、トレンドを持つ変数については、いったんトレンドより下に下がれば、その状態がかなりの期間持続する。グラフの大口電力使用量では、一八カ月間トレンドより下にある。トレンドを持たない変数については、平均値より下に下がれば、その状態がしばらく持続する。グラフの例では、投資財出荷指数は、二二カ月間平均値より下にあることが示されている。

また、この反対に、トレンドや平均値より上に出れば、同じように一定期間は、その状態が持続する。このような景気指標の変動の持続的な性質が、景気循環を作り出す第二の性質である。

なお、この持続性についての過去の実績では、最低でも六カ月以上続くことが確かめられている。このことは、六カ月以上持続しないものは、景気循環とは認められないことを示している。

以上で述べた、多くのマクロ経済の景気指標にみられる、サイクル運動の共通性とトレンドや平均値からの乖離が一定期間続くという持続性の二つの性質が、マクロ経済の循環的変動、すなわち景気循環を作り出している証拠である。

◎ 図2-2　景気循環の持続性 ◎

（出所）電気事業連合会「電灯・電力需要実績」，経済産業省「生産・出荷・在庫指数」．

2 マクロ経済の景気をあらわすサイクル

マクロ経済の景気は、産業の多様性や各地域経済のアンバランスが示すように、いつも複雑な様相をみせている。このようなマクロ経済の景気について、気温を計る寒暖計のような、一目瞭然とした景気を計る尺度として、どのような統計数値があるのか考えてみる。

日本のマクロ経済の景気循環を計る代表的な尺度として用いられているのは、実質ＧＤＰの成長率、日銀短観の業況判断ＤＩ（diffusion index）、内閣府が作成している景気動向指数の三つがある。この三つの尺度には、それぞれ特徴があり、長所と短所を持っている。

(1) 実質ＧＤＰの成長率

ＧＤＰとは、家計、企業、政府の需要の合計である。厳密には、これに純輸出（輸出－輸入）と呼ばれる、外国の需要が加算される。このような総需要は、現在の日本経済では、約五〇〇兆円のレベルにある。

実際の景気判断の尺度として用いられるのは、この総需要から物価の変動を差し引いた、実質ＧＤＰの成長率である。したがって、ＧＤＰで景気を計る場合には、実質の総需要がどれほど増加したかという、増加の割合を用いている。

具体的な景気を計るバロメーターとしては、三カ月ごとに発表される実質四半期ＧＤＰ（季節調整済み）の成長率が用いられる。この成長率には二種類あり、一つは前の四半期のＧＤＰと比較した、前期比と呼ばれる成長率で、通常はこれを年率に換算したものが用いられる。これは、一年間にＧＤＰがどれくらい増加、あるいは減少したかをあらわす成長率が、一国の経済状態を判断する基本になるためである。この成長率は、現在、マクロ経済の生産がどれくらいの勢いで増加あるいは減少しているかというスピードをあらわしているため、足元の景気を判断する、最もわかりやすくて、最も重視される数値になっている。

二つ目は、前年同期のＧＤＰと比較した、前年同期比成長率と呼ばれるもので、過去一年間のマクロ経済の生産の増加、減少の程度をパーセントで示している。

◎ 図2-3　GDPの成長率のサイクル ◎

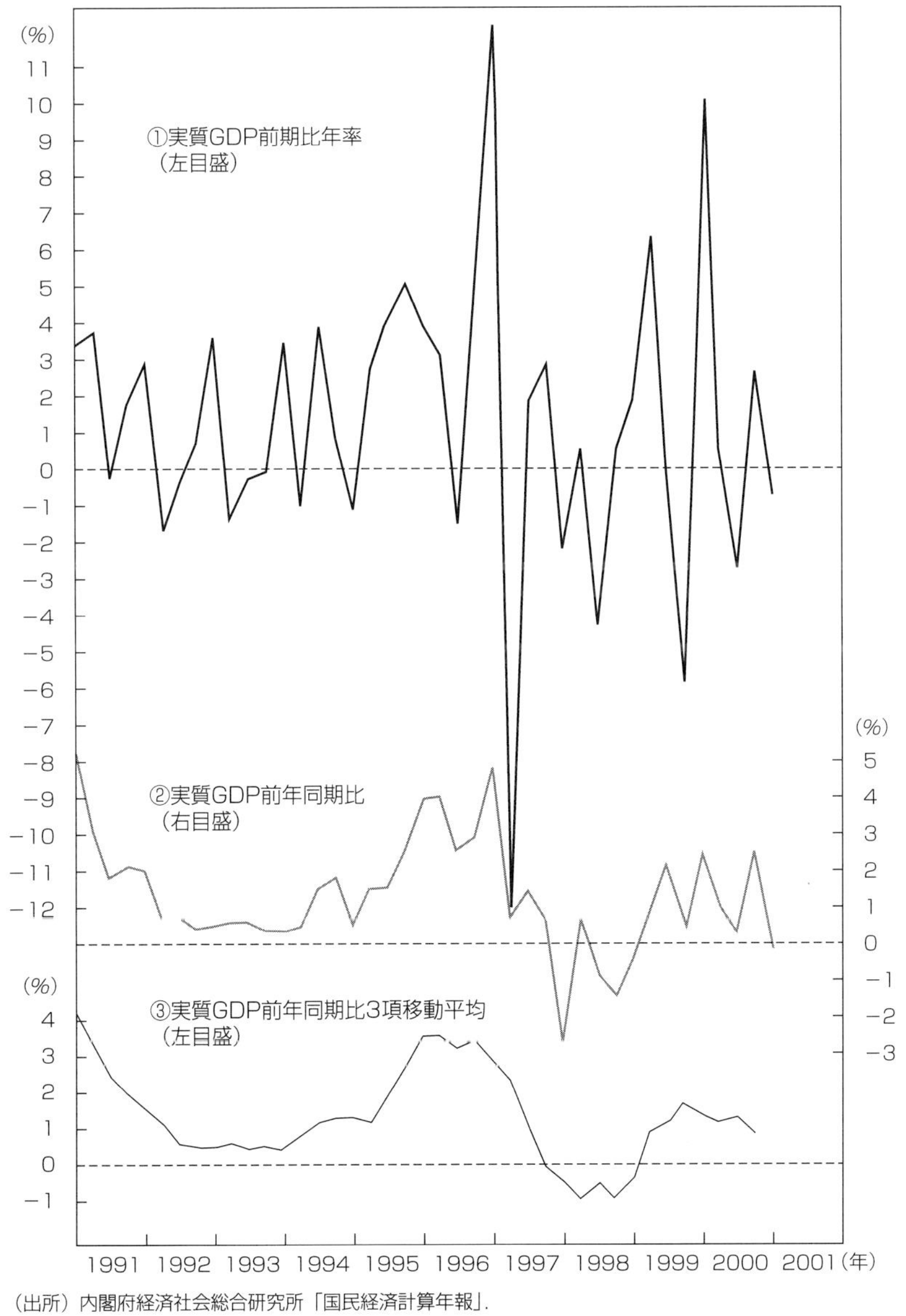

（出所）内閣府経済社会総合研究所「国民経済計算年報」.

このGDPの前期比と前年同期比という成長率について、過去一〇年間の動向をグラフにしたものが、図2-3に示してある。この図の一番上に描かれているのが、前期比年率のグラフである。このグラフをみてわかることは二つある。一つは、前期比を年率に直したグラフは、プラス一一・九%からマイナス一二%の間で大きく変動する。二つ目は、通常一国の経済状態を端的にあらわす数値として、一年間のGDPの成長率を用いる。しかし、一年間の四つの四半期GDPの成長率は、かなり大きく変動する。このことは、一年間の経済の状態が、けっして平坦なスムーズな動きを示すものではないということを示している。

次に、前年同期比のグラフが、上から二番目、図の中央に描かれている。このグラフを、前述の前期比のグラフと比較してみると、変動はスムーズで、ここからはGDPの循環的変動の様子がみえてくる。このように、GDPの前期比のグラフは変動が激しくて、景気循環の様相がみえにくいが、前年同期比のグラフからは、景気循環の局面がかなり鮮やかにみえてくる。この点が、前年同期比という成長率を計算するメリットの一つである。

さらに、実質GDPの前年同期比の数値から、よりスムーズなサイクルを得るために、三項移動平均値を計算したのが、図の一番下に描いてあるグラフである。このような計算をするのは、GDPの成長率が描くサイクルの山と谷を明確にし、上昇局面と下降局面を明らかにするねらいがある。

以上で説明したように、マクロ経済の需要の合計であるGDPの数値から、季節変動と物価変動を調整し、実質四半期GDP（季節調整済み）のデータを作り、この数値の成長率から抽出したサイクルは、図2-3に示すような、日本経済の景気循環の様相を明らかにするグラフを、われわれに提示してくれる。

(2) 日銀短観・業況判断DI

マクロ経済の景気を、個別の企業の経済活動の活発さからみてみようとするのが、日銀短観の業況判断DIである。この方法の骨格は、財やサービスを生産している、多様な産業とあらゆる地域の個々の企業の景気状態を直接に聞くことによって、マクロ経済の景気を把握しようとするものである。

具体的には、大企業、中小企業の規模別、さまざまな製造業や第三次産業から標本を抽出し、それぞれの企業の景気状態をサーベイ調査したものである。景気の状態については、「良い」、「さほど良くない」、「悪い」、の三つの選択肢の中から一つを選んでもらうという方法を採用している。このように集められた、個々の企業の景気状態についての判断は、次のように集計される。

三つの選択肢の中から「良い」と答えた企業の数の全体に占める比率をA%とし、「悪い」と答えた企業の比率をC%とすれば、

業況判断DI＝A%－C%

と表示される。

ちなみに、この指数をDIと呼んでいるのは、全体としての景況感が、マクロ経済の多様な産業や地域にどの範囲まで浸透（diffuse）しているかをあらわしているという意味で、diffusion indexと呼んでいるからである。

このようにして作成された、日銀短観の大企業について、全産業と、それを二つに分けた製造業、非製造業の三つの業況判断DIについて、過去一〇年の動向のグラフが、図2-4に示されている。

COLUMN

ムーアー（**Geoffrey H. Moore**）［1914～2000年］

今をときめく，グリーンスパンFRB議長（ムーアーの教え子の1人）は，ムーアーを評して，「半世紀以上にわたって，経済統計と景気循環分析における，主要な影響力をもった人物の1人であった」と述べている．

ムーアーの最大の仕事は，1950年に今日われわれが景気の先行指標と呼んでいるもののセットを最初に作成したことである．この仕事が，この当時のNBER（全米経済研究所）の人たちを中心に完成されたDIの作成過程で，中心的役割を担うことに結びついた．

ムーアーはラトガース大学に学び，1937年にMAの学位を取っている．この間は農業経済学を勉強していた．その後，1947年にPh.Dの学位をハーバード大学で得た．このときの博士論文のタイトルは“Harvest Cycles”である．

1939年からNBERを中心に仕事をし，1965～1968年にはNBERのDirector of Researchを務め，1979年までNBERで働いている．

この間，アメリカ労働省で仕事をし（1969～1973年），ラトガース大，ニューヨーク大，コロンビア大，the Colorado School of Minesなどで教えている．

◎ 図2-4　日銀短観・業況判断DI（大企業）◎

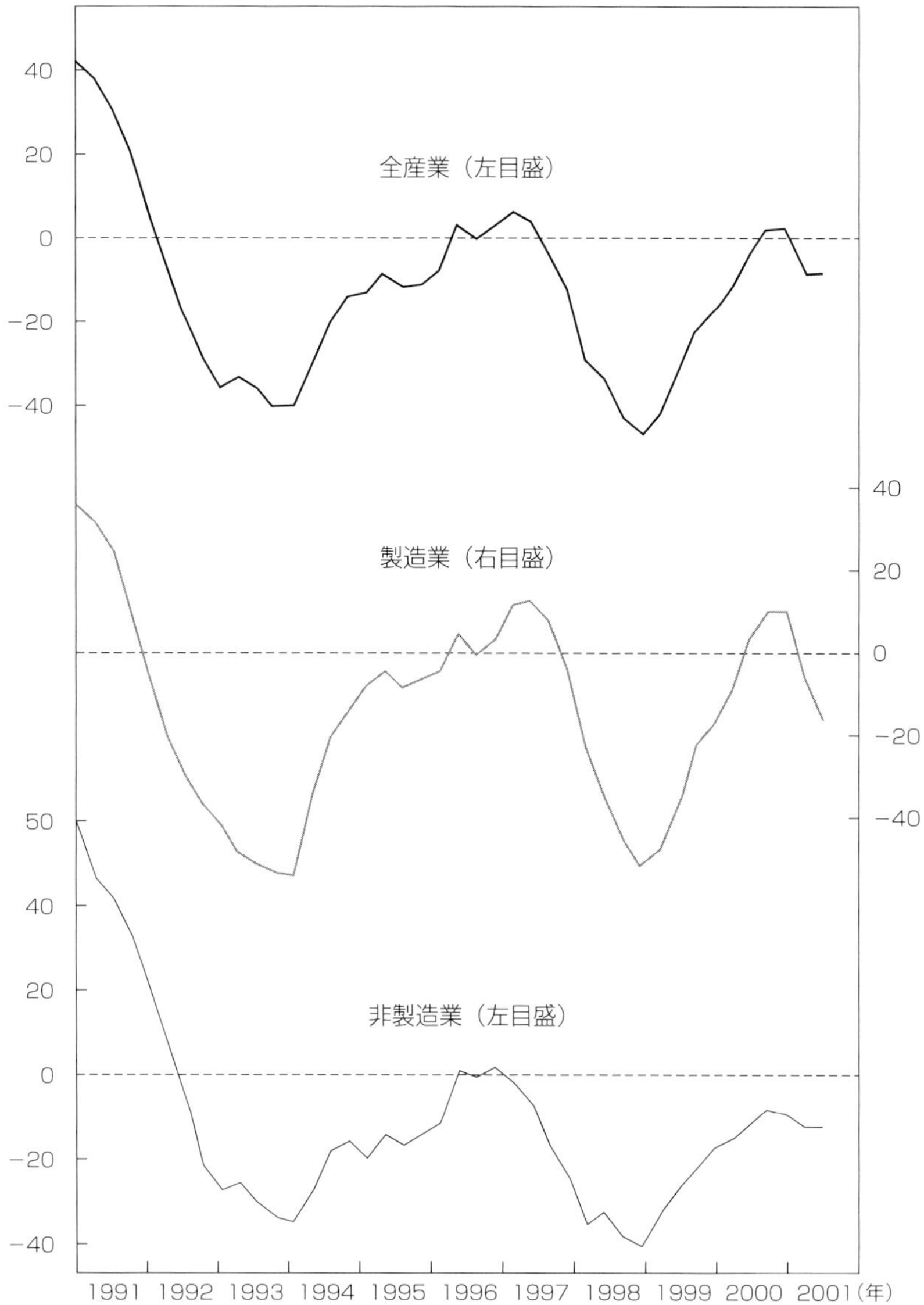

（出所）日本銀行「企業短期経済観測調査」.

明確な循環的変動を示すこのグラフをみてもわかるように、個別の企業が自己の企業の景況感について判断した意見を集めることが、日本経済のマクロの景気循環をあらわす一つの方法となる。

(3) 景気動向指数

日本のマクロ経済の景気循環を計測する三つ目の尺度は、景気動向指数である。これは、景気循環論に基づいて、総体的経済活動を前述の七つの経済分野の活動としてとらえ、各分野の状態の総和として、景気を表現しようとするものである。

この景気動向指数には、景気の変化方向を計測する、ディフュージョン・インデックス（diffusion index, ＤＩと略記する）と、景気の量感と呼ばれる、山の高さや谷の深さを計測する、コンポジット・インデックス（composite index, ＣＩと略記する）の二種類がある。いずれも、内閣府の経済社会総合研究所で作成され、毎月、公表されている。

初めに、景気の変化方向を計測する目的をもつＤＩから説明する。ＤＩの作り方は三つのステップよりなる。

一番目のステップは、七つの経済分野から、過去の景気循環に対応して、循環的変動をする指標が選ばれる。現在、景気を計測するために観察している指標は二五〇を超えている。

二番目のステップは、前述のようにして選ばれた指標を、先行指標、一致指標、遅行指標に分類することである。ここで先行指標というのは、過去の景気循環の山や谷で、三カ月以上先行して個別指標としての転換点を示すものである。一致指標というのは、過去の山や谷で前後二カ月以内に転換点を示している指標である。さらに、遅行指標というのは、過去の山と谷で三カ月以上遅行して、転換点を示している指標である。

以上のように分類された指標から、先行期間や一致する期間、さらに遅行する期間の安定した指標が厳選される。すなわち、ある山では八カ月先行するが、別の山では三カ月しか先行しなかったという、先行月数のばらつきのある、不安定なタイミングの指標は削除される。

このようなステップを経て選ばれ、現在の日本経済において、景気循環を計測するために用いられているものは、表2-2に示されている三〇個の指標である。これ

◎ 表2-2　採用指数の経済分野別内訳 ◎

	先行系列	一致系列	遅行系列	分野計
生産		生産指数（鉱工業） 生産財出荷指数（鉱工業） 大口電力使用量 稼働率指数		4
消費	消費者態度指数 耐久消費財出荷指数	百貨店販売額 商業販売額指数（卸売業）	家計消費支出 （全国勤労者世帯）	5
投資	実質機械受注 （船舶・電力を除く民需） 新築住宅着工床面積	投資財出荷指数	実質法人企業設備投資	4
在庫	最終需要財在庫率指数 （逆サイクル） 生産財在庫率指数 （鉱工業・逆サイクル）		製品在庫指数（最終需要財）	3
雇用	新規求人数（除学卒）	所定外労働時間指数（製造業） 有効求人倍率（除学卒）	常用雇用指数（製造業） 完全失業率	5
価格・費用利益	日経商品指数 投資環境指数（製造業） 中小企業業況判断来期見通し	営業利益 中小企業売上高（製造業）	法人税収入 全国銀行貸出約定平均金利	7
金融	長短金利差 東証株価指数			2
系列計	12	11	7	30

らは景気指標の代表選手であり、表2−2は、日本経済の景気循環をあらわす非常に重要な景気指標のリストであるといえる。

三番目の最後のステップは、先行系列、一致系列、遅行系列の三つのグループについて、三カ月前の数値より増加した指標のグループが全体に占める構成比を求める計算が行われる。したがって、DIは〇〜一〇〇％の値として表示される。このようにして作成されたものが、DI先行指数、DI一致指数、DI遅行指数である。このDIの三つの指数の過去の動向は、図2−5に示されているようになる。

DI一致指数を用いた景気判断の方法は、一致指数の半分以上が三カ月以前より増加したことを示す五〇以上の数値が継続しているケースでは、景気が拡張局面にあると判断する。反対に五〇以下の数値が続いた場合には、景気は後退局面にあると判断される。

また、景気の山を示す転換点については、五〇以上の数値が続く状態から、五〇以下の状態に下落することで判断する。すなわち、DI一致指数が上から五〇パーセント・ラインを下に切る時点が、景気の山を示す転換点

◎ 図2-5　ディフュージョン・インデックス（DI）グラフ ◎

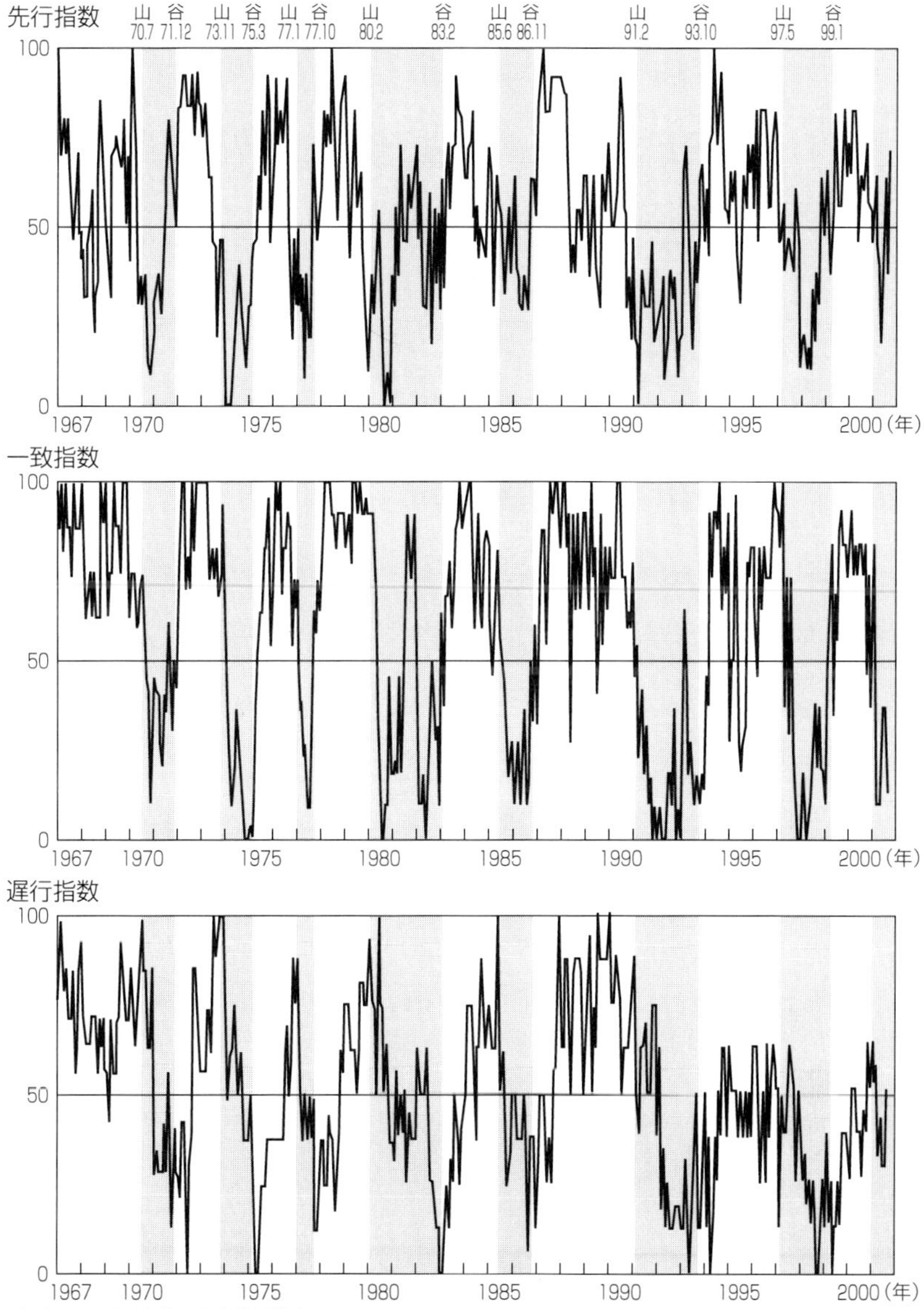

（注）シャドウ部分は景気後退期を示す.
（出所）内閣府経済社会総合研究所「景気動向指数」.

◎ 図2-6　ディフュージョン・インデックス（DI）累積指数 ◎

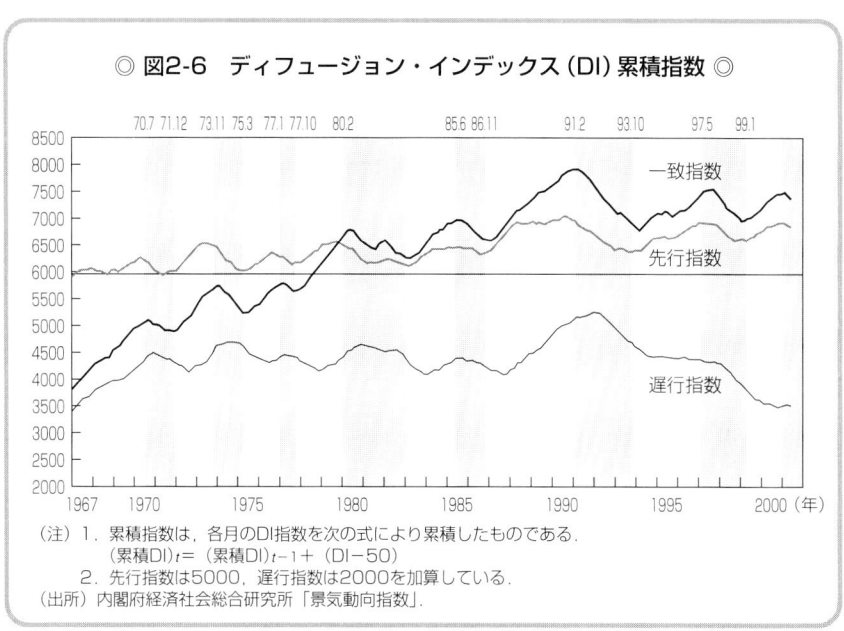

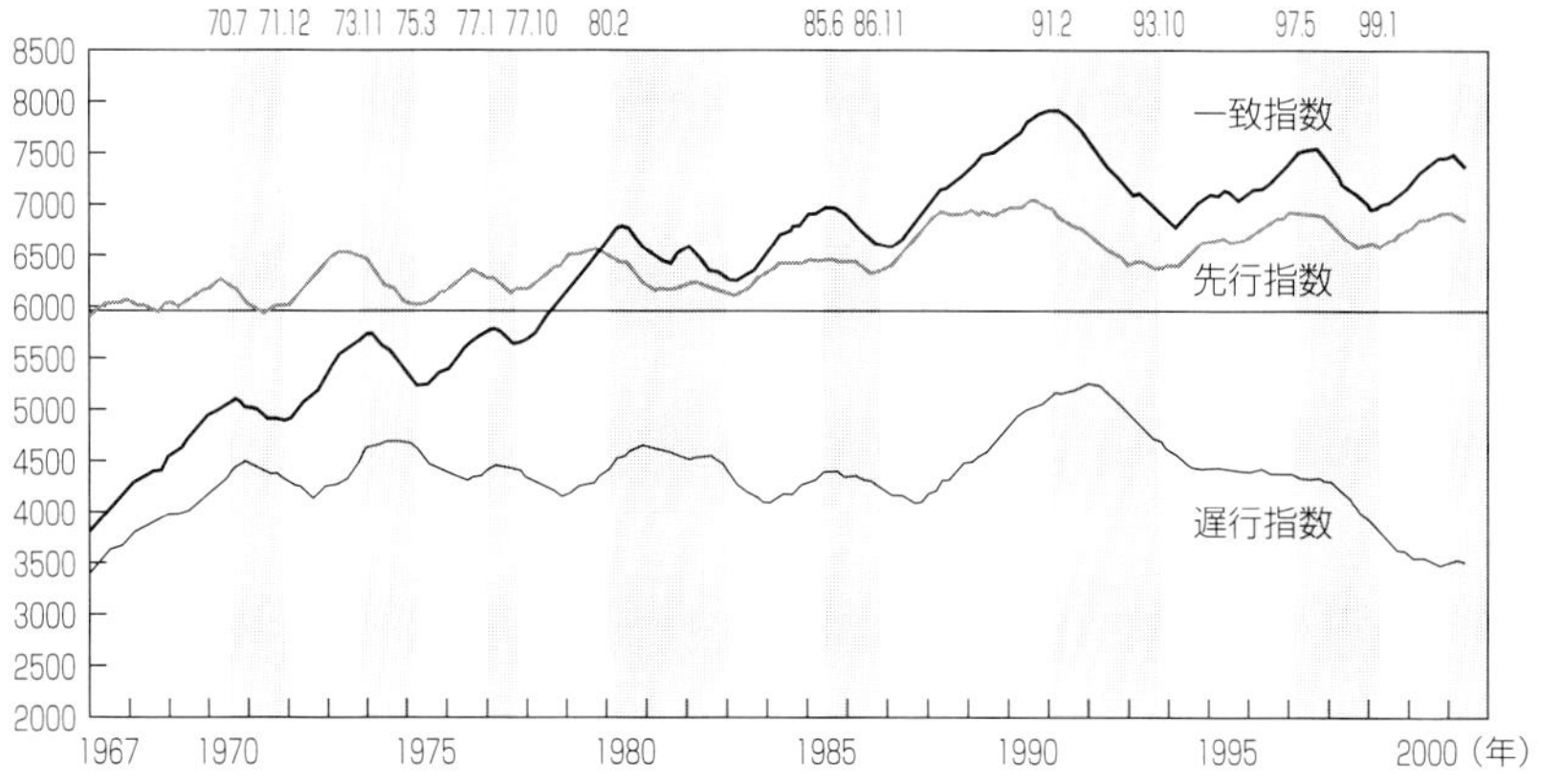

（注）1．累積指数は，各月のDI指数を次の式により累積したものである．
　（累積DI）$_t$＝（累積DI）$_{t-1}$＋（DI－50）
　2．先行指数は5000，遅行指数は2000を加算している．
（出所）内閣府経済社会総合研究所「景気動向指数」．

となる。反対に、ＤＩ一致指数が五〇パーセント以下の状態から五〇パーセント・ラインを下から上に切る時点が、景気の谷を示す転換点になる。

このＤＩ一致指数の過去のパフォーマンスを示した図2-5をみてもわかるように、毎月かなり変動し、時には山と谷の中間で景気の分岐点である五〇パーセントを越え、景気判断を不明確にすることがある。この点を矯正するために工夫されたのが、累積ＤＩである。

累積ＤＩは、転換点と転換点の間の不規則な動きをならすために、毎月の指数から五〇を引くことにより、拡張や後退の動向だけを示す五〇からの偏差を累積して作成する。ＤＩにこのような加工を施すと、循環的な変動をスムーズな曲線とした、図2-6が得られる。

以上で説明したように、一致指数の役割は二つある。一番重要な役割は、景気の転換点を判断することである。次に、景気が拡張局面にあるのか、後退局面にあるのかという、景気の局面判断を可能にする点にある。

また、先行指数の役割は景気の予測にあり、現行のＤＩは、山での平均先行月数は四カ月程度あり、谷での平均先行月数は一カ月ほどである。

◎ 図2-7　コンポジット・インデックス（CI）グラフ ◎

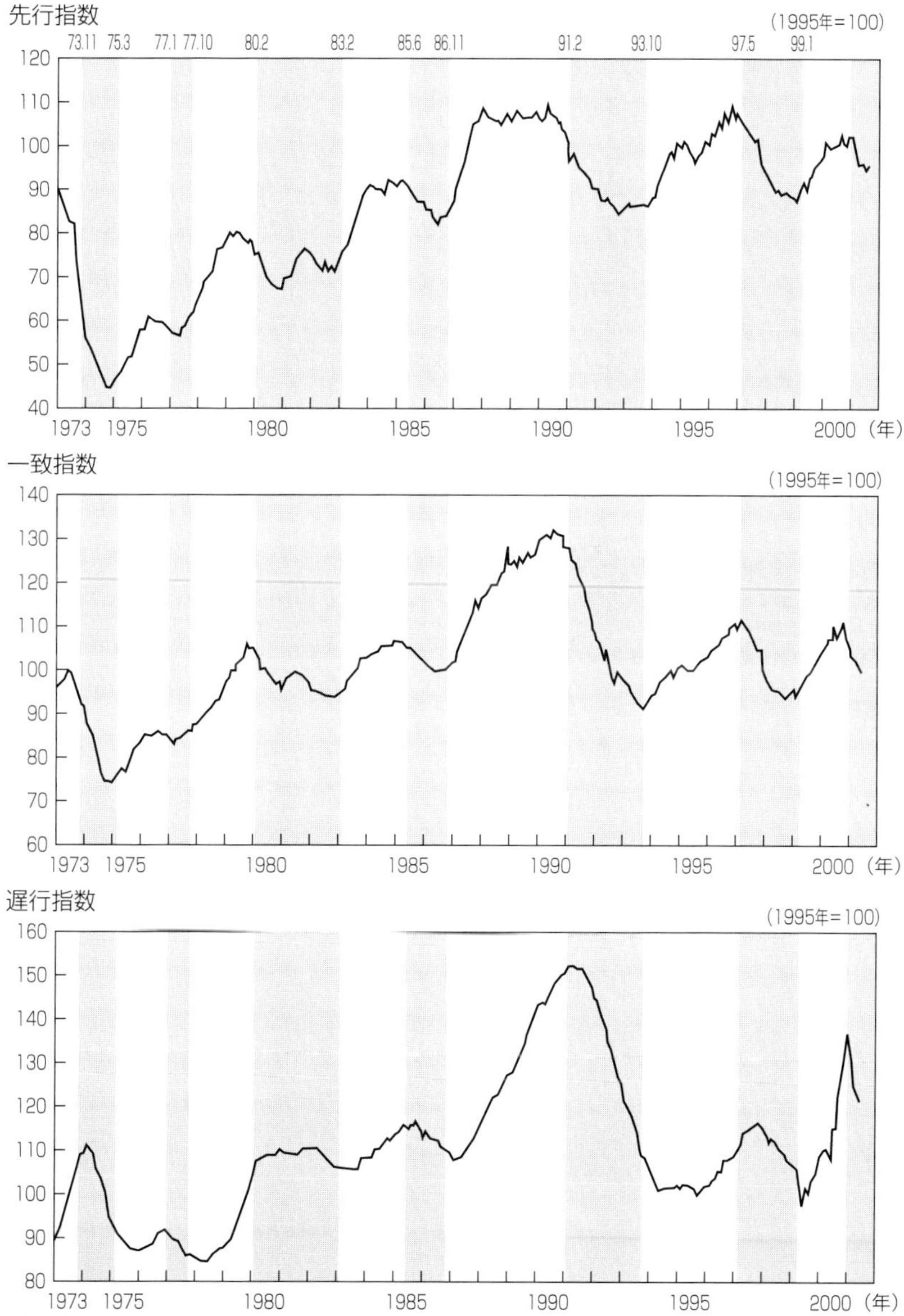

（出所）内閣府経済社会総合研究所「景気動向指数」.

さらに、遅行指数の主要な役割は、景気の転換点の確認にある。どうして確認のための指数が必要かという理由は、景気の長い拡張期や長い後退期の途中でよく観察される、「おどり場」と呼ばれる、一時的な停滞や一時的な回復を誤って景気の転換点と判断しないためである。

次に、景気の量感を計測するCIについて説明する。基本的な考え方は、次のようにまとめられる。CIの作成に用いられるのは、表2-2に表示されている指標である。したがって、指標の構成としてはDIとまったく同じである。景気変動の大きさの計測は、基本的にはCI一致指数で行われる。

具体的には、一致系列の一一個の指標について、前月からの変化率を求め、これらの平均値を計算することによって、変動の大きさを把握する。そして、循環的な変動を抽出するため、この平均変化率を累積する。これがCI一致指数の基本的な作成方法である。

ただし、有効求人倍率のような変動幅の小さい指標の変化率と、投資財出荷指数のような変動幅の大きな指標の変化率を一緒にして平均変化率を計算すれば、全体の動向が変動幅の大きな指標の動きに左右される。このような弊害を除去するため、個々の指標のそれぞれについて、振幅の調整が施されている。

このように、日本のマクロ景気に関する最も重要な一一個の指標の平均変化率を累積したものが描く循環的変動が、CI一致指数である。このようにして計測された、景気の量感の近年の動向は、図2-7に表示されている。

なお、同じ方法で作成された、CI先行指数は、山で約六カ月、谷で約五カ月の平均先行期間を持っており、景気予測に用いられている。また、CI遅行指数は、山で約七カ月、谷で約九カ月の平均遅行月数があり、景気転換点の確認という行司役を果たしている。

(4) 三種類のサイクルの比較

前述のマクロ経済の景気循環をあらわす、三つのサイクルを比較してみよう。三つのサイクルを一つのグラフに描いて比較したものが、図2-8である。まず初めに注目されるのは、まったく異なるプロセスを経て作成された、三種類、四つのサイクルの類似性である。

総需要の成長率をあらわす、実質GDPの成長率のサイクル、自己の企業の景気判断を多くの産業から集めた、

◎ 図2-8　マクロ景気のサイクルの比較 ◎

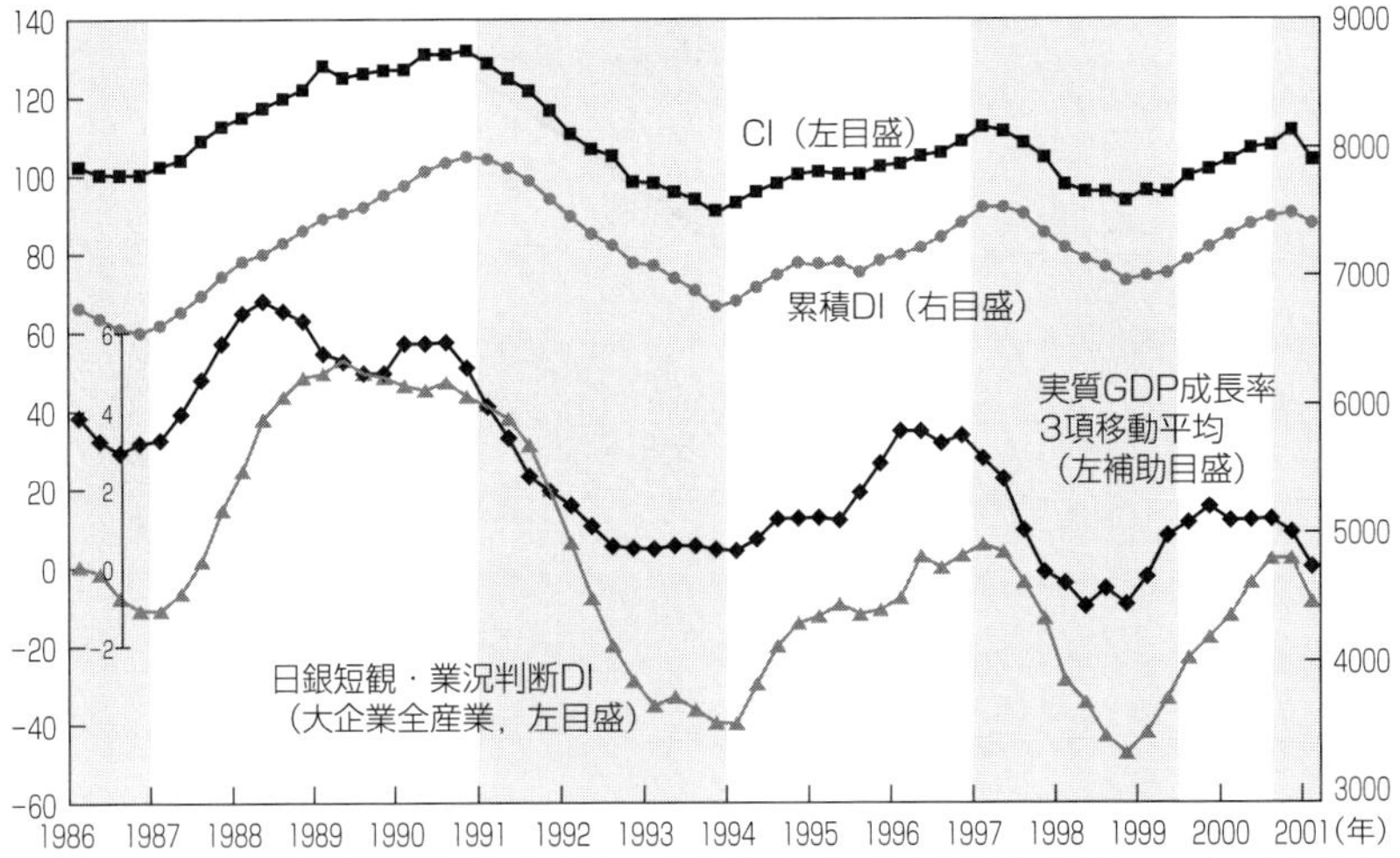

（出所）内閣府経済社会総合研究所「景気動向指数」，「国民経済計算年報」，日本銀行「企業短期経済観測調査」．

日銀短観・業況判断ＤＩのサイクルも、七つの経済分野の代表的な景気指標を合成した、景気動向指数ＤＩ、ＣＩのサイクルも、多少の異同はあるものの、山・谷でほぼ同じ歩調を持ったサイクルを描いている。

ここで、四つのサイクルの景気循環としての特徴である、山や谷におけるタイミングを分析してみる。この比較は、内閣府が設定した、景気の山と谷の日付である、景気基準日付（次の節で解説）と呼ばれるものを中心にして行われる。

実質ＧＤＰの成長率のサイクルとしての特徴は、先行性があるという点にある。第一次石油危機後の五つのサイクルでの平均は、山で２・８四半期、谷で２・０四半期、先行している。

次に、日銀短観・業況判断ＤＩのサイクルの特徴は、山では先行するが、谷ではほぼ基準日付と一致する点にある。過去三回のサイクルの平均値は、山で１四半期だけ先行し、谷では平均としては、タイミングのずれはゼロである。

景気動向指数の二つのサイクルの特徴は、次のようになる。景気の変化方向を計測している、ＤＩ一致指数を基礎にして、内閣府の景気基準日付は決定されている。したがって、基本的には、山や谷でのタイミングはゼロになる。しかし、現実には、第一次石油危機後の五つのサイクルの平均で、山では〇・二カ月だけ先行し、谷での平均タイミングはゼロになる。

次に、量感を計測している、CI一致指数のサイクルの特徴は、基準日付より少し先行している点にある。過去の五つのサイクルの平均値は、山で一・〇カ月だけ先行し、谷では一・六カ月先行している。

最後に、三種類のサイクルの長所と短所をまとめてみる。実質GDPの成長率が描くサイクルは、総需要の成長率という概念のわかりやすさと、SNA（system of national accounts）という国連統計委員会の規定に基づいて作成されているため、国際的な比較が可能という点で、最も重要視されている。

しかし、金融市場、労働市場、企業経営についての考慮がないという点で、マクロ経済の景気を計測する尺度としての不十分さがある。特に、金融市場の経済活動に占める重要性は、経済のグローバル化の進展にともなって、ますます景気循環に大きな影響を持ってきた点は注目に値する。

次に、日銀短観の長所は、作成方法の簡便さ、業種別や規模別に集計することが可能な点にある。したがって、製造業と非製造業の景気の相違や、大企業と中小企業の景気の相違などが把握できる。

これに対して、不十分な点としては、基礎になる理論がないという点が挙げられる。さらに、産業構造や企業規模がどんどん変化していくのに対応して、特定の有限な標本をどのように調整するかが問題となる。

最後に、景気動向指数DIの長所は、景気循環論に基づいた総体的経済活動を計測している点にある。さらに、前述の二つのサイクルは四半期統計であるが、DIは月次統計であるという点にある。

これに対して、短所とされているのは、生産指数や百貨店販売額、有効求人倍率、営業利益といった一一個の指標を統合する際に、経済的重要性を考慮したウエイトが付けられていない点にある。

CIの長所は、山の高さ、谷の深さという景気の量感という、その定義が非常に困難な問題に取り組んでいる点にある。短所はDIと同じで、カバーする範囲や、経済的重要性が明らかに異なった変数の統合に際して、ウエイトを考慮していない点にある。

日本のマクロ経済の景気循環について、それぞれ異なったアプローチによる、三種類、四つのサイクルをみてきた。簡単にふれたように、それぞれのサイクルは長所と短所を持ち、少しずつその描くサイクルは異なっている。しかし、もし真実の景気循環というものを描くことが可能であるならば、それはあるときはGDPの成長率のサイクルに近く、またあるときは日銀短観のサイクルに接近し、あるときにDIやCIに近いものになるというように、四つのサイクルの間を縫うように動くサイクルであることは間違いないであろう。

3 景気循環の基準日付

日本のマクロ経済の景気循環における転換点である、山や谷の日付のことを基準日付（reference date of business cycles）と呼んでいる。前節でみたように、マクロ経済の循環的変動を示す三種類のサイクル、GDPの成長率、日銀短観・業況判断DI、景気動向指数DIとCIのそれぞれの転換点は、少しずつずれており、一致するということは少ない。

また、常識的に考えても、ある年のある月といった時点を境にして、日本中のすべての地域・産業が、その経済活動の方向を一斉に変換するとは、誰しも思っていない。

しかしながら、第二次世界大戦後における五十数年の間に、一二回の景気循環を認め、その山や谷の日付を、旧経済企画庁が決めて公表している（今後はその業務を引き継いだ内閣府が決めることになっている）。

ここでは、マクロ経済の景気循環の転換点に関する問題を三つに分けて考えてみたい。一つはなぜ、月次ベースで景気の基準日付を決めるのか。二つ目は、具体的にどのような方法で決めるのか。三つ目は、基準日付で決められた景気循環の持つ意味と性格について考察してみる。

(1) 基準日付を決める必要性

なぜ、基準日付を決める必要性があるのかという問題に対する答えは、簡潔には次のようにまとめられる。まず、過去の日本経済を何らかの側面から分析したり、整理する場合の枠組みとして、景気の基準日付はわかりやすいし、非常に便利である。次に、公共投資や減税といった財政政策や公定歩合やマネーサプライの変化といった金融政策の効果を検証するためには、景気の後退期や拡張期といった分析の枠組みが必要である。

また、インフレーション、賃金、企業収益などの実証分析にとっては、景気の山・谷の日付で示された枠組みは、非常に有用である。

しかし、景気基準日付の設定の必要性を認めても、前述のように、マクロ経済の景気の山・谷といった転換点は、その性格からして、ある程度の幅を持った概念である。そのような景気の転換点の日時を、なぜ月次ベースで決めなければならないのかという問題がある。

たとえば、バブル景気の山は一九九一年二月ではなくて、一九九一年第1四半期というように、四半期ベースの基準日付の方が良いのではないかという意見である。

この点については、シカゴ大学のV・ザーノヴィッツと民間エコノミスト、G・W・クルーズとの間の論争が有名である。

しかし、学問的正確性の議論よりも、結局は使いやすさ、便利さという要求が強く、月次ベースの基準日付を採用している国が多い。

次に、どのような決め方をされたにしろ、過去に一度決められた景気循環の日付に対して、年月が経過した後での変更はきわめて困難だという問題がある。

たとえば、日本経済では、第二次世界大戦直後の第一循環の出発点が未定である。さらに、第一次石油危機後のミニ不況と呼ばれた、第八循環の景気後退期の日付（一九七七年一～一〇月）について、さまざまな批判があるが、その検証は難しい。

これらの原因は、いずれも多くの個別の景気指標の数値自体の変更、季節調整値の変更、それに実質化のためのデフレーターの計算方法の違いといった、経済統計に関する問題点が大きなウエイトを占めている。したがって、その時々の経済情勢全般に対する配慮によって決められた日付を尊重してきたという経緯がある。

最後に、戦前の景気循環の日付については、田村推計、北條推計、藤野推計、馬場・杉浦推計と、有力なものだけでも四種類ある。そして現在では、そのいずれが、より妥当性が高いかといった問題の検証は困難である。したがって、戦後の日本経済のように、政府機関によって決められるか、アメリカのNBER（全米経済研究所）のような、それに準ずる公的機関によって、一貫した考え方と方法で景気循環を計測するという継続性が重要になってくる。

(2) 山と谷の日付の決め方

景気の転換点である、山や谷の日付を決める基本的な考え方は、簡単にまとめれば次のようになる。

経済理論から考えて、景気と一致して動くと考えられる、いくつかの景気指標が選ばれる。そして、この中で最近の景気循環において、個別指標の転換点がほぼマクロ経済の循環的変動の山・谷と一致するものが、一致指標として抽出される。このようにして選択された一致指標の個別の転換点の中央が、マクロ経済の景気の転換点の日付として認定される。

具体的には、現在の景気動向指数で一致系列として採用されているのは、表2-2の中央に表示してある一一個の指標である。これらの一一個の指標は、過去数回の景気循環での転換点のタイミングの平均値が、山でも谷でも、プラス・マイナス二カ月以内にある指標である。この一一個の個別指標が時間的に次々に示す転換点の中央が、経済全体の転換点として認められる。

以上で説明した基本的な考え方に基づいて、具体的に景気循環の転換点を決める際に、二つの問題点が発生する。

一つは、一致指標として選ばれた個別指標の転換点の時点の決め方である。景気指標には、トレンドを持って循環的変動をする生産指数のような指標と、その指標の性質として、トレンドを持たないで、ある特定の範囲でサイクルを描く、稼働率指標のような指標との二種類がある。そして、この二種類の転換点の時点の計測に差があるという問題である。

図2-9に示したように、トレンドを持つ指標の谷―山―谷の転換点は、(A)―(B)―(C)である。ところが、同じ指標のトレンドを除去した場合の転換点は、(イ)―(ロ)―(ハ)

◎ 図2-9　トレンドがある場合，トレンドを除去した場合の転換点の違い ◎

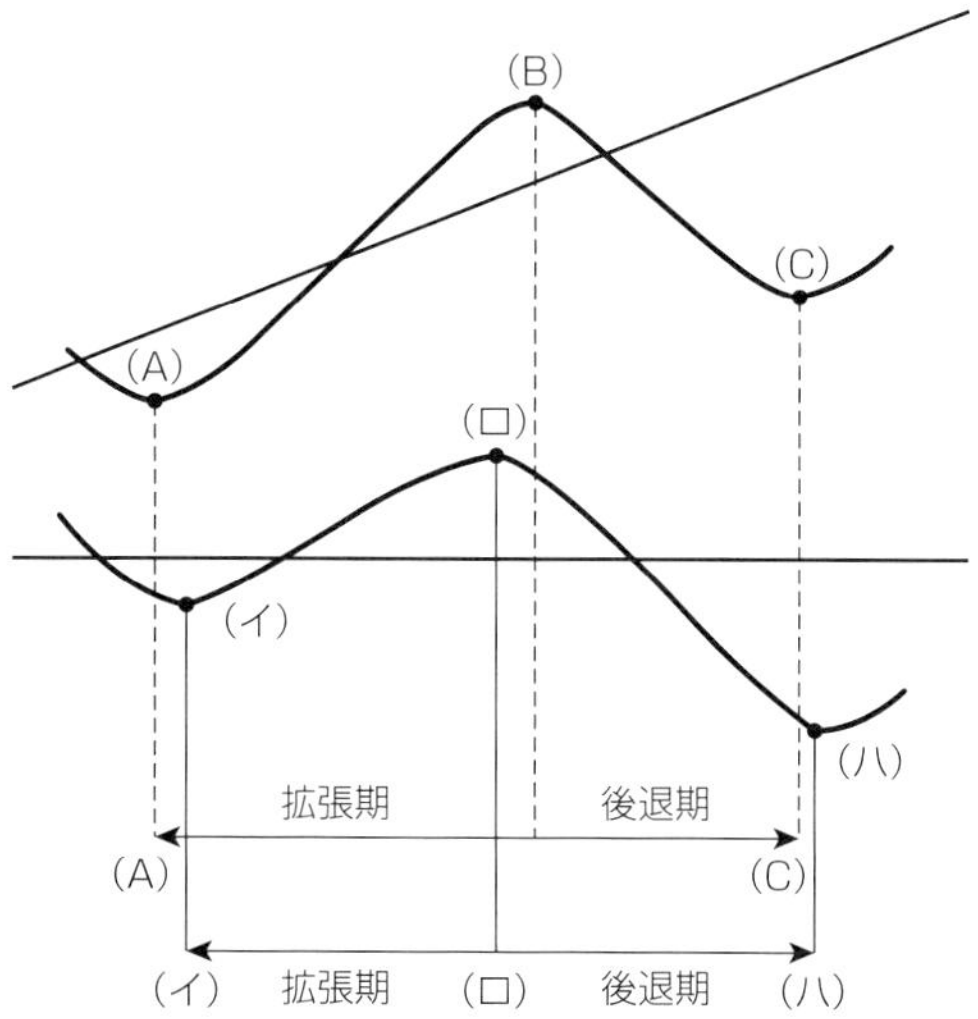

で示される。上のグラフの(A)—(B)—(C)は、数値としての極大、極小点である。これに対して、下のグラフの(イ)—(ロ)—(ハ)は、トレンドからの距離の極大、極小点である。

この図が示すように、トレンドを除去しない場合は、一般的に拡張期が長く、後退期が短い循環が計測される。これに対して、トレンドを除去した場合には、一般的に拡張期と後退期の継続期間がほぼ同じ長さの循環が計測される。

したがって、すべてのトレンドのある指標からトレンドを除去して、山・谷の転換点の日付を考える場合と、トレンドの除去を一切行わない場合とでは、転換点の日付が異なってくる。イギリスは前者の方法を採用しており、アメリカと日本は後者の方法を採用している。

このように考えると、トレンドを持つ指標からはトレンドを除去し、すべての指標が時系列としては、水平にサイクルを描く状態にして、そのすべての転換点の中央を、マクロ経済の山や谷に選定する方が良いと考えられる。

しかし、トレンドを除去した状態で、基準日付を選定した方が良いとは、一方的には決められない。その理由は、トレンドとサイクルの分離には、複雑な問題が含まれているからである。過去二〇年間にわたって、学者の間で論争が続いている点を二つだけ取り上げる。

一つは、経済のトレンド成長と短期の変動との相互の影響の問題である。トレンドとサイクルがほとんど相互に独立していれば、トレンドを除去する分析が正当化される。二つ目は、一般的には経済構造の変化と呼ばれるものがその主たる要因となって起きる、不連続なシフトの発生がもたらす、トレンドの不安定性である。

日本の高度成長期のような、比較的安定した軌道が存在する場合には、トレンドを除去することが、実証分析としては良い結果が得られることが多い。

転換点を決める二番目の問題は、一致指数の一一個の転換点の発生する形態である。第一次石油危機の発生時には、前後五カ月の間に、すべての一致指標が下方への転換点を示した。このようなケースは、きわめてまれである。

多くの場合は、かなりの時間的な幅を持って一一個の指標の転換点は発生する。集中的に転換点が発生する場合を、富士山型と呼んでいる。そして、ばらばらに長い期間にわたって転換点が発生する場合を、八ケ岳型と呼んでいる。

もっと極端な場合を例に挙げれば、半分近くの指標の転換点が、前と後に分離した形で発生することがある。このように、転換点の中央というものの持つ意味が希薄になる場合を、ツークラスター型(二つの房という意味)と呼んでいる。幸い日本では発生したことがない。

以上で述べたような理由で、単純に、しかも機械的に、一致指標の転換点の中央を、山や谷の基準日付として決定することはあまり意味がない。一致指数の転換点の中央の日付を中心にして、必ず、GDP統計、企業収益、貿易、雇用、企業者の景況感といった統計を考慮した上で総合的に基準日付としての山と谷が決定される。

(3) 基準日付で決められた景気循環の性質

計測された景気循環の性質というのは、それが景気の量感を基準にして計測されているのか、それとも景気の変化方向を基準にして計測されたものであるか、という点が一番大きな問題点である。

この点を、図2-10を用いて説明する。いま量感を基準にすれば、長期トレンドより下の(A)―(B)―(C)は不況期で、長期トレンドより上の(C)―(D)―(E)が好況期になる。これに対して、変化方向を基準にすれば、(B)―(C)―(D)が拡張局面で、(D)―(E)―(F)は後退局面になる。

この点をより具体的に説明するために、バブル景気の山を例に挙げてみる。変化方向を基準に決定した基準日付では、バブル景気の山は一九九一年二月である。ところが、実質GDP成長率は、バブルの頂点を過ぎた一九九一年第2四半期でも四・〇%で、成長率がマイナスになるのは、一九九三年第1四半期のマイナス〇・四七%である。この点を日銀短観（業況判断DI全産業）でみると、一九九一年第2四半期でプラス三八ポイントであり、一九九二年第2四半期になって初めてマイナス八ポイントになる。また、生産指数（一九九〇年＝一〇〇）でみると、四―六月の平均値は一〇二・一で、一〇〇以下になるのは、一九九一年一二月の九九・七である。

このように、変化方向としては、すでに後退期に入っていたが、量感を基準にみれば、一九九一年の春から秋にかけて、水準としては十分に高い状態にあった。このことが、景気の転換点の議論を複雑にした。

二番目の問題点は、日本の基準日付で計測された景気循環は、統計値のレベルのままでサイクルを計測した古典的循環か、それとも変化率をとることでサイクルを抽出した成長率循環なのかという点である。

前述のように、基準日付の決定の基礎になる景気動向指数（DI一致指数）では、トレンドを持つ指標が多く含まれていたが、トレンドの除去は行われていない。この意味では古典的循環の要素を持っている。しかし、一致指数の中には、百貨店販売額と商業販売額指数のように、トレンドを除去するのと同じ効果を持つ、前年同月比という変化率を用いている。したがって、一致指数の内容は、古典的循環と成長率循環の中間と考えられてきた。

もともとの成長率循環の考え方は、成長率の高い局面と低い局面が、交互にあらわれる現象を指摘したものであった。日本でも高度成長期には、実質GDP成長率が一〇%を超える期間と基準日付の拡張期が、ほぼ対応していた。しかし、第一次石油危機後の安定成長期には、このようなGDPの成長率と景気の拡張期を結びつける関係を見出すことは困難になっている。

◎ 図2-10　景気循環の局面分割 ◎

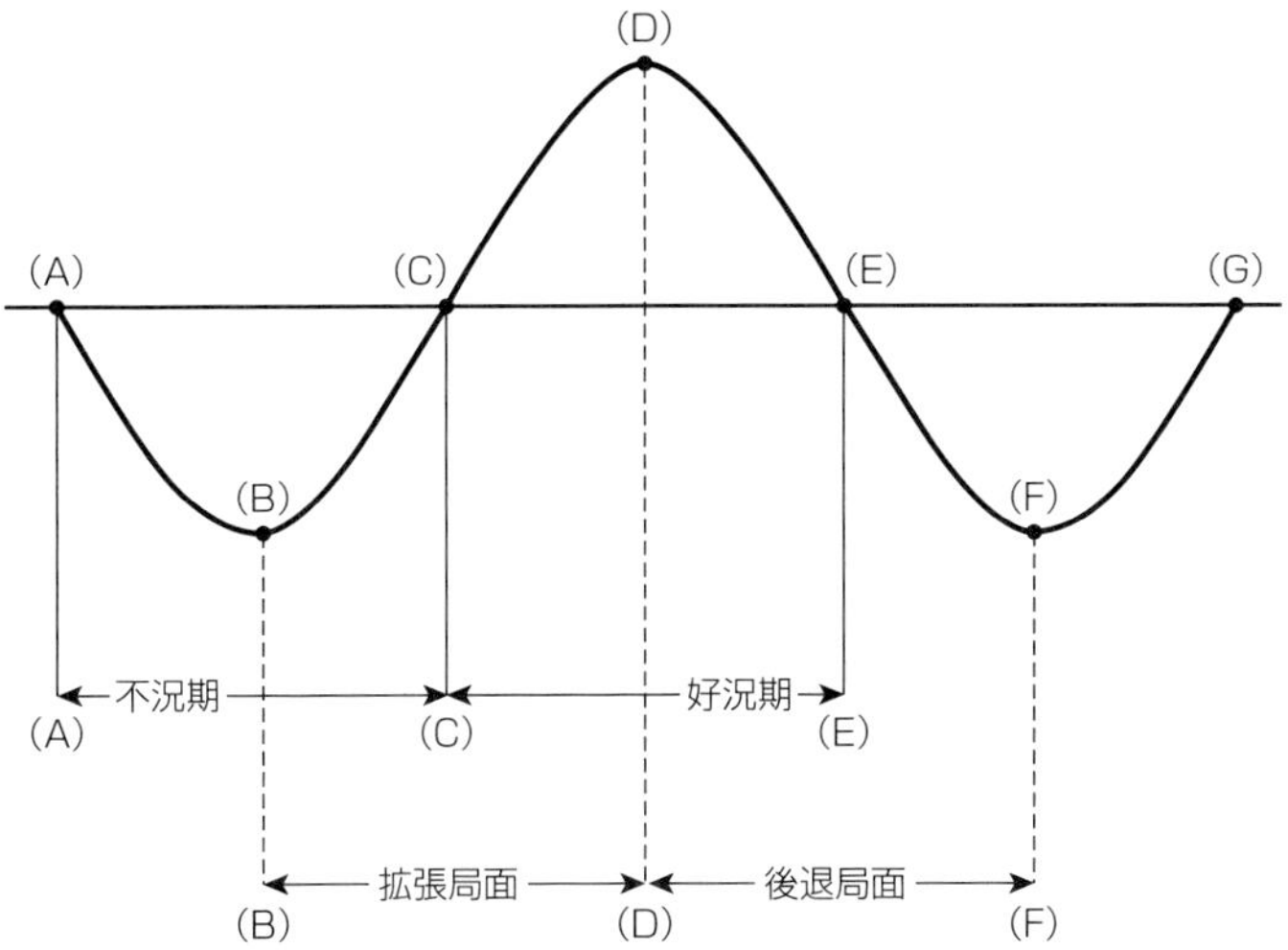

このことは、日本では、"Growth Rule" と呼ばれ、成長率によって景気の転換点を判断することが非常に困難だということを意味する。

三番目の問題点として、景気局面の分割について説明する。景気循環を変化方向で計測する場合でも、四局面と二局面分割という、二つの考え方がある。しかし、実際の計測に際して、回復期と拡張期を分ける図2-10の(C)点の推定や、後退期と収縮期を分ける(E)点の推定は、きわめて困難である。したがって、景気の山と谷の日付だけを設定し、谷から山までを拡張期とし、山から谷までを後退期とする、二局面分割を採用している。

最後に、日本の基準日付で示されている景気循環の性質をまとめると次のようになる。マクロ経済の総体的経済活動を変化方向を中心にして、山と谷の日付を決め、拡張期と後退期の継続期間だけを設定したものである。そして、この循環は古典的循環と成長率循環の中間的性質を持つものである。

4 継続期間からみた景気循環の変化

前節で述べたような方法で設定された、日本経済の戦後の一二回におよぶ景気循環は、表2-3のように整理される。この表で示された、拡張期間の長さ、後退期間の長さ、この二つを合わせた一循環の長さ(全循環と呼ぶ)、三種類の継続期間を中心とした分析から、日本経済の景気循環の特徴をみてみる。

(1) 継続期間からみた景気循環の推移

景気の一循環は、通常は谷から谷までで計測される。出発点の谷から山までが拡張期であり、山から谷までが後退期である。そして、これら二つの期間の合計が、一循環の長さ、すなわち全循環の長さとなる。

朝鮮戦争の特需により発生した第一循環は、その出発点の谷が未確定のため、拡張期と全循環の継続期間が決められていない。この循環を除いた、一九五一年から一九九九年に至る約五〇年間に、一一回の景気循環が計測されている。

その平均的な継続期間は、表2-3の下部に示されているように、一循環の長さが五一・五カ月、そのうち拡張期が三四・二カ月、後退期は一七・四カ月である。

次に、第一次石油危機を境にして、日本経済は実質GDPが平均一〇%で成長した高度成長期から、平均成長率が四%に低下した安定成長期に移行した。この経済構造の変化は、当然のことながら景気循環に大きな影響をもたらした。この影響を継続期間の変化でみてみると、表2-3の下部に整理してあるようになる。

この変化で、全循環の長さが、四六・八カ月から五七・二カ月へと一〇・四カ月長くなった。しかし、拡張期間の平均は、高度成長期から安定成長期に移行しても、ほとんど変化がなくわずかに〇・四カ月長くなっただけである。したがって、全循環として長くなった一〇・四カ月は、後退期間の平均が一二・八カ月から二二・八カ月へと、一〇カ月の延長という形になってあらわれている。

この後退期間だけが長くなったという事実は、日本の景気循環が、高度成長期には拡張と後退の比率が七対二

◎ 表2-3　景気基準日付 ◎

	谷	山	谷	期間		
				拡張	後退	全循環
第１循環		1951年　6月	1951年10月		4カ月	
第２循環	1951年10月	1954年　1月	1954年11月	27カ月	10カ月	37カ月
第３循環	1954年11月	1957年　6月	1958年　6月	31カ月	12カ月	43カ月
第４循環	1958年　6月	1961年12月	1962年10月	42カ月	10カ月	52カ月
第５循環	1962年10月	1964年10月	1965年10月	24カ月	12カ月	36カ月
第６循環	1965年10月	1970年　7月	1971年12月	57カ月	17カ月	74カ月
第７循環	1971年12月	1973年11月	1975年　3月	23カ月	16カ月	39カ月
第８循環	1975年　3月	1977年　1月	1977年10月	22カ月	9カ月	31カ月
第９循環	1977年10月	1980年　2月	1983年　2月	28カ月	36カ月	64カ月
第10循環	1983年　2月	1985年　6月	1986年11月	28カ月	17カ月	45カ月
第11循環	1986年11月	1991年　2月	1993年10月	51カ月	32カ月	83カ月
第12循環	1993年10月	1997年　5月	1999年　1月	43カ月	20カ月	63カ月
平均				34.2カ月	17.4カ月	51.5カ月
高度成長期平均　1951-1975年				34.0カ月	12.8カ月	46.8カ月
安定成長期平均　1975-2000年				34.4カ月	22.8カ月	57.2カ月

（出所）内閣府経済社会総合研究所「景気動向指数」.

（三四・〇対一二・八）であったものが、安定成長期に移行して、六対四（三四・四対二二・八）という割合に変化したことにあらわれている。

(2) 全循環の長さに影響を与える要因

はじめに、一循環の長さが、四六・八カ月から五七・二カ月に、一〇・四カ月も長くなった要因を考察してみる。これは日本経済が高度成長期から成熟期に移行し、経済成長率が低くなったことが、景気循環にもたらした変化の明白な兆候と考えられる。

この景気の一循環の長さの変化については、F・C・ミルズの仮説というものがある。これは、近代経済への過渡期である第一段階では、一循環の継続期間の平均値は、相対的に長い状態にある。第二段階は、国全体として産業が急速に成長する高度成長の時期であり、この段階では一循環の長さの平均値は、前の段階にくらべてかなり短くなる。そして、第三段階として、経済が成熟期に入り、成長率が低くなった安定成長期では、再び一循環の継続期間の平均は長くなるという仮説である。

この仮説は、ミルズが世界の一七カ国の長期にわたる景気循環の計測結果を用いて、統計的に検証した結果、引き出された仮説である。この検証が行われた一九二六年に、すでに第三段階に入っているとされたのは、イギリス、フランス、オーストリア、オランダ、スウェーデンの五カ国だけである。そして、この成熟期に入っているとされた国の全循環の平均値は、六・三九年、すなわち七六・七カ月という長さであった。

以上で紹介したのが、ミルズの仮説の結論である。その後、景気の一循環の長さと経済成長率の高低を結びつけた説明を含めて、ミルズの仮説と総称されるようになった。

たまたま、第一次石油危機が契機になり、安定成長期に移行したと考えられているが、日本経済の実証分析では、一九七〇年代の初めに、高度成長をする条件はなくなっていたと考えられている。

一九七五年以降の五回の全循環の平均値は、五七・二カ月である。日本の景気循環が、今後もっと長くなることは考えられるが、どこまで長くなるかは、今後の長い時間の経過を待たなければならない。ちなみに、アメリカ経済の第二次世界大戦後、一九四五年から一九九一年までの九回の全循環の平均値は、六〇・六カ月である。

(3) 後退期間の長さに影響を与える要因

次に、第二次大戦後の一一回の景気循環を一九七五年を境にして、高度成長期と安定成長期に分けると、景気後退期の平均がはっきり長くなり、表2-3が示すように、一二・八カ月から二一・八カ月へ、七八%も長くなっている。この変化をもたらした一番大きな要因は、成長率の大幅な低下ではなく物価の長期トレンドが上昇から下降へと転換したことにある。

景気後退期の長さや、一循環に占める後退期の比率についての仮説としては、次のようなものがある。価格の長期トレンドが上昇している期間については、景気後退の長さは平均的に短くなり、一循環に占める後退期の比率も小さくなる。これに対して、価格の長期トレンドが下降を示している期間については、景気後退は相対的に長くなり、循環に占める後退期の比率も高くなるという説である。

この仮説は、アメリカのA・F・バーンズとW・C・ミッチェルによって、イギリス、アメリカ、ドイツ、フランスの四カ国の約一五〇年間における、卸売物価と景気循環の継続期間の分析から導き出された統計的事実である。

この統計的事実は、次のようにまとめられる。価格の上昇トレンドにある期間、拡張期は平均的に後退期より長い。これに対して、価格の下降トレンドにある期間では、後退期は拡張期と同じくらい（アメリカのケース）か、後退期の方がかなり拡張期より長くなる傾向を示している。

日本の卸売物価の長期トレンドとしては、統計の判明している明治の初めから現在まで、二つのサイクルが認められる。一番目のサイクルは、上昇期が一八八四～一九二〇年の三六年間、下降期は一九二〇～一九三一年の一一年間である。そして、二番目のサイクルは、上昇期が一九三一年から、第二次世界大戦を含む一九八三年までの五二年間であり、下降期は第二次石油危機後の一九八三年から現在にいたる一九年間で、この下降期はまだ続く可能性が高い。

日本経済の戦後の景気循環を、この卸売物価の長期トレンドの転換点である一九八三年を境にして二つに分ければ、一九五一年の第二循環から第九循環までが、卸売物価の上昇期に入る。そして、一九八三年の第一〇循環から第一二循環までが、卸売物価の下降期における循環になる。

したがって、物価の長期トレンドが下降に転換して、後退期間の平均値は一五・二五カ月から二三・〇カ月へと七・七五カ月長くなった。また、一循環に占める後退期の比率でみると、三二・一〇％から三六・〇二％へと三・九二％も増大している。日本の景気循環にも物価の長期トレンドの景気後退の継続期間への影響は明白に認められるのである。

【参考文献】

香西泰［一九八四］『景気循環』教育社。
篠原三代平［一九九四］『戦後五〇年の景気循環――日本経済のダイナミズムを探る』日本経済新聞社。
田原昭四［一九八三］『景気変動と日本経済』東洋経済新報社。
森一夫［一九七六］『日本の経済予測』東洋経済新報社。
――［一九八二］「景気指標の系譜と新展開」『ＥＳＰ』、No.119。

――［一九九七］「景気の山と谷の日付の設定について」『経済学論叢』（同志社大学）第四八巻第三号、三～三九ページ。
――［一九九七］『日本の景気サイクル』東洋経済新報社。
――［一九九九］「日本のコンポジット・インデックス(1)」『経済学論叢』（同志社大学）第五〇巻第四号、一～二〇ページ。
――［二〇〇〇］「日本のコンポジット・インデックス(2)」『経済学論叢』（同志社大学）第五一巻第四号、一～二二ページ。
Diebold, F. X. and G. D. Rudebusch［1999］, *Business Cycles*, Princeton University Press.
Gordon, R., ed.［1986］, *The American Business Cycle*, University of Chicago Press.
Moore, G. H.［1980］, *Business Cycles, Inflation, and Forecasting*, NBER.
Zarnowitz, V.［1992］, *Business Cycles : Theory, History, Indicators, and Forecasting*, University of Chicago Press.

第3章

景気循環の主な要因

景気循環は，経済の需要側の要因と供給側の要因の二つの要因で生じるが，ここでは主として需要側の要因を取り上げる．これまで見られた景気循環において，最も大きく変動しているのは設備投資，在庫投資といった投資要因と最近まで成長の牽引力となってきた輸出である．最大の需要項目である消費支出は，比較的安定した動きをしていたが，これからは投資要因と並んで主要な変動要因となることが予想される．これらの需要が内外の経済情勢によって大きく変動し，その結果として景気循環が生まれるが，それが物価や雇用，金利，地価，株価，為替相場にさまざまな影響を与え，これらの指標にも独自のサイクルが生まれることになる．

1 株価・金利・円相場・地価

(1) 株価

株価の簡単なモデルによると、株価は、予想配当とその割引率（金利）で決まるとされている。一般に、景気拡大局面では、企業収益の好調さを反映して予想配当が増加し、金利も上昇するが、前者の効果が後者を上回るため株価は上昇する。景気の山の近くでは、企業収益が伸び悩み、引締め政策により金利も上昇し株価は下落に転じる。

一方、後退局面では、予想配当の減少による効果が金融政策による低金利の効果を上回り、株価は下落する。そして、景気の底入れ段階では、低金利政策により、債券の魅力が薄れ、株式へ資金がシフトすることと、配当のマイナス効果が弱まってくることにより、株価は反転する。

このように株価に対して、金利を左右する金融政策が重要な役割を持つものの、株価は収益を予想することから、基本的には景気の先行指標である。株価は、アメリカの景気動向指数には入っている。ただ、一九八七年一〇月の「暗黒の月曜日」のように、実体経済とは関係なく株価が下落することもあり、その先行性に疑問がないわけではない。

日本の景気動向指標でも、株価は、かつて先行指標として使われていたが、一九八三年二月の景気の谷から始まった第一〇循環においては、景気との対応が不明確になったことから現在は使われていない。

そこで、株価の動きを景気動向指数（CIの先行指標）と対比してみると、図3-1のようにバブル崩壊後の一九九五年以降においては、景気の山に対して、九カ月程度、景気の谷に対して六カ月程度先行する形で株価の先行性が回復してきており、その変動パターンも景気動向指数と近似し、両者の相関は高まっている。

株価の最近の特徴は、株式の持合い解消、銀行の不良債権問題、規制改革やグローバル化による競争の激化などの構造的な要因によっても変動するケースが増えていることである。そうした中で、欧米の経済動向や株価動向をもふまえた外国人投資家の増加から、株価の欧米市

◎ 図3-1　株価と景気 ◎

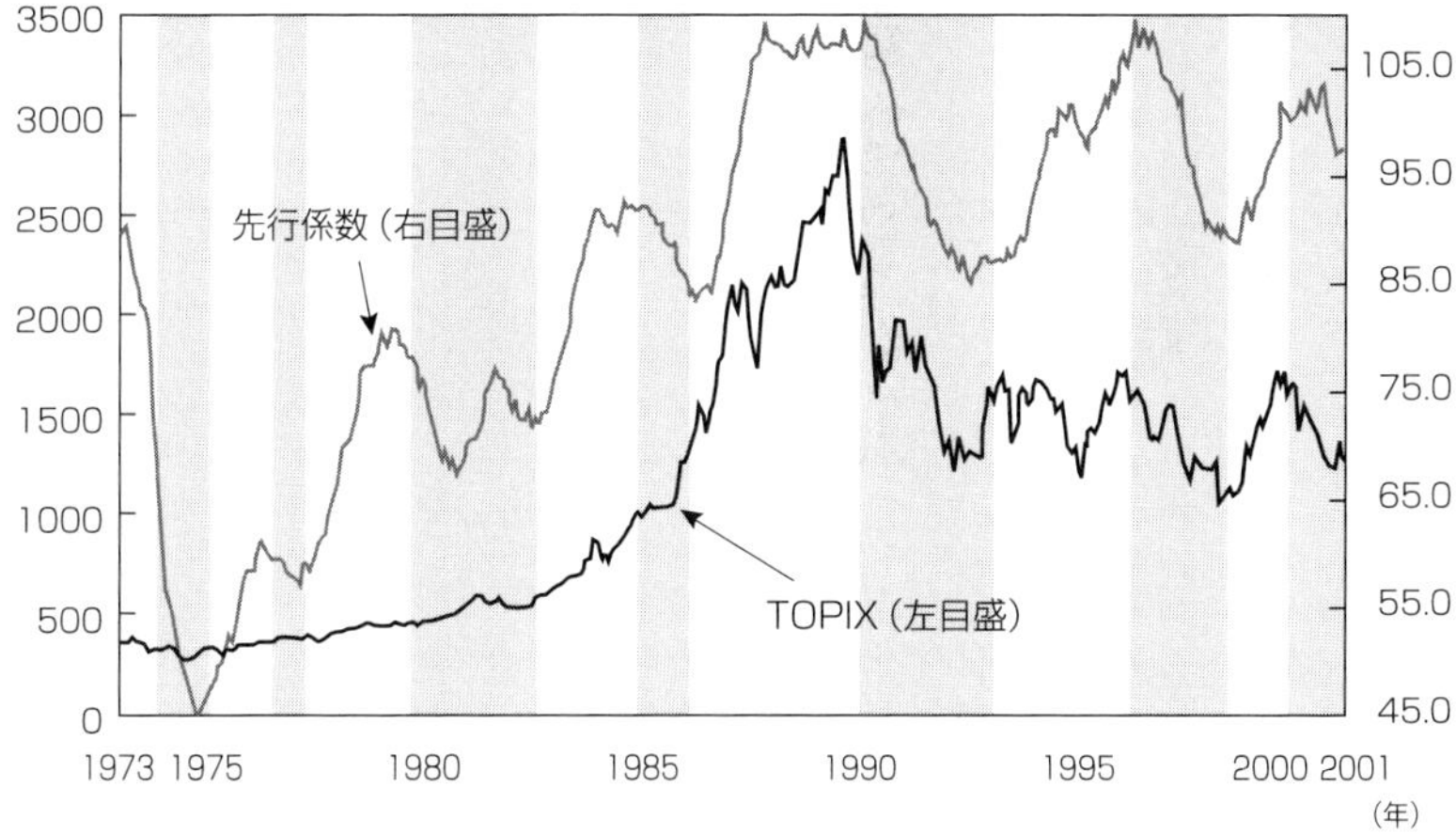

（注）先行係数は，景気動向指数の先行系列のCI．シャドウの部分は，景気後退期をあらわす．
（出所）東京証券取引所，内閣府経済社会総合研究所「景気動向指数」より作成．

場との連動性が高まっており、経済のグローバル化の動きが株式市場にもあらわれている。

今後、日本でもアメリカのように株式の個人保有の割合が次第に高まるとみられる。その際には、株価の変動が資産効果を通じて個人消費にも影響することになり、景気変動がいっそう増幅されることも予想され、株価と実体経済の関連はより強まることになる。

(2) 金利

金利は、景気拡大期には設備投資、住宅投資、耐久財消費などが増加することから、資金需要が高まり上昇する。また、所得が増加する中でインフレが予想される場合には、金融資産から実物資産への需要のシフトが起こり、インフレ分だけ金利は上乗せされる。

後退期においては、インフレが収まり、所得も伸び悩むため資金需要が減退し、金利は低下する。このように、金利は景気変動には遅れた形で変動する。

しかし、これは、金融政策が実体経済に対して中立的な場合のみのケースで、金利は、実際には金融政策によって変化する度合いの方が大きい。ただし、政策が発

◎ 図3-2　金利と金融政策 ◎

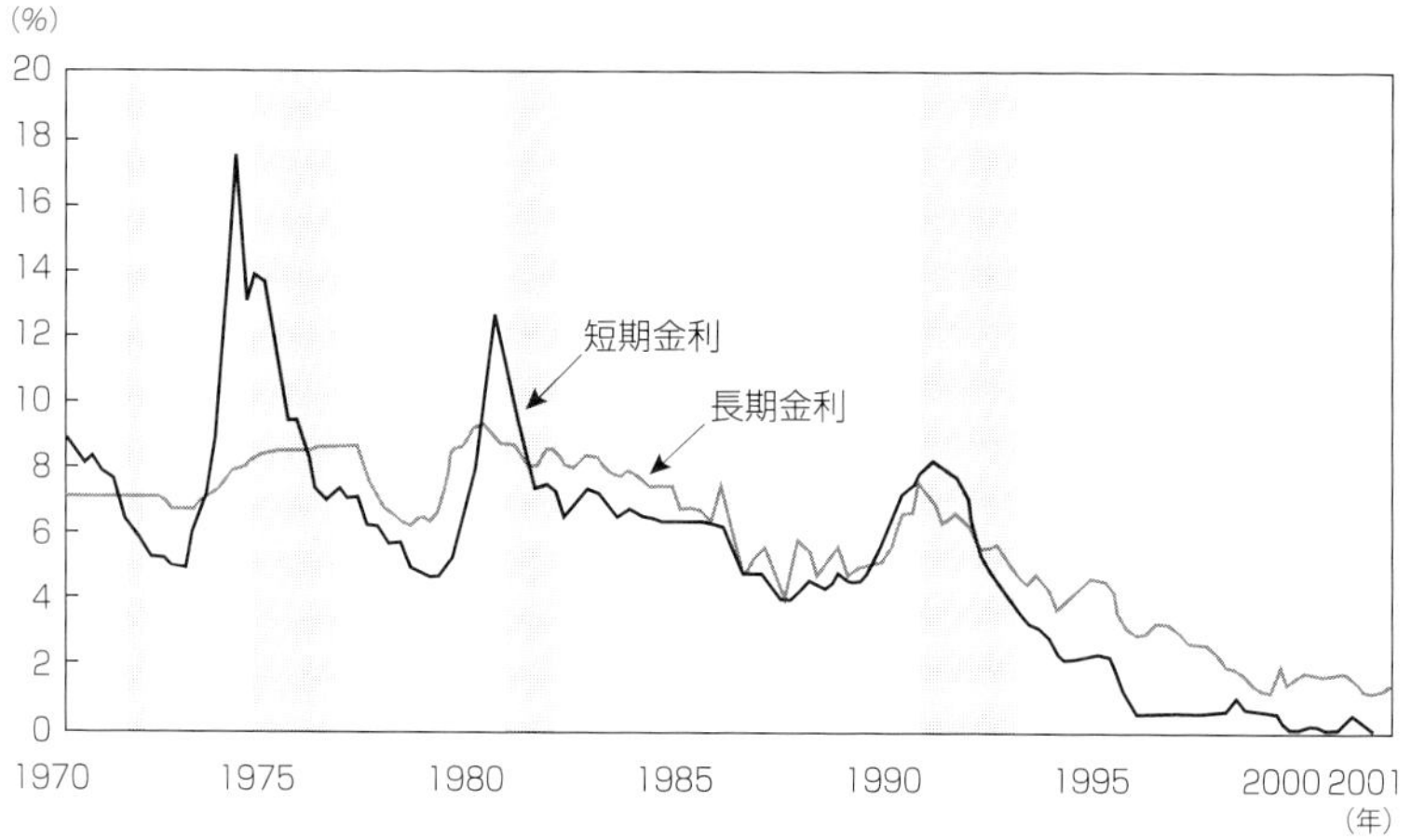

（注）シャドウの部分は金融の引締め期である．短期金利はCD3カ月から6カ月もの，長期金利は10年国債の流通レート．
（出所）日本銀行「金融経済統計月報」より作成．

動されるのは、実体経済が過熱気味のときや景気が極度に冷え込んでいるときである。

図3-2に金利動向と金融政策との関係が示されているが、一九七〇年以降の四回の金融引締め期には、金利はいずれも大きく上昇している。その結果、実体経済は、引締め発動後六カ月から一年程度で山を迎え、後退局面に入っている。

これに対して、景気回復から拡大局面において金利の上昇するケースは比較的少なく、特にバブル崩壊以降は持続的な金融緩和政策が取られたものの、実体経済の回復力が弱いことから、一九九五年や二〇〇〇年の景気拡大期においても金利はほとんど上昇していない。

このように、金利と実体経済との関係が薄れ、経済が流動性のわなに陥っている状態は、景気回復をいっそう遅らせている。

次に、短期金利と長期金利の関係をみるため、時間軸（満期までの残存年数）を横軸に、利子率を縦軸に取ると、リスクの差から長期が短期を上回り、右上がりの利回り曲線が描かれるのが通常のパターンである。しかし、景気の山の近傍では、長短金利に逆転現象が起こり、右下がりの曲線となる。

これは、先行きの景気後退予想から長期金利の低下が見込まれるからである。したがって、このような現象が生じたときには景気の反転を予測できることになるが、図3-2に取り上げた金利では一九七四年、一九八〇年、一九八六年、一九九〇年にみられたが最近は起こっていない。

(3) 円相場

円レートの動向は、日本のように貿易依存度が高い国においては、景気を大きく左右することになる。円高は、第一に対米貿易の場合、ドル建て輸出価格の上昇をもたらし、アメリカの消費者の価格感応的な財の輸出を減少させ、輸出企業の収益を低下させる。さらに、円建て輸入価格の下落を通じて、国内財から貿易財に需要がシフトし、輸入競合的な企業の収益も悪化する。

しかし、実際には円レート変動が一〇〇%輸出価格や輸入価格に反映されるわけでなく、また消費者も価格だけで財を選択しないため、貿易を通じる効果はしばしば過剰に推計される。その代表例が、一九八五年のプラザ合意時の円高不況で、大規模な経済対策がとられたが、不況は短期間で終わった。また、一九九五年に経験した急激な円高の際も不況に陥ることなく景気拡大が持続している。

円高は、第二に輸入価格を通じる国内価格の低下から実質所得が増加するというプラスの効果をもたらす。また、ドル資産に比べて円資産の価値が上がるため、その収益を求めて海外から資金が株式市場や債券市場に流入することにより、株価の上昇や金利が低下するというプラス効果が資本取引を通じてもたらされる。

このように、円高にはプラスとマイナスの効果が並存するため、総合的にみて景気にどう影響するかは一概には断定できない。

図3-3は、円レートと景気、そして株価との関係をみたものである。一九七三年以降においては、円高がピークをつけた後、半年から一年程度経過して景気もピークをつけ後退局面に入るケースが多い。一方、円安傾向が続き円レートが最安値になった時点と景気が底をつけ回復局面に入る時期との関係は不明確である。

最近の特徴は、図にみるように為替レートの最安値の

◎ 図3-3　為替レートと株価 ◎

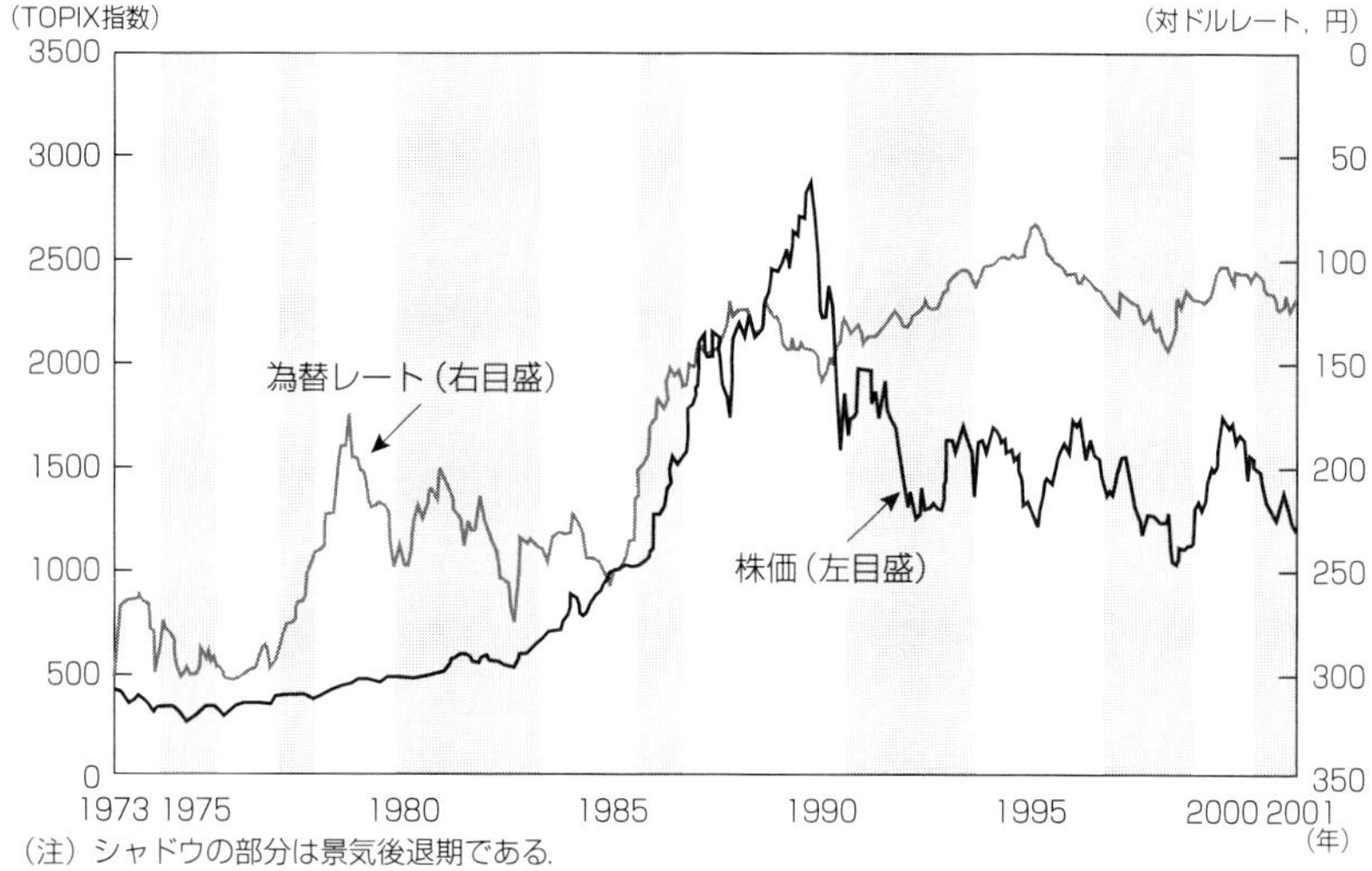

（注）シャドウの部分は景気後退期である．
（出所）東京証券取引所，日本銀行「金融経済統計月報」より作成．

水準が上方にシフトしていること、変動は小幅化したものの、それが株価に敏感に反映されるようになり、両者の相関が高まったことで、特に、一九九六年以降はその傾向が顕著になっている。

これは、外国人投資家が日本経済の先行きが暗いと判断したとき、株式などの円資産を売ることから、株価は下落し為替レートは円安になり、先行きが明るいとみれば、円資産を買うことから株価は上昇し円高となる。

このように、為替レートは資本取引の増大とともに、日本経済の信頼度を示す指標となりつつあり、景気に対しては半年から一年程度の先行性を持って変動し、好調のときは円高、そうでなければ円安というサイクルを描く傾向を強めている。現在は、為替レートが輸出の先行指標と考えられ、それによって景気の先行きを判断していた時代とまったく違うことを意味する。

(4) 地価

地価は、理論的には土地を利用して行われる経済活動から生み出される予想利益を、利子率で割り引いた現在価値と等しくなるはずで、実体経済と無関係に決まるわ

◎ 図3-4　地価の動向と景気 ◎

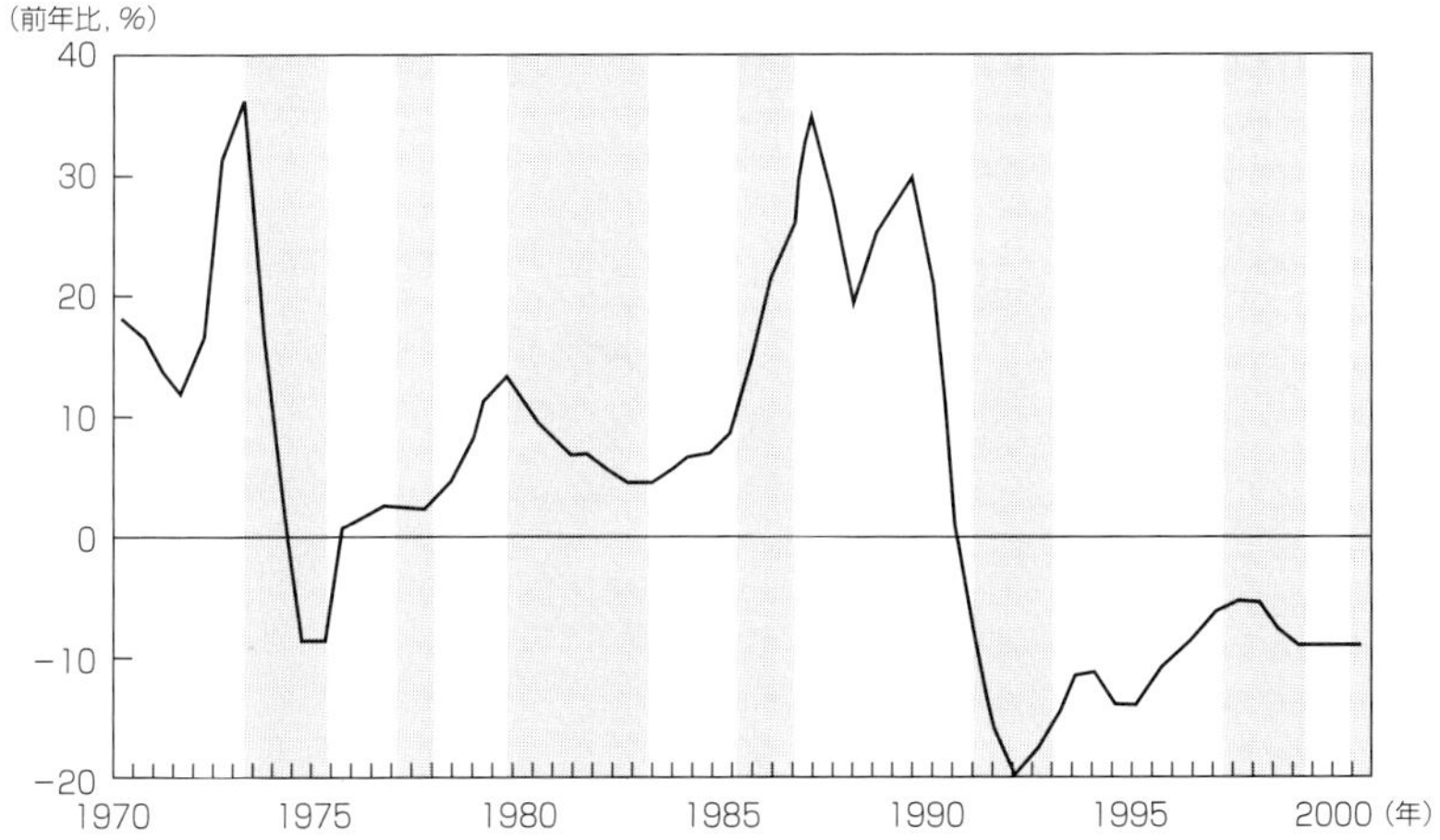

(注) 6大都市の市街地地価（日本不動産研究所）の前年比. シャドウの部分は景気後退期である.
(出所) 日本不動産研究所「市街地価格指数」より作成.

けではない。

しかし、戦後の日本にあって株価と同様に地価は、一九七三年を除きバブルの崩壊期までその上昇率に多少の差は見られるものの、一本調子で上昇している。その理由は、土地の供給量が限られている中で、これまで建設需要を背景に根強い土地需要があったことに加え、必ず儲かるという土地神話に支えられて、値上がりを目的とした投資の対象になってきたからである。

その際には、金融情勢が大きな役割を演じることになり、金融緩和により金利が低下する際には、金融資産より実物資産の魅力が増すことから、土地需要がいっそう高まることになる。その代表例は、バブル期における地価の高騰にみられ、実需だけでなく投機を目的とした仮需が大幅に発生したことが理由として挙げられる。

しかし、図3-4に示されるようにバブル崩壊後の超低金利の下でも地価の下落が止まらないのは、かつてのように値上がり目的の投機的需要がないばかりでなく実需もきわめて弱いからである。現在は、バブル期における地価高騰の調整局面にある。

土地資産と実体経済（＝GDP）の関係において、バブルが発生する一九八〇年代前半の地価がGDPとの対比で適正水準と仮定すると、土地の価値は二〇〇〇年でほぼGDPと同水準まで下がり、需給ギャップが縮小している。

したがって、地価は今後、実体経済の動きをより反映するようになると考えられるが、二〇〇一年において、収益性や利便性の高いところでは住宅やオフィス需要が高く地価は下げ止まる傾向にあり、そうでない地域は下落が続いており、理論的な地価に近づく中で地価の二極化現象が始まっている。

2 投資活動

民間部門の投資活動には、在庫投資、設備投資、住宅投資がある。これらの投資活動全体では、二〇〇〇年においてはGDPの二五%を占め、その変動幅は大きいことから景気変動の主因となっている。三つの投資についてサイクルごとの変動についてみたのが表3－1である。これでみると、変動率の大きいのは、在庫投資、設備投資、住宅投資の順になっている。また、バブル期を境にした各指標の変動係数をみると、在庫投資を除き、いずれの指標もGDPと同様に変動幅が大きく低下しているのがわかる。

(1) 在庫投資

在庫は、予想外の売上げ変動に対するバッファー（緩衝）である。景気の拡大局面では、予想外の売上げ増から在庫が減少し、適正な在庫を確保するため生産が拡大する。

そして、景気の山に近づくと売上げの伸びがダウンして、在庫は増加に転じるため、生産の増加が止まる。一方、景気の下降局面では、予想外の売上げ減から、在庫が増えるため、企業は適正な在庫水準を維持するため生産を縮小する。そして、景気の谷を過ぎると売上げが予想以上に伸び、在庫が減り始めることから、生産は増加に転じる。

このように、在庫水準は、売上げ、生産活動のシグナ

◎ 表3-1　投資，消費の変化率（景気拡大期）◎

	第8循環	第9循環	第10循環	第11循環	第12循環	第13循環
GDP	9.9	11.8	8.9	25.0	10.4	0.9
在庫投資	—	220.7	—	360.5	—	−26.7
設備投資	−1.0	23.4	26.6	63.6	16.5	11.1
住宅投資	26.8	−4.0	−3.7	39.3	4.5	1.2
消費支出	6.9	11.5	6.7	18.9	10.9	−0.6

◎ 投資，消費の変化率（景気後退期）◎

	第8循環	第9循環	第10循環	第11循環	第12循環	第13循環
GDP	2.8	8.3	4.5	2.1	−1.5	0.7
在庫投資	—	—	−56.3	—	—	−38.2
設備投資	0.0	7.5	8.0	−22.1	−6.4	−3.8
住宅投資	0.2	7.2	10.4	−7.7	−21.7	−13.6
消費支出	2.1	8.6	4.1	6.9	−2.2	0.1

◎ 変動係数の変化 ◎

	バブル崩壊期前	バブル崩壊期以降
GDP	0.1399	0.0037
在庫投資	0.5889	1.7907
設備投資	0.2998	0.0796
住宅投資	0.1872	0.1175
消費支出	0.1206	0.0395

（注）第8循環は，1975年第4四半期〜1977年第4四半期，第9循環は，1977年第4四半期〜1983年第1四半期，第10循環は，1983年第1四半期〜1986年第4四半期，第11循環は，1986年第4四半期〜1993年第4四半期，第12循環は，1993年第4四半期〜1999年第2四半期，第13循環の拡大期間は，1999年第2四半期〜2000年第4四半期までで，後退期間は2000年第4四半期〜2001年第2四半期（最新のデータ）までの暫定値．拡大期は，谷から山，後退期は山から谷の変化率．変動係数（標準偏差／平均値）は，バブル崩壊期前が1980年第1四半期〜1991年第1四半期まで，崩壊後は，1991年第1四半期〜2001年第2四半期まで．

◎ 図3-5 在庫投資比率と景気 ◎

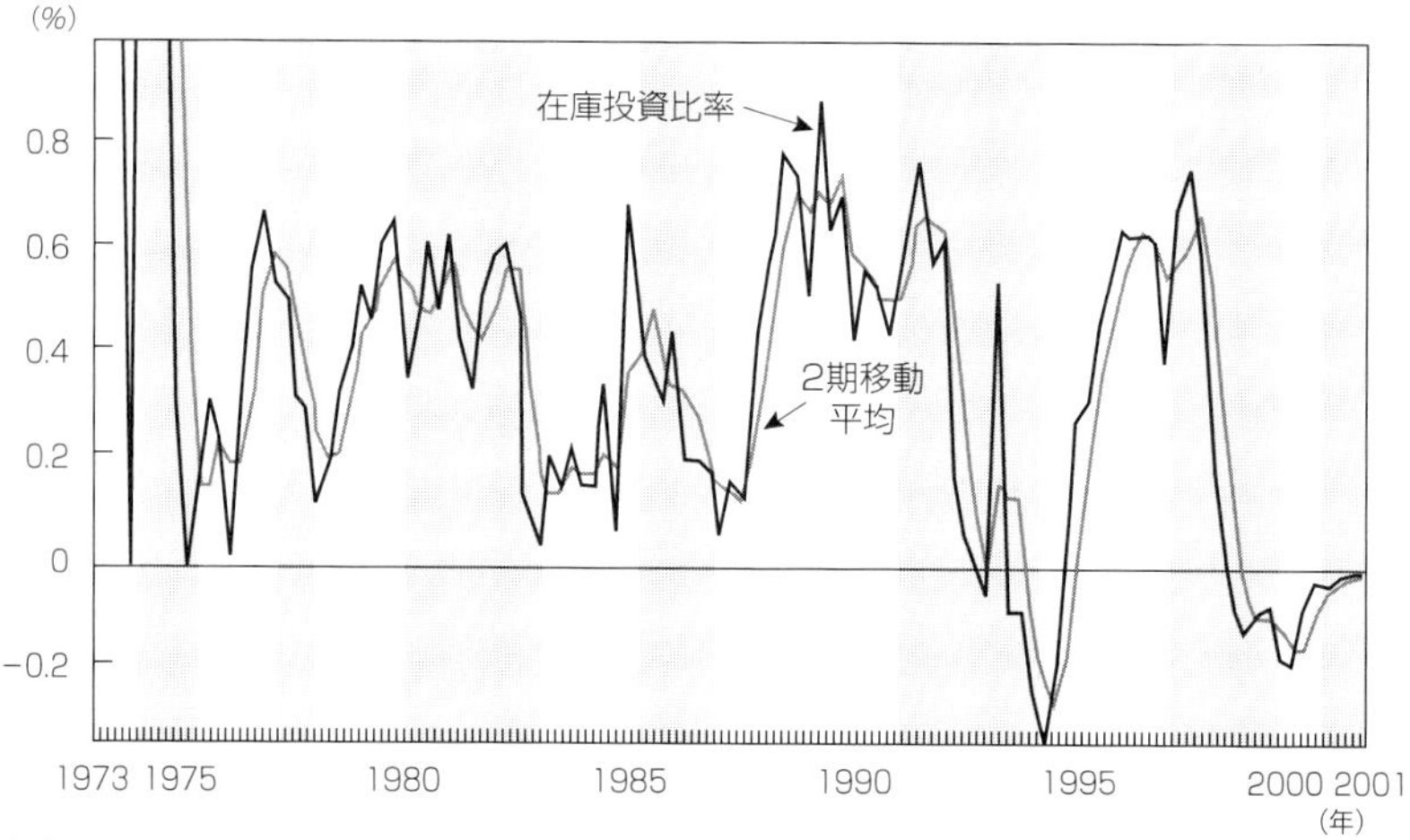

（注）在庫投資比率は在庫投資のGDPに占める割合．移動平均は在庫投資比率の平均．シャドウの部分は景気後退期である．
（出所）内閣府経済社会総合研究所「国民経済計算」より作成．

ルであり、景気の一致指標で、その変化率である在庫投資は、理論的に景気変動に対して先行性を持つことになる。また、在庫投資は、売上げ変動に依存する形をとり、その増加率が大きければ、在庫投資も大きく増加することになる。その場合、在庫を出荷（＝売上げ）で割った在庫率は、景気変動と反対の動きをすることから、逆サイクルとして景気動向指数の先行指標に入っている。

図3–5には、GDPに占める在庫投資比率の推移が示されているが、一九九〇年までは、景気の山に対して三カ月の先行、谷に対しては一致する動きをしていたが、それ以降は景気循環の山と谷に対して、いずれも六カ月程度遅行して変化していることがわかる。これは企業のコスト削減の一環として、コストのかかる在庫を需要動向に先駆けて保有するリスクを減らしていることのあらわれともとれる。そして、バブル崩壊後は、GDPの変動が小幅化したにもかかわらず在庫投資のみが大きく変動していることも影響しているとみられる。

●在庫循環のプロセス

在庫投資が景気循環の各局面で鉱工業生産、出荷とど

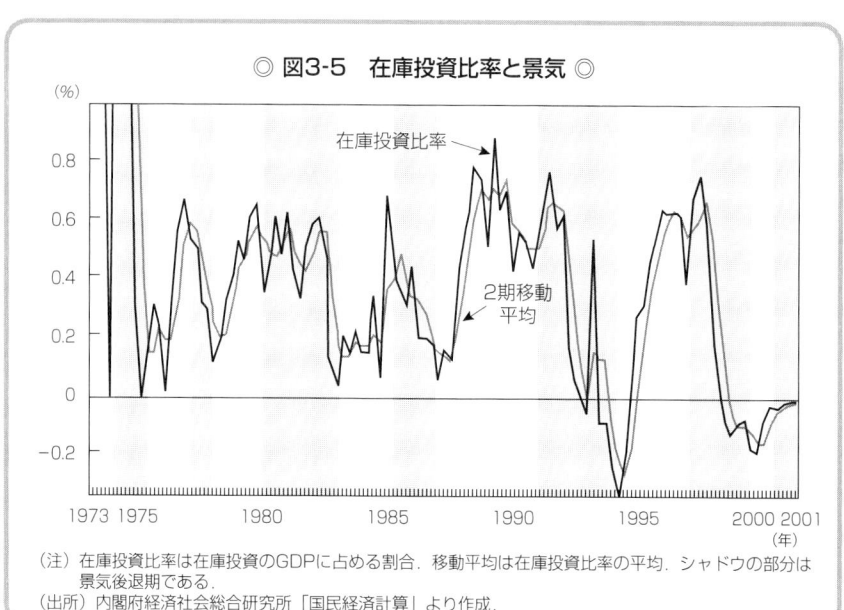

◎ 図3-6　在庫循環図 ◎

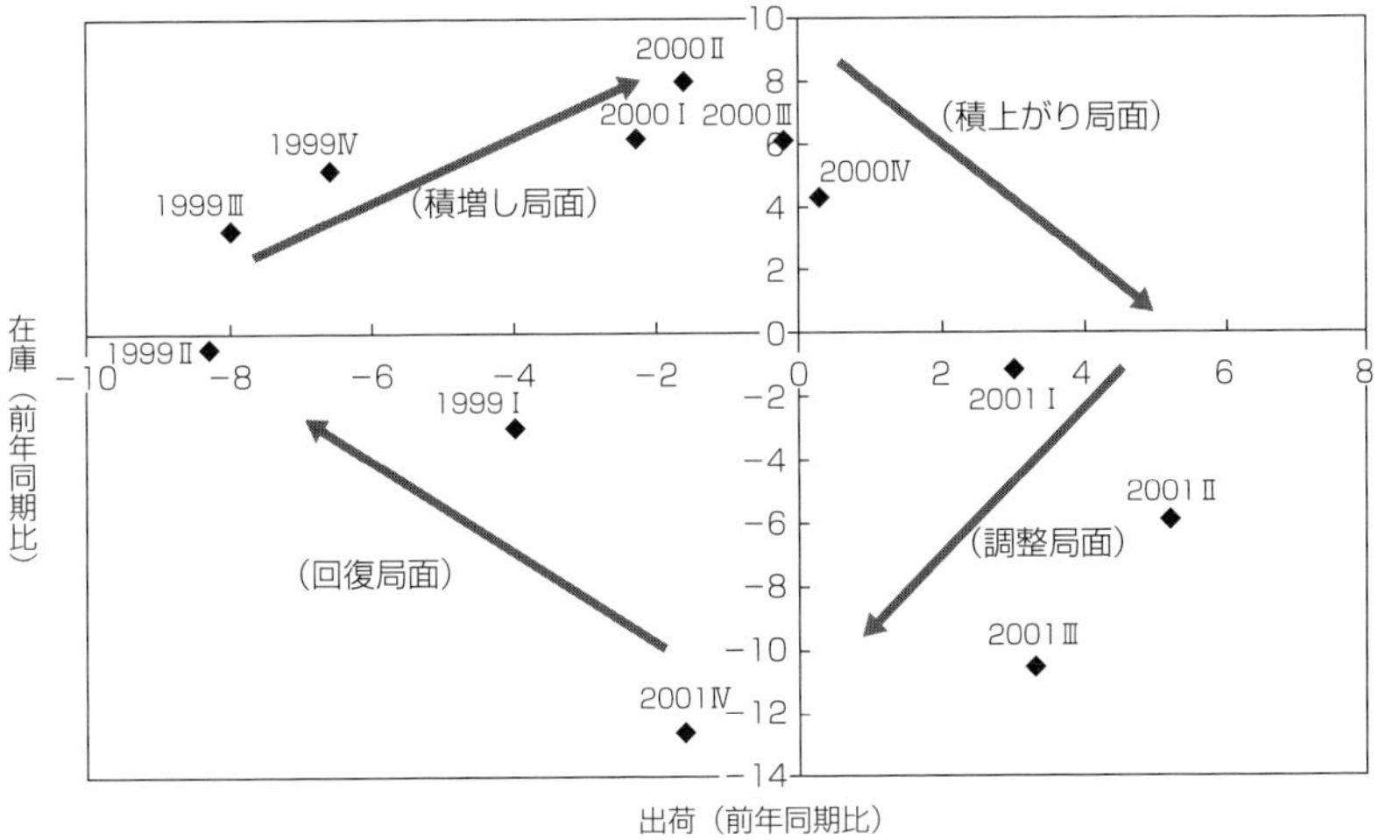

（出所）経済産業省「経済産業統計」より作成.

のように対応しているかをみたのが図3－6である。最近の第一三循環での動きをみると、景気の谷である一九九九年第2四半期においては、出荷の減少率が小幅化する中で在庫は大きく減少する（第三象限）。

一九九九年第3四半期後半から二〇〇〇年前半にかけては、出荷の伸びがプラスに転じたことから在庫の積増しが行われるが、出荷が好調のため在庫は減りつづける（第二象限）。二〇〇〇年後半になると、出荷の伸びがダウンしたことにより、意図しない在庫が増加してくる（第一象限）。二〇〇一年に入ると、出荷の伸びがマイナスとなる中で、在庫が増え続けることから在庫調整の局面に入る（第四象限）。

このように在庫変動が描くサイクルは時計回りの動きとなり、右上から四五度線を切ったときが景気の山、左下から切ったときが景気の谷のシグナルとみられている。第一三循環の一九九九年第2四半期に景気の谷、二〇〇〇年第4四半期の山は、この在庫循環の動きから見出すことができる。

●在庫投資の役割

在庫投資は、これまで主として、製造業の製品在庫の変化からその動向が判断されてきたが、経済のサービス化が進む中で、その役割が低下してきたことが指摘されている。また、バブル崩壊後の景気低迷の中で企業は極力コスト削減に取り組んでいるため、保有コストのかかる在庫もできるだけ減らす傾向にある。このため、景気が反転しても積極的な在庫積増しが行われなくなっているとされてきたが、図3-5でみるように一九九五年から一九九七年にかけての在庫比率の上昇はバブル期に匹敵する。しかし、第一三循環においては、景気拡大の期間が短かったこともあり、プラスの在庫投資がみられないまま再び後退局面に入っている。変動係数でみると、バブル崩壊後は以前より上昇しており、在庫投資のサイクルはきわめて小さいものとなっているものの、在庫投資の景気変動に占める役割が失われたわけではない。

(2) 設備投資

設備投資は、GDPに占めるウエイトは平均して一五%で、その変動は在庫投資に次いで大きく、景気変動を引き起こす主要因となっている。

景気拡大により、有効需要が増加して供給量を上回ると、従来の生産能力で対応できなくなるため、設備増強のため機械の発注が行われる。しかし、それが完成して、実際に生産が増加するのは、一年以上先のことになる。

このように、需要拡大から生産拡大まで一年以上を要し、景気後退の局面でも設備の縮小に手間取ることから、設備調整には時間がかかり、そのためGDPの変動を長期化し、かつ増幅することになる。

将来の景気拡大を予想して設備増強を計画する場合には、機械の発注などは早めに行われるため、景気変動の先行指標になる。しかし、これが完成し、取り付けられるまではGDPにカウントされないため、設備投資は景気と一致して変動することになる。実際、完成した機械である投資財の出荷は、景気動向指数の一致指標となっている。

図3-7は、GDPに占める設備投資の比率の推移をみたもので、バブル期までは景気とほぼ一致して変動している。しかし、バブル崩壊後は景気の山と谷に対して三カ月から九カ月程度遅行するようになり、在庫投資同

◎ 図3-7　設備投資比率と景気 ◎

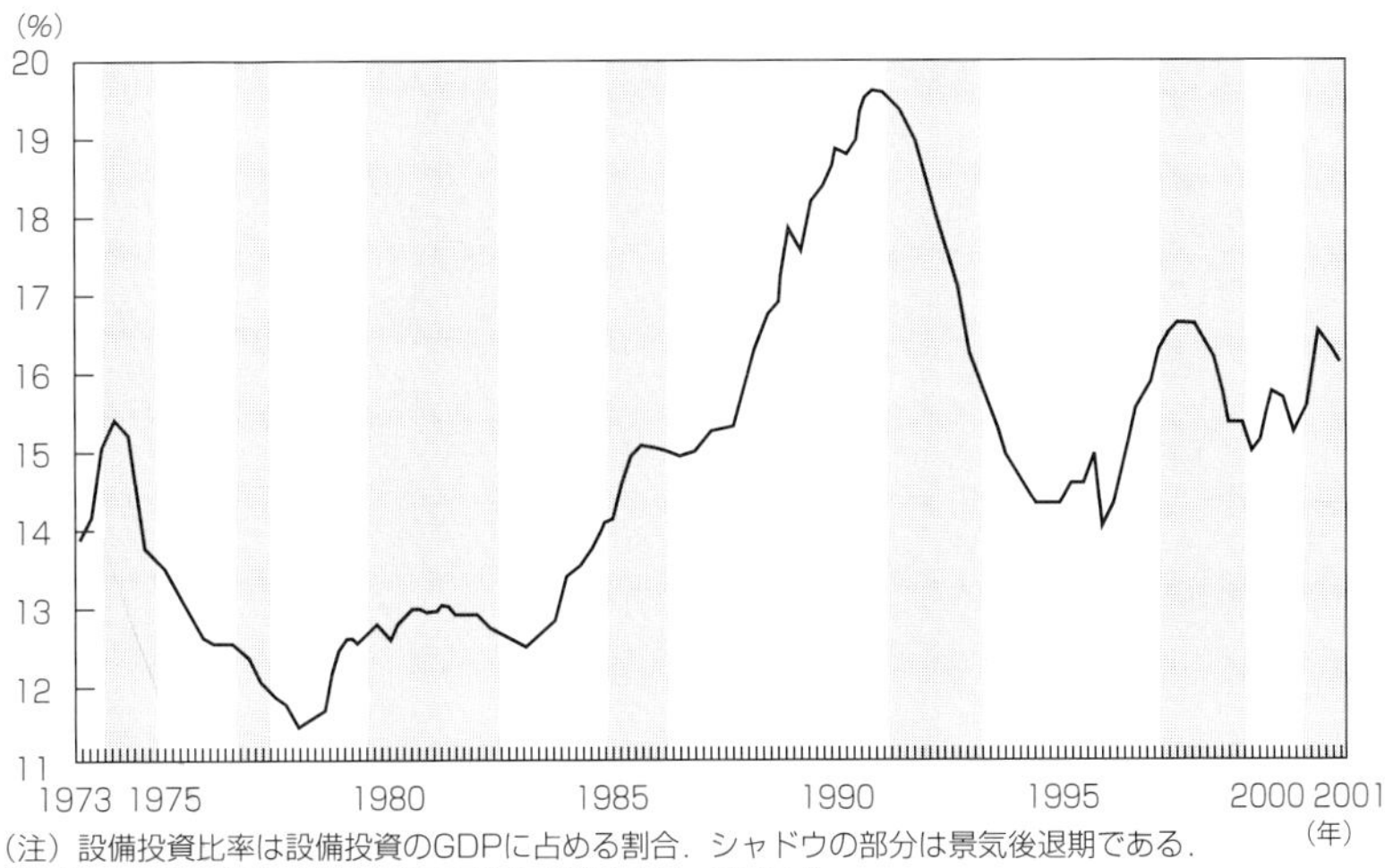

（注）設備投資比率は設備投資のGDPに占める割合．シャドウの部分は景気後退期である．
（出所）内閣府経済社会総合研究所「国民経済計算」より作成．

様に需要追随型で自律的な投資としての性格が弱まっている。また、その水準もＧＤＰの成長率の低下とともに下がってきている。

●サイクルの周期性

設備投資の循環は、在庫投資の循環に比べてその周期は比較的長い。企業は短期的な需要変動には設備の稼働率を調整して対応できるが、長期的な需要変動に対処するには時間がかかる。

新規に投資する場合には、需要の動向をみきわめ、投資を決定するまでの時間や投資が決定されてから機械が完成し、その取付けが終わるまで時間が必要である。また、景気後退局面では、まったく逆のことが起こり、これらの調整に要する時間がトータルで一〇年になるため、一〇年周期で設備投資サイクルが描かれるという説がある。

一方、機械には耐用年数があり、それを過ぎた段階で取り替えられる。機械の平均的な耐用年数は、ほぼ一〇年とみられ、これにともなった物理的な更新サイクルの存在が指摘されている。しかし、耐用年数は、技術革新によって機械が陳腐化すれば、更新が早まり、逆に景気が悪ければ先送りされることから、この年数は必ずしも一定であるわけではない。

このように、サイクルは二つの要因がからみ合って構成されることになることから、その周期性は一定したものであるという保証はない。図で見ると、一九八〇年代から一九九〇年代にかけて、一二年の大きなサイクルがあるが、その前後には四年程度のミニサイクルも多く存在し、規則的な周期となっていない。

●投資変動の安定化

設備投資計画は、経済の先行き見通しや資金調達の難易度によって決定されることから、成長率の予想が高いときには大きく増加することになる。二〇〇〇年においては、企業の中期的（三年程度）な成長予想は一・五％程度までに低下しており、かつての四〜五％の予想に比べ大幅に低下している。

このため、大規模な新規投資はあまり計画されず、その変動も次第に小さなものになってきている。一九九〇年代のバブル崩壊以降、増加率が大きかったのは一九九七年だけで、変動係数でみると、バブル崩壊後は四分の一に下がっている。

このように設備投資の変動が低下したのは、基本的に成長率予想の低下であるが、それ以外の要因として、経済のサービス化にともない需要変動の少ない非製造業のウエイトの増大、変動の大きい中小企業投資の役割の低下、研究開発投資や省力化投資、そして福利厚生関連投資など生産能力に関係しない投資の増大などが理由として挙げられる。

(3) 住宅投資

住宅投資は、モデルでは長期的な所得の伸びである所得要因、金利、住宅価格といったコスト要因、婚姻や核家族化といった社会的要因で短期的には決まると考えられている。

一般に景気拡大局面では、住宅取得のコストが上昇する中で所得も増加し、後退局面ではコストが下がるが所得も伸び悩む。したがって、このコスト要因と所得要因の相対的な大きさによって住宅投資は決まってくる。しかし、後退局面においては、景気拡大策の一環として、

◎ 図3-8　住宅投資と景気 ◎

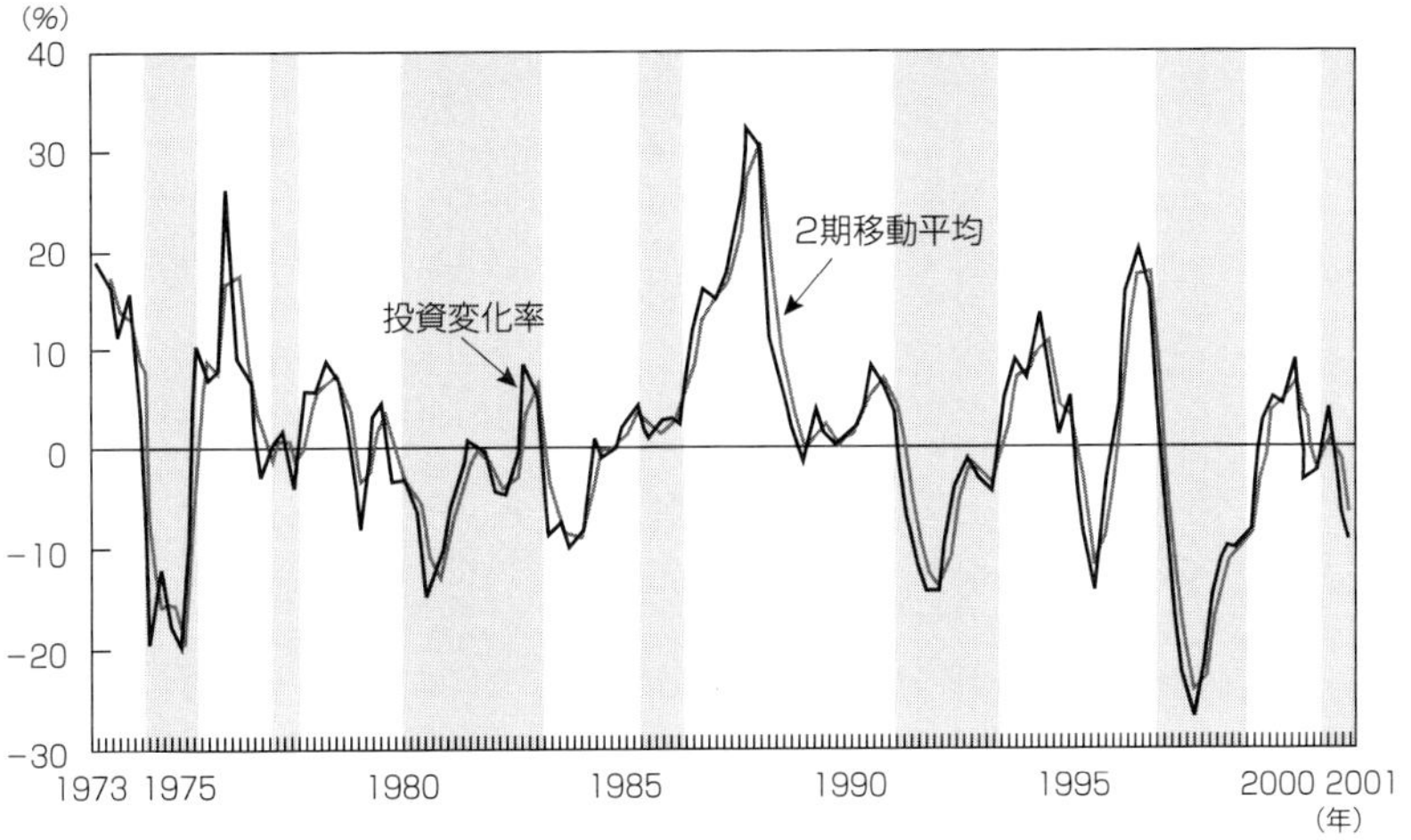

（注）住宅投資の前年比．移動平均は前年比の平均．シャドウの部分は景気後退期である．
（出所）内閣府経済社会総合研究所「国民経済計算」より作成．

政策的に金利を引き下げたり、ローン減税を実施して投資の回復を図ったりすることがよく行われる。

このため、住宅投資と景気変動との関係は複雑で、投資がコストとしての金利に感応的である場合には景気後退期にも増加することになる。

図３−８で住宅投資と景気との関係をみると、あまり明確な対応関係はみられない。むしろ、図３−２に示された金融の引締め期には、投資が大幅に減少する形で、一九九一年までは、比較的、金利感応的に変動していることがわかる。

しかし、一九九三年以降は投資のサイクルが景気変動と一致するようになって、一九九七年からの不況に際しては、需要項目中最も大きく減少し、景気の落込みを加速している。そのため、変動係数もバブル崩壊後において、それほど下がっていない。

金融緩和政策による史上最低の金利の下でも投資が減少した理由は、従来のコスト要因よりも所得要因によって投資決定がなされる傾向が強まったためとみられる。これは、経済の先行きが不透明な下で、資金負担の大きい住宅の購入に際しては、正確な将来所得の推計が不可欠になっていることのあらわれでもある。

こうした中で、地価の動向を反映して住宅価格が大幅に下落していることから、住宅としての資産価値が下がっていることは、住宅取得のインセンティブを弱める結果となっている。

そのため、住宅投資のＧＤＰに占める割合もこれまでの六％の水準から、四％を下回る水準まで下がっており、それだけ住宅投資の景気変動に与えるインパクトは低下しているが、その一方で、その変動率が上昇していることはその影響が必ずしも小さくなっていないことを示している。

3 消費

(1) 消費支出の安定性

消費支出は、ＧＤＰの五五％を占める最大の需要項目であり、基本的には所得の関数であるため、投資支出と

COLUMN

フリードマン (Milton Friedman) [1912～]

フリードマンは，1976年にノーベル経済学賞を受賞しているが，『実証経済学の方法と展開』，『消費関数論』，『価格理論』，『資本主義と自由』，『合衆国貨幣史』などの著書にみられるように，その研究分野は多岐にわたっている．彼は，1960年代において，ケインズ派が唱えた有効需要の変動が景気変動の主因であるという説に反対し，マネーサプライの変動の方が景気変動を引き起こすことを実証的に分析し，景気変動理論におけるマネーの重要性を確立した．それに先立つ1957年の『消費関数論』においては，消費支出の変動の安定性を次のようなロジックで明らかにした．所得は，定期的に入る恒常所得と一時的な臨時収入のような変動所得の二つに分けられる．そして，実際の消費支出は，主として恒常所得に依存しているため，支出の変動は安定的であると考えた．これが，後に，恒常所得仮説として，消費分析の中心的なトピックスとなった．

所得に占める恒常所得の割合が高いほど，所得に占める消費の割合である消費性向は上昇する．日本の貯蓄率が高い理由の一つとして，月々の定期的な給与を抑え，ボーナスなどの変動所得の割合が高いからであるという説がある．恒常所得の割合が低いことが，消費性向を抑えていることになる．

◎ 表3-2　消費支出の構成とその変化率 ◎

（%）

	1990-1991年	1992-1995年	1996-1999年	変動率
耐久財	8.6	9.0	9.5	8.16
半耐久財	12.4	11.8	11.3	3.10
非耐久財	27.4	27.1	26.6	1.91
サービス	51.6	52.1	52.5	1.85
うち選択的	29.4	32.1	33.1	2.90

（注）実質消費支出に占める各支出の割合．選択的サービスは，家計の目的別支出のうち交通，通信，娯楽・レジャー・カルチャー，外食・宿泊の合計．変動率は，前年比の変化率の標準偏差．
（出所）内閣府経済社会総合研究所「国民経済計算」より作成．

異なり、自律的に変動するわけではない。そして、所得が景気によって変動する場合には、その変動を通じて景気循環を増幅することになる。

しかし、実際には、景気拡大期には所得の増加により消費支出は増加するものの、後退期においても所得は大幅には低下しないため、消費支出も低下幅は小さく、景気を下支えする役目がある。

これは、所得の理論において恒常所得仮説といわれるもので、所得は景気によって変動しない部分（恒常所得）と変動する部分（変動所得）に分けられ、消費支出がこの恒常所得に依存する割合が大きければ、景気を安定させる効果を持つと考えられている。

一方、消費支出も必需的な支出と、選択的な支出とに区分され、前者は、主として景気変動によらない恒常所得に依存し、過去の習慣に基づき規則的に支出されると考えられ、後者は大半が変動所得に依存するため、景気変動とともに変動するとみられている。そこで、消費支出を、耐久財支出、半耐久財支出、非耐久財支出、サービス支出の四つに分ける。

耐久財の耐用年数は一年以上で、金額が大きいことから景気の良いときは購入し、悪いときには購入を手控えるため、耐久財支出は典型的な選択的支出で、半耐久財、非耐久財は耐用年数が一年以内であることから定期的に購入することになり、必需的支出となる。サービス支出の場合は、必需的なものが約半分で、所得水準が上昇するにつれて支出が増える旅行、外食、教育やカルチャー関係の支出は選択的な性格を持つ。

表3―2のように、選択的支出である耐久財支出と選択的サービスのウエイトが上昇しているのがわかる。このことは、消費支出が次第に変動性を高めていることを意味している。実際に、一九九六年から一九九九年の消費支出全体の変動率は、一九九〇～一九九五年に比べ一%以上、上昇している。

(2) 消費支出と景気

消費支出について、景気変動の二つの局面に分けて変化率をみた表3―1によると、景気拡大局面においては、他の需要項目に比較して一番変化率が小さく、景気全体の変動幅を抑えている。しかし、第一一循環以降においては、これまでに比べ変化率が大きくなり、変動の増幅要因となっている。

一方、後退局面における変化率は、第一一循環まではプラスで、景気を下支えしているものの、第一二循環以降においては、マイナスに転じており、その効果が失われている。

したがって、消費支出が景気後退をマイルドなものにしているとはもはやいえない。特に、一九九七年における消費税、社会保険料の引上げによって生じた景気後退局面においては、その後の減税による消費拡大策にもかかわらず、消費支出が初めてマイナスとなり、景気を大きく落ち込ませ、消費中心の不況となっている。

次に、消費支出と景気変動との先行、遅行の対応関係をみたのが図3―9である。

一九七七年の景気後退期と一九八三、一九八四年の景気拡大期では対応が不明確であるが、それ以外は、半年から一年のラグで比較的よく対応している。バブル期には、消費支出の伸びが五%を超えているが、これは賃金やボーナスの増大により、所得が大幅に増加したからである。しかし、バブル崩壊後は、成長率低下の下で所得の増加もマイルドで、消費支出の伸びも二%以下と小さ

◎ 図3-9　消費支出と景気 ◎

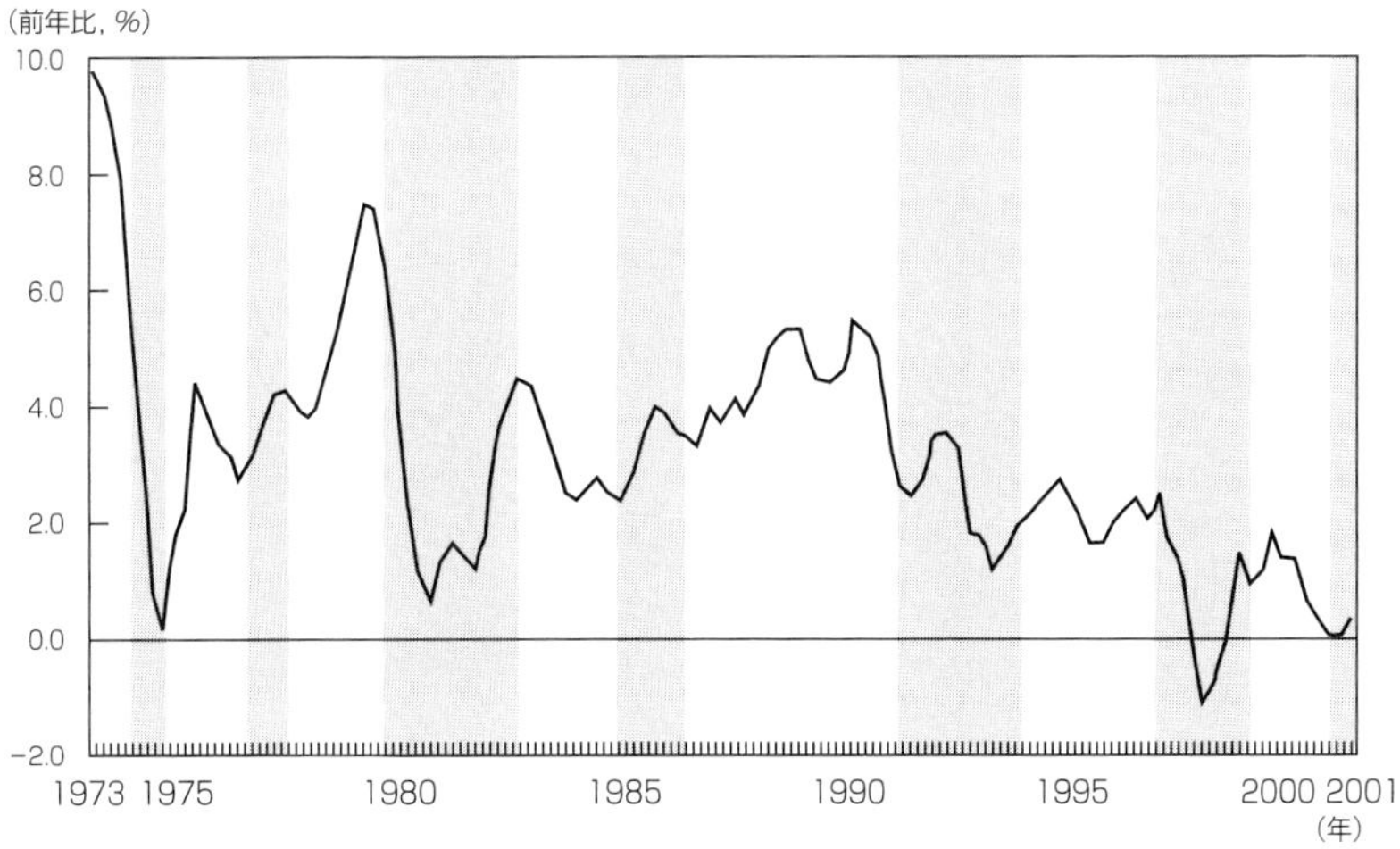

(注) 消費支出の3期移動平均値の前年比．シャドウの部分は景気後退期である．
(出所) 内閣府経済社会総合研究所「国民経済計算」より作成．

くなっている。

(3) 耐久財サイクル

消費支出の中で、選択的支出の割合が高まり、変化率が上昇していることから、その動向を予測する場合には、耐久財の動向が重要となっている。耐久財には、それぞれ耐用年数があることから、更新時には個別のサイクルが発生する。しかし、耐用年数が過ぎても所得が十分でないときにはそれを使い続けることになるため、サイクルが規則的に繰り返されるわけではない。

耐久財の耐用年数を償却額（耐久財ストックの調整額から価格変動額を引いたもの）から推計すると約七年半程度で比較的安定している。したがって、耐久財のブームは、所得制約があまりない場合には、七～八年ごとに生じることになる。一九九〇年代の耐久財消費のブームは、一九九一年と一九九五年に生じており、一九九八年、一九九九年にブームの再来が期待されたが所得環境が悪く、二〇〇〇年に入ってようやく回復がみられる程度にとどまっている。

耐久財ストックの中で、五五％と一番ウエイトの大き

◎ 図3-10 自動車登録台数の推移 ◎

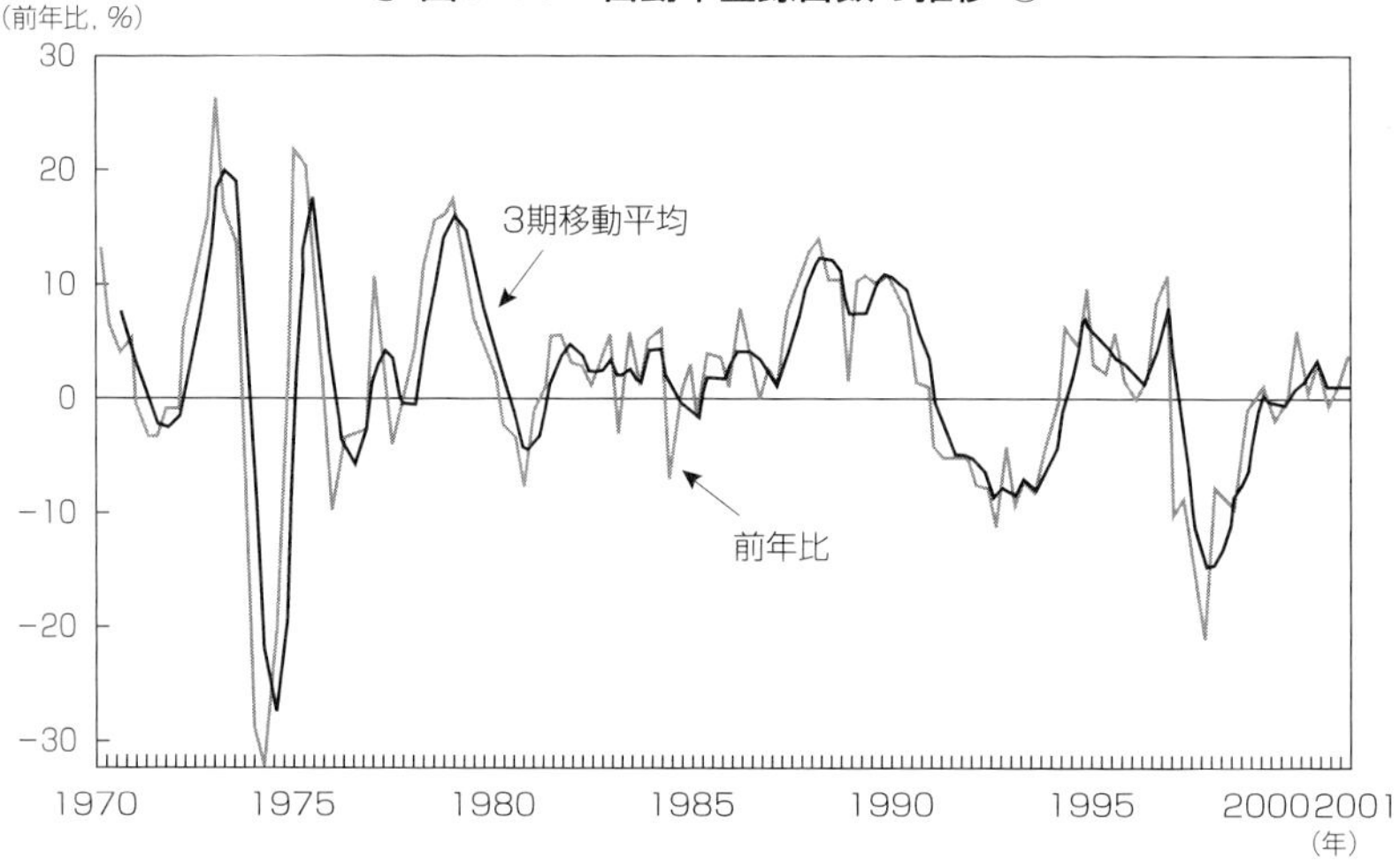

（注）新車登録台数（4輪車）の前年比．移動平均は前年比の平均．
（出所）日本自動車工業会「自動車統計月報」より作成．

い個人輸送用機器としての乗用車を取り出して、その販売動向をみたのが図3-10である。個人輸送用機器の償却額から推計した耐用年数は、約九年である。販売のブームは、一九七三年、一九七八年、一九八九年、一九九七年にみられ、その間隔は、五年から一〇年程度である。

耐久財の出荷は、景気動向指数の一致指標の一つを構成している。耐久財支出の予測については、個別の耐久財のサイクルをみて更新時期を予測する方法や耐久財の購入判断を取り入れた消費者態度指数によって予測する方法が一般的である。

4 国際貿易と景気

(1) 日本の貿易の最近の特徴

貿易は、一般に成長のエンジンとも称される。日本でも、一九六〇年代の高度成長期においては、輸出需要が

◎ 表3-3　GDPと輸出・輸入の動き ◎

（%）

年	輸　出	輸　入
1985	9.2	5.2
1986	8.4	5.3
1987	8.0	5.6
1988	8.0	6.3
1989	8.2	6.9
1990	8.4	7.0
1991	8.5	6.7
1992	8.7	6.6
1993	8.7	6.5
1994	8.9	6.9
1995	9.1	7.7
1996	9.4	8.4
1997	10.2	8.4
1998	10.1	7.9
1999	10.2	8.1
2000	11.2	8.7

（出所）内閣府経済社会総合研究所「国民経済計算」より作成.

経済成長を牽引した。また、当時は、国際収支の天井による景気引締め策が景気循環の転換点になったことも、よく知られている。

このように、輸出需要はかつては景気変動に大きな影響を及ぼしていたが、最近では輸入の経済活動に占める影響も高まってきているのが特徴である。景気の波を反映して、その時々で変化はあるものの、ここ数年では実質値で輸出（財・サービス）は、GDPの一〇～一一%、輸入は八%前後を占めている（表3－3）。

日本の貿易動向を地域別にみると、輸出では対米輸出が八〇年代半ばに四割近い水準まで高まったが、その後円高などの影響からシェアを低下させ、三割前後となっている。これに対し、最近ではアジア地域への輸出シェアが高くなっている。一方、輸入については、原材料や原油を中心にアメリカ・中近東のウエイトが高かったが、最近ではアジア地域からの輸入シェアが高まっている。輸出・輸入両面でのアジア地域との関係の深まりが、最近の日本の貿易の特徴であるが、その背景には、円高による日本からアジア地域への直接投資の増大があるものと考えられる。

◎ 表3-4　輸入関数における所得弾性値の推移 ◎

	推計機関	所得弾性値
対世界	1992年第1四半期～1999年第2四半期	2.9
	1985年第1四半期～1992年第4四半期	1.9
	1980年第1四半期～1986年第4四半期	0.7
対アジア	1992年第1四半期～1999年第2四半期	3.3

（出所）経済企画庁『経済白書』（平成12年版）.

このことは、日本経済の世界経済への影響も近年大きくなっていることを意味している。日本の景気が、海外からの輸入に与える影響の度合いが強まっていることも実証分析によって明らかにされている。海外からの日本への輸入と日本の景気との関連を示す所得弾性値は、最近急速に高まりをみせている。所得弾性値というのは、日本の所得が一増えた場合、輸入がいくら増えるかをあらわす数字である。とりわけ、アジア地域からの輸入の所得弾性値が三・三と著しく高まっているのが特徴である（表3－4）。

(2) 経常収支とGDPとの関係

国際貿易に関しては、通常国際収支の動きが注目される。国際収支は、居住者と非居住者との経済的取引を体系的に記録したものである。

国際収支にはいろいろな取引があるが、景気との関連で重視されるのは経常収支である。経常収支とは、財・サービスの取引の記録である。実物面の動きを反映するところから景気変動と直接に関連すると考えられている。経常収支は、その裏の流れとして資本収支（つまりお金の流れ）を反映するものでもある。

経常収支の黒字は資本収支の赤字を、経常収支の赤字は資本収支の黒字を意味している。最近の日本の例でいえば、大幅な経常収支の黒字を計上しているということは、日本から海外に大量の資本が流出していることを意味している。

次に、経常収支とGDP（国内総生産）との関係についてみておこう。国内総生産の需要項目のうち、輸出等、輸入等が経常収支における財・サービスの輸出・輸入にそれぞれ対応している。

国内総生産の需要項目である輸出等と輸入等の差は、通常「純輸出（net export）」と呼ばれている。したがって、この純輸出が国際収支表における経常収支の値と等しくなると考えてよい。ただし、国内総生産は定義によって「付加価値の総計」ということになっているので、付加価値でないものは除かれる。このため、国際収支表における移転収支の数字は、国内総生産からは除かれている。国内総生産と経常収支の間の数字の乖離があるとすれば、移転収支の額に相当することになる。

景気との関連では、経常収支の黒字は純輸出のプラスということになるから国内総生産の増加に寄与することになる。逆に、経常収支の赤字は国内総生産、つまり景気にはマイナスの影響を及ぼすことになる。

(3) 交易条件と国内所得への影響

輸出価格・輸入価格の変動が、国内の実質所得に及ぼす効果も景気との関連において重要である。交易条件というのは、輸出価格を輸入価格で割った値として定義される。この値が上昇することを、「交易条件の好転」と呼んでいる。また、下落することを「交易条件の悪化」と呼ぶ。

交易条件が好転するということは、これまでと同じ数量の輸入を行うのにより少ない輸出でまかなうことが可能であるということになる。逆に、交易条件の悪化はこれまでと同じ輸入を行うのにより多くの輸出が必要ということを意味している。

交易条件が好転した場合、同一数量の輸出でより多くの輸入をまかなうことが可能となるため、それだけ国内で利用可能な所得が増えることになる。言い換えれば、同一数量の輸出・輸入を行っていれば、ネットの支払いが少なくなった分、国内に所得が残ることになる。逆に、交易条件の悪化は、同じ輸出数量・輸入数量の貿易を行っていれば、国外に所得が流出していくことになる。

前者の具体的な例としては、一九八〇年代半ばの円高時における交易条件の改善がある。円高による輸入価格の下落から交易条件が改善し、国内所得の高まりから景

◎ 表3-5　交易条件と実質コマンドGDPの動き ◎

(%)

	1985年度	1986年度	1987年度	1988年度	1989年度	1990年度
実質コマンドGDP	5.1	7.0	3.7	6.2	3.4	4.6
実質GDP	4.6	2.9	4.7	6.0	4.3	5.3
交易条件の変化	0.4	4.1	−1.0	0.2	−0.8	−0.7

（出所）経済企画庁『経済白書』（平成6年版）.

気が回復し、その後政策的にも景気刺激策がとられたこともあってバブルの発生につながったことは記憶に新しい。後者の例としては、一九七四年の原油価格の高騰がある。原油価格の高騰による輸入価格の上昇から交易条件が大幅に悪化し、産油国に所得が流出したため日本の景気は戦後初めてのマイナス成長を記録することになった。こうした交易条件の変化による実質所得の移転は、リソースシフトと呼ばれている。

交易条件の変化による効果は、実質国内所得と実質GDPでは異なることに注意が必要である。交易条件の好転により実質GDPは減少し、交易条件の悪化により実質GDPは増大する。この点を、実証的に明らかにしているのが、平成六年版の『経済白書』である。白書では、交易条件の好転による実質国内所得への効果を実質コマンドGDPと呼んでいる。交易条件の好転によって、国内の実質購買力が増大するが、国内の消費者の購買力に着目してコマンド（自分が消費できる力）と呼んだのである。一九八六年度の交易条件の大幅な改善（四・一％）の結果、実質コマンドGDPは七％に増加しているが、実質GDPは四・六％から二・九％へと伸びが低下している（表3－5）。

5 景気と雇用

消費需要への影響という観点から、雇用情勢は景気変動の大きな要因の一つとなる。消費に影響を与える雇用者所得が、賃金と雇用者数に依存しているからである。しかし、物価と同じように雇用情勢は、経済活動の変動の結果を反映するものでもある。「物価の安定」と並んで「雇用の確保」は経済政策の主要な課題であり、その意味から、雇用情勢を反映する指標の一つである失業率の動きは、日々注目される経済指標である。

(1) 雇用変動の要因

まず、労働の供給面についてみておこう。二〇〇〇年の総人口一億二六八八万人のうち、一五歳以上人口は一億八三六万人となっている。この一五歳以上人口が労働供給の対象となるが、このうち実際に労働市場に参加している労働力人口は、六七六六万人である。したがって、一五歳以上人口に占める労働力人口の比率である労働力率は、六二・四％となっている（表3－6）。

労働力率の変化が、労働供給に直接影響を及ぼすことになるが、全体としての労働力率はここ数年おおむね六二～六三％で安定した動きを示している。ただ、男性と女性では、労働力率に大きな相違がある。男性が、七六・四％であるのに対し、女性は四九・三％にとどまっている。日本では、年齢別にみた場合、男性の労働力率は若年齢層と高年齢層で低くなる逆U型であるのに対し、女性の労働力率は二〇代初めで高くなり、出産・子育てなどから三〇代で低下し、その後再び高くなるといういわゆるM字型になっているという特徴がみられる。

中長期的には、労働力率の変化が労働供給に影響するとともに、女子労働に顕著にみられるように、景気変動に対応して労働市場から撤退するといった度合いがどの程度になるかによっても、直接労働供給に及ぼす影響も異なると考えられる。一方、労働需要は就業者の動きに反映されている。当然のことながら、景気変動に応じて

◎ 表3-6　労働供給の動き ◎

年	15歳以上人口（万人）	労働力人口（万人）	労働力率（%）		
				男性	女性
1986	9,587	6,020	62.8	77.8	48.6
1987	9,720	6,084	62.6	77.3	48.6
1988	9,849	6,166	62.6	77.1	48.9
1989	9,974	6,270	62.9	77.0	49.5
1990	10,089	6,384	63.3	77.2	50.1
1991	10,199	6,505	63.8	77.6	50.7
1992	10,283	6,578	64.0	77.9	50.7
1993	10,370	6,615	63.8	78.0	50.3
1994	10,444	6,645	63.6	77.8	50.2
1995	10,510	6,666	63.4	77.6	50.0
1996	10,571	6,711	63.5	77.7	50.0
1997	10,661	6,787	63.7	77.7	50.4
1998	10,728	6,793	63.3	77.3	50.1
1999	10,783	6,779	62.9	76.9	49.6
2000	10,836	6,766	62.4	76.4	49.3

（出所）総務省統計局「労働力調査」.

◎ 表3-7　就業者数・失業率の推移 ◎

年	就業者数（万人）	前年比（%）	失業率（%）
1986	5,853	0.8	2.8
1987	5,911	1.0	2.8
1988	6,011	1.7	2.5
1989	6,128	1.9	2.3
1990	6,249	2.0	2.1
1991	6,369	1.9	2.1
1992	6,436	1.1	2.2
1993	6,450	0.2	2.5
1994	6,453	0.0	2.9
1995	6,457	0.1	3.2
1996	6,486	0.4	3.4
1997	6,557	1.1	3.4
1998	6,514	−0.7	4.1
1999	6,462	−0.8	4.7
2000	6,446	−0.2	4.7

（出所）総務省統計局「労働力調査」.

労働需要である就業者数に増減がみられる。一九七三〜一九七四年の第一次石油危機時に減少がみられたほか、最近の景気後退の影響を受け、一九九八年以降三年連続して減少している（表3−7）。

(2) 失業率の定義

失業率は、労働力人口に占める完全失業者の割合である。労働力人口を説明する前に、いくつかの概念を説明しなければならない。日本の総人口のうち、一五歳以上の人口が、失業などを調査する労働力調査の対象となっている。一五歳以上の人口は、生産年齢人口とも呼ばれている。この生産年齢人口のうち、月末の一週間に少しでも仕事をした人を就業者と呼んでいる。また、生産年齢人口のうち、「仕事がなく、仕事を探していた者で、就業可能な者」を完全失業者と呼んでいる。就業者と完全失業者を足した数字が、労働力人口である。生産年齢人口のうち、労働力人口以外の者を非労働力人口と呼んでいる（図3−11）。

要するに、失業者というのは、一五歳以上の人口のうち、三つの条件を満たしている者を指す。第一は、職がない者、第二は、就業可能である者、そして第三は、求職活動をしている者である。したがって、気をつけなければならないのは、たんに職がなくてぶらぶらしていても、求職活動を行っていなければ、この人は失業者としてはカウントされないことになるという点である。

たとえば、バブルの時代家庭の主婦が金融関係で就業したケースが多くみられた。しかし、バブル崩壊によって職を失い、その後求職活動をしても職がないことから就職をあきらめ、家庭に戻って求職活動を行っていない場合は、失業者とはならない。非労働力人口として、労働市場から退出した者として扱われることになる。

日本の失業率は、これまで景気の変動局面でも大きな変化を示さないという特徴がみられた。一九七三〜一九七四年の第一次石油危機においても、一％台からせいぜい二％台に上昇した程度であった。失業率は、景気に対しての遅行指標としての性格を持っていた。これはアメリカと比較すると、きわだった相違がみられる。アメリカでは、景気後退局面において失業率の水準が高いことに加え、上昇幅も大きいという特徴がある。こうした日米の相違の背景には、雇用制度の違いも影響している。

◎ 図3-11　失業率の定義 ◎

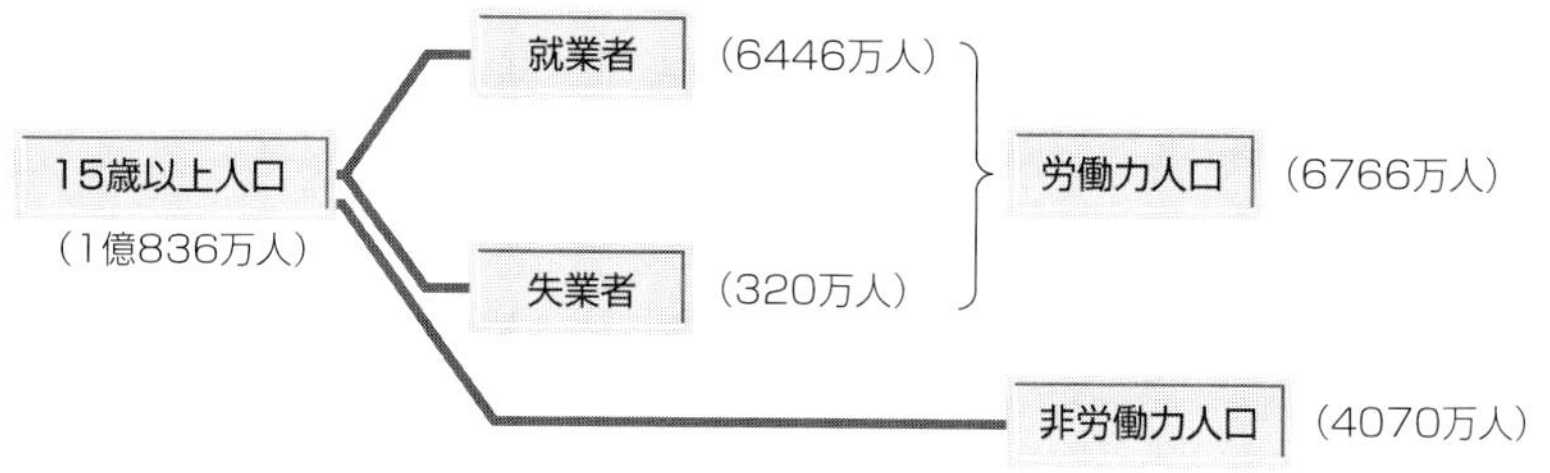

（注）2000年のデータにもとづく.

つまり、日本が終身雇用制を採用しているのに対し、アメリカではレイオフ制度を採用しているという制度上の大きな相違がある。さらに、日本の場合、失業の発生を抑制する制度上の措置として、「雇用調整助成金」がある。これは、不況に直面した企業が、雇用する労働者に対して休業・教育訓練・出向を行う場合、その賃金負担額の一部を助成する制度である。

日本の場合、景気後退局面においても企業はできるだけ雇用調整を行わない傾向が強いという特徴があり、そのことが日本の失業率の上昇を抑えてきたと言えるが、後で見るように一九九〇年代の後半以降、長引く不況を背景に日本の失業率も欧米並みに高まることが懸念される状況になっている。

(3) 雇用変動の景気への影響

雇用が変動した場合、景気への直接的な影響としては雇用者所得の変動を通じての個人消費への影響がある。さらに、失業率は景気指標として重視される指標の一つであるが、これが景気心理に与える効果も見逃せない。とりわけ、消費者心理への影響は重要である。たとえば、失業率の上昇は、景気の先行きに対する不透明感の増大から、将来の期待所得への不安感を増大させ、消費者心理のさらなる冷込みにつながる。

雇用者所得は、賃金に雇用者数、さらに労働時間を乗じた値として計算できる。景気が変動した場合、企業は、雇用者所得を変化させることによって乗り切ろうとする。

これが、いわゆる雇用調整である。雇用調整は、この三つの要素のうちどれで調整してもいいことになる。ただ、賃金が短期的に大きく変動しないとすると、他の二つが変化することになる。たとえば、アメリカではすでに述べたように、レイオフによりドラスティックな形で雇用者数の調整を行うのが通常である。これに対して、日本ではこれまで右肩上がりの経済情勢ということもあって、雇用者数ではなく労働時間の調整という形で、雇用調整を行ってきた。したがって、これまで述べたように日本では景気後退期においても、失業率の上昇という形での変化が見られなかったのである。ただ後で述べるが、日本でも一〇年近くにわたる景気後退の影響から、最近では企業のリストラ策の強化からドラスティックな形の雇用調整の時代に入りつつあると考えられる。

もう一つ失業率の変化と景気との関係において重要な点は、失業手当ての給付とビルト・イン・スタビライザー（自動安定化装置）の関係である。戦後の先進諸国経済においては、景気の振幅を緩やかにするための制度的な仕組みがビルト・インされている（組み込まれている）。たとえば、景気が悪くなると法人所得・個人所得が落ち込むことになる。多くの先進諸国においては、累進課税が一般的であるから所得の落込みは税の減少につながることになる。税の減少によって企業や個人はそうでない場合に比べ、可処分所得が増加することになり、その分景気の落込み幅を小さくすることに貢献する。また、景気が悪化した場合の失業手当ての給付も雇用者所得の減少を補い、景気の落込み幅を小さくすることにつながる。こうした財政の仕組みのなかにビルト・インされている景気調整機能をビルト・イン・スタビライザーと呼んでいる。日本の場合、失業手当てではなく、雇用保険がその役割を果たしている。雇用保険は、雇主と雇用者が折半で保険金を負担しており、政府の一般財源からの支出はそれほど多くはない。

(4) 構造改革と失業率の上昇

二〇〇一年にスタートした小泉内閣の構造改革による失業率の上昇が懸念されている。公共投資の削減、不良債権の処理によって企業倒産が増加し、それによって大量の失業者があふれでるのではとの懸念である。いわゆる「構造改革の痛み」である。

政府の経済財政諮問会議では、新規雇用の増加が期待されるので、それほど失業率の上昇にはつながらないのではとの楽観論もある。しかしながら、雇用の流動性が低い日本においては、当面は改革によって低生産性部門から流出する失業の増大によって失業率がかなり上昇することは避けられないものと考えられる。

今後、日本の雇用情勢はアメリカ型に近い雇用調整を含んだものになることが予想される。従来の右肩上がり成長経済と異なり、マイナス成長も珍しくない情勢が雇用調整を不可避にしつつあるからである。もちろん、日本とアメリカでは雇用制度そのものにも大きな相違がある。アメリカではレイオフ制度があり、景気が悪化すればただちに雇用者の解雇が認められている。それに対し、日本ではこれまで終身雇用制の下で、一度雇った労働者を解雇することは、景気が悪化した状況でもドラスティックな形で行われることは少なかった。しかし、一九九〇年代のバブル崩壊以降、日本の終身雇用制を含めた雇用制度そのものも大きな変革を迫られる状況になりつつある。一九九〇年代の景気が悪い状況のなかでも日本経済を牽引してきたハイテク産業においてすら大幅なリストラ策が公表される事実は、まさにそうした事態の変化を反映している。

今後、日本の失業率が上昇するとみられる一つの背景に労働分配率の水準の高さがある。一九九〇年代初めにそれまでの六〇%から七〇%台に上昇した後、ほとんど低下していない。賃金がそれほどドラスティックに下落しないと仮定すると、労働分配率の高どまりは今後の失業率の上昇を示唆しているといっていいだろう。

6 景気と物価

物価は景気変動の要因というよりも、むしろ経済活動の結果という側面が強い。よく物価は経済活動の体温計といわれるが、それはまさにそうした状況をあらわしている。まず、物価の上昇・下落を反映する主要な経済指標についてみておこう。

(1) 消費者物価・卸売物価・ＧＤＰデフレータ

●消費者物価指数（ＣＰＩ）

消費者物価は、物価動向をみる上で最もポピュラーな指標の一つである。日本全国の小売段階での財・サービスの価格を総合的にあらわしたもので、ある基準時点を一〇〇として、指数の形で公表されている。現在の基準時点は、二〇〇〇年である。したがって、指数が一〇一だと、二〇〇〇年に比べ、一％物価が上昇したということになる。

消費者物価指数は毎月公表されるため、政府・日銀の物価安定政策や民間企業の賃上げのための基礎データとして重視されている。ただ、後で述べるように、ラスパイレス指数という基準時点でのウエイトを用いているため、基準時点から離れるにつれて、現実の購買実態と乖離するという問題点もある。九〇年代の後半において、規制緩和の影響から日本経済の価格低落傾向がかなり顕著になったにもかかわらず、消費者物価にはこの効果があまり反映されていないとの批判がなされたのもこうした点と関連がある。

●卸売物価指数（ＷＰＩ）

卸売物価というのは、生産者である企業相互で取引される価格を総合的にあらわしたものである。消費者物価と異なるのは、企業で取引される財の価格動向をあらわした指数である点である。企業相互で取引されるサービス価格をみるには、別の統計である企業向けサービス指数がある。

卸売物価は、財の需給関係によって変動するという意味ではより景気動向と密接な関連をもっているといえるだろう。さらに重要な点は、消費者物価と違い、海外からの影響を反映した指数であることである。これは、卸売物価指数の構成と関係しているが、国内物価のみならず輸出物価・輸入物価の動向も反映される構成になっているからである。卸売物価指数に占める輸出物価・輸入物価のウエイトは三一％となっている（一九九五年基準）。このため、原油価格や為替レートの動きに敏感に反応する特徴を持っている。

●ＧＤＰデフレータ

日本の経済活動に関連する価格動向を総合的に反映す

る物価指標である。GDPを構成する支出項目のデフレータをパーシェ型に総合化したものである。パーシェ型というのは、ラスパイレスと異なり比較時点でのウエイトを採用している指数の作成方法である。

日本経済の総合的物価指標としては、本来最も注目されてしかるべき統計データである。しかし、GDP指標が四半期ごとの発表であることから、統計上のタイムラグの難点がある。

GDPデフレータの物価指標としての最も大きな特徴は、国内での物価動向を反映する指標であるという点である。つまり、国内要因による物価動向を反映している指標ということになる。GDPデフレータが、「ホームメイド・インフレ指標」と呼ばれるゆえんである。GDPデフレータが輸入価格の影響を受けない仕組みになっているのは、指数の構成上輸入価格が控除項目となっているためである。国内価格に転嫁された物価上昇分と輸入価格の上昇分が互いに相殺されるからである。

(2) インフレ・ディスインフレ・デフレ

かつて、経済政策上の最大の課題は、物価の安定にあったといっても過言ではなかった。日本経済の高度成長期の一九六〇年代には、五〜六%の物価上昇が常にみられた。財産業とサービス産業との間の生産性格差が主因であり、生産性格差インフレといわれた時代であった。また、一九七三〜一九七四年の第一次石油危機の時期には、原油価格の高騰を背景に、消費者物価は二割を超える上昇率を示した。二度にわたる石油危機は、日本経済のみならず世界経済を、物価上昇と不況が共存する「スタグフレーション」の世界に追い込んだのである。

このように、通常一般物価の上昇率が継続して上がっている状況を、インフレと呼んでいる。その意味では、一九六〇年代の後半、あるいは一九七〇年代の前半の日本経済は、インフレ（マイルド・インフレ）の時代であったといってもいいだろう。ところが、一九九〇年代に入った日本経済においては、一般物価は上昇しているものの、その上昇率が低下するという状況がみられた。このように物価上昇率が低下する傾向はディスインフレと呼ばれた。一九九〇年代前半の消費者物価の上昇率は、まさにそうした実態を浮き彫りにしている。

さらに、一九九九年から二〇〇一年にかけての日本経

◎ 表3-8　物価の推移 ◎

（前年比，%）

年度	GDPデフレータ	CPI	総合WPI	国内WPI	輸入WPI
1985	2.1	1.9	−3.3	−1.7	−9.8
1986	1.5	0.0	−9.3	−5.2	−37.3
1987	0.0	0.5	−2.1	−1.7	−0.4
1988	0.8	0.8	−0.7	−0.6	−3.6
1989	2.5	2.9	3.6	2.7	10.8
1990	2.3	3.3	1.1	1.3	5.1
1991	2.5	2.8	−1.2	0.4	−10.7
1992	1.5	1.6	−1.5	−1.0	−4.2
1993	0.6	1.2	−3.3	−1.8	−12.4
1994	−0.2	0.4	−1.4	−1.4	−1.7
1995	−0.7	−0.1	−0.9	−1.0	0.1
1996	−1.3	0.4	0.4	−1.5	12.3
1997	0.7	2.0	1.2	−1.0	2.4
1998	−0.1	0.2	−2.5	−2.2	−6.6
1999	−1.1	−0.5	−2.4	−0.8	−5.1
2000	−1.7	−0.5	0.2	−0.1	5.6

（出所）総務省統計局「消費者物価指数」，日本銀行「卸売物価指数」などにより作成.

済では、消費者物価水準そのものが毎年下落するというこれまで考えられなかった状況に陥っている。これには、不況による需給要因、規制緩和による価格低下、さらには経済のグローバル化による低廉な輸入品の浸透などが、その背景にあると考えられる。一九九〇年代後半から二〇〇〇年初めにかけての日本経済は、一般物価が継続的に下落していくいわゆるデフレ経済に陥っていると考えられている（表3−8）。

【参考文献】

金森久雄・土志田征一［一九九九］『景気の読み方』有斐閣。

経済企画庁［一九九九、二〇〇〇］『日本経済の回顧と課題』大蔵省印刷局。

経済企画庁物価局編［二〇〇〇］『物価レポート』大蔵省印刷局。

白川一郎［一九九二］『経済統計の手ほどき』中央経済社。

——・井野靖久［一九九四］『ゼミナール　SNA統計見方・使い方』東洋経済新報社。

森一夫［一九九七］『景気とサイクル』東洋経済新報社。

横溝雅夫［一九九一］『景気循環で読む日本経済』日本経済新聞社。

Diebold, F. X. and G. D. Rudebusch [1999], *Business Cycles*, Princeton University Press.

Hall, T. E. [1990], *Business Cycles*, Praeger.

Zarnowitz, V. [1992], *Business Cycles : Theory, History, Indicators, and Forecasting*, University of Chicago Press.

第4章

景気循環の歴史

日本の景気循環は，近代資本主義経済が成立した1890年前後から始まった．そして戦前は，好況期にはインフレ，不況期にはデフレという激しい物価変動をしばしば繰り返した．そのなかで，大正バブル，昭和金融恐慌，世界大恐慌という大事件を経験した．

戦後は，神武景気，岩戸景気，いざなぎ景気という大型ブームが出現して，景気の振幅は大幅に縮小した．しかし，石油危機以降は成長の減速化とともに不況が長期化した．そして，1980年代後半には空前の平成バブルが発生し，その後の深刻な長期デフレ不況の原因になった．

1 景気循環の始まり

景気循環の歴史はいつから始まったのだろうか。端的にいえば、資本主義経済の成立時期にほぼ対応しているといってよい。歴史的にみると、資本主義経済が世界で最初に確立した国はイギリスである。その引き金となったのが、一八世紀後半に始まった産業革命である。この時期になると、各種の動力紡績機や蒸気機関などが続々と開発、実用化された。これを契機にして、イギリスの近代的な工業化が急速に進展し、その影響はまもなく周辺諸国に波及、拡大していった。

また、「経済発展段階説」で有名なW・W・ロストウは、世界各国の歴史的経済発展過程を伝統的社会を出発点とする六段階に分類し、その第三段階を離陸期と名付けた。この時期に入ると、農業や伝統的な手工業に依存していた低開発状態から脱して、新技術による生産の機械化と工場制の大規模生産が始まることを明らかにした。

表4－1に、主要国の産業革命と離陸の時期を示した。これによると、欧米諸国ではイギリスが産業革命の最先進国で、次いでこれが隣国のフランスに、さらにアメリカ、ドイツへと波及した。この場合、産業革命は全産業で同時に進行するわけではない。まず一部の産業で産業革命が行われると、これが先導役となって他の産業部門の産業革命を誘発し、種々の近代工業が国内に広く成立することによって離陸期を迎える。したがって、産業革命の出発点と離陸期との間にはかなりの時間差がある。

これをイギリスの例でみると、まず一七六〇年代から繊維産業の技術革新が進み、これが機械、鉄鋼、石炭産業などの基幹産業の発展を促進して、世紀末にようやく近代資本主義経済が成立した。そして、離陸期に入ってしばらくすると、資本主義特有の景気のサイクルが初めて顕在化した。

ところで、日本の場合はどうだったろうか。わが国の産業革命や景気循環の始期については論者により意見が分かれる。経済史的にみれば、日本の工業化は明治維新後の政治的、社会的動揺期を経て、一九世紀後半に入ってようやく進展し始めた。一八八二年には日本銀行が設立されて近代的通貨制度がスタートしたが、同年には西

COLUMN

ジュグラー (**Joseph Clement Juglar**)［1819～1905年］

フランスの経済学者．当初は医者として医学的立場から人口統計学を研究した．その後，出生率や死亡率に影響を与える好況や不況に関心が移り，1848年に経済学に転身した．1862年には後世に残る名著『仏・英・米国における商業恐慌とその周期的反復』を出版して，内外の学者の注目を集めた．1889年に内容をさらに充実させた第 2 版を発表した．

ジュグラーの功績は欧米先進国の各種の長期経済データを収集し，その中に10年前後のサイクルがあることを世界で最初に発見，実証したことである．当時の経済学の常識では，ときおり発生する恐慌現象は凶作，疫病，戦争，政治不安などに起因する偶発的，一時的な出来事と考えられていた．これに対して，ジュグラーは恐慌は経済的な要因の因果関係によって発生することを統計的，理論的に解明した．

20世紀に入ると，多くの学者によって波長が異なる種々の景気のサイクルが発見され，景気循環には長期波動，長期循環，中期循環，短期循環の 4 種類あることが定説になった．また，理論的研究も長足の進歩を遂げた．ジュグラーはこれらの景気循環論の基礎を築いた功績から，「景気循環の父」と呼ばれる．

◎ 表4-1　産業革命・離陸期と景気循環の始期 ◎

国名	産業革命期	離陸期	循環始期
イギリス	1760～1830年	1783～1802年	1790年代
フランス	1793～1825年	1830～1860年	1840年代
アメリカ	1810～1870年代	1843～1860年	1830年代
ドイツ	1810年代～	1850～1873年	1860年代
日本	1880年代～	1878～1900年	1880年代

（出所）産業革命期の欧米は鈴木圭介編『アメリカ経済史 I』東京大学出版会，1972，離陸期はW.W.ロストウ著，木村健康他訳『経済成長の初段階』ダイヤモンド社，1974，循環始期の欧米はW.C.ミッチェル著，春日井薫訳『景気循環の測定』文雅堂銀行研究社，1964，より作成．

南戦争に起因するインフレ対策のための松方緊縮政策が始まった。これにより、財政支出の抑制と不換紙幣の整理が行われ、一八八五年にかけて安定恐慌と呼ばれるデフレ経済が進行した。そして、この難局を乗り越えると、綿紡績業をはじめ、鉄道、海運、電力など近代産業の設立が相次ぎ、本格的な企業勃興期を迎えた。同時に、資本主義経済の基礎が固まった。したがって、日本の景気循環は一八八〇年代からスタートしたと考えられる。

表4－1によると、日本の場合は産業革命期、離陸期、循環始期がいずれも一八八〇年代でほぼ重なっている。欧米主要国の場合は、三者の間にかなりのタイムラグがあるのに比較してきわめて対照的である。その理由は、イギリスから約一世紀遅れて資本主義経済が開花した日本の産業革命は、その実態の多くが欧米からの借用技術、導入機械であったからである。このため、発明・発見→基礎的技術革新→応用的技術革新→新産業成立、という産業革命本来の時間的経路が大幅に短縮・省略された。日本はいわば後発者利益を享受できたわけで、その意味では当時の欧米的な産業革命とは異質であった。

なお、景気循環は周期的な現象であることをJ・C・ジュグラーが発見して以来、これまでに波長が異なる長短四種類の景気のサイクルが検出されている。このうち、今日われわれが景気循環という場合、周期が数年程度の短期循環を指すことが一般的であるから、以下ではそれに従った。

2 明治時代の景気循環

わが国最初の景気循環は、一八八〇年代後半の第一次企業設立ブームと、その反動不況である「一八九〇年恐慌」から始まった。これは、ブーム期の旺盛な企業資金需要と各種公債の増発による金利急騰によるもので、それが株価崩落や企業倒産を招いた。また、凶作による米価の高騰や、当時は実質的には銀本位制であったため銀価上昇による輸出の急減も影響した。このパニック自体は約半年程度で鎮静化したが、一八九〇年（明治二三年）の実質成長率は初めてマイナスとなり、景気停滞色は三年間続いた。

一八九三年に入ると景気は順調に回復し、企業熱が再燃して機械工業の萌芽期を迎えた。また、銀価低落により輸出が伸長し、市況も好転した。そして、一八九四年八月には日清戦争が勃発して国内経済は一時混乱したが、翌一八九五年四月には戦争が終結して戦後景気が開花した。こうした経済環境の中で、鉄道、海運、銀行などの企業設立が続出し、投機的色彩を強めた。また、日清戦争後、巨額の賠償金流入が産業活動を刺激し、「償金景気」とも呼ばれた。そして、この好況は第二次世界大戦前では最長の五年以上も続いた。

しかし、その反動は「一九〇〇年恐慌」としてあらわれた。これは、原綿価格の高騰による輸入急増が貿易収支を急速に悪化させたことがその一因である。これに対処するため、公定歩合が大幅に引き上げられて金融が逼迫した。その影響は金融機関に波及し、同年一二月の熊本第九銀行の支払い停止が導火線になって、翌一九〇一年春にかけて全国各地で取付け騒動や破綻が相次いだ。このため、日本銀行は大量の救済資金の貸出しを行い、一連の銀行動揺はようやく鎮静化した。これは、わが国最初の金融恐慌であった。

その後の日本経済は順調な拡大基調を続けたが、一九〇四年二月に日露戦争が勃発した。一〇年前の日清戦争は八カ月の短期で終結したのに対して、この戦争は二倍以上の一九カ月を要し、戦費も約八倍に達した。そのため、国内経済に与えた影響も甚大であった。

一般に、戦争は軍需景気を引き起こして好況を長引かせるが、一九〇四年の実質成長率は初めて一〇%を超える高成長を示した。その半面、戦費調達のための巨額の国債発行により、金利や物価は騰勢を強めた。また、日清戦争と異なり、戦勝ながら無賠償講和であったことから産業界では失望ムードが増大し、終戦とともに景気は失速して約一年の反動不況が続いた。

一九〇七年に入ると、海外環境が急速に悪化した。これは、アメリカを震源地とする「一九〇七年恐慌」である。当時のアメリカは工業生産力ではイギリスを二倍以上も上回る経済大国に躍進していたが、同年秋に国内銀行の破綻が続出するとともに株価暴落が始まり、深刻な景気後退に陥った。その影響は直ちに各国にも波及し、いずれも対米輸出が急減した。

また、日本ではアメリカに連動して株価が暴落し、さらに銀行に飛び火して銀行取付けと休業が頻発した。輸出もかなり減少して、景気後退の一因になった。この「一九〇七年恐慌」には、日露戦争の後遺症的色彩も残っていたが、近代国家が確立して初めて経験した世界的連鎖不況であった。

3 大正バブルの発生と崩壊

(1) 大戦景気

一九一四年(大正三年)は、内外経済とも波乱に満ちた時期であった。前年からの景気後退が続く中で、七月末に第一次世界大戦が勃発した。このため、日本の金融市場は大混乱し、経済界の不安は翌月初めの株価暴落となってあらわれた。そして、参戦国の兌換停止、主要金融市場の支払い停止、重要物資の輸出禁止、海上運賃・保険料の高騰など金融・貿易上の障害が、不況下の日本経済に追討ちをかけた。

その後、欧州を主戦場とした第一次世界大戦は拡大する一方で、日本は短期間の局地戦争にとどまったため、欧州参戦国や未参戦国のアメリカ、アジア向けの輸出が激増し、景気は一九一五年当初から反転して急回復した。また、この戦争景気にともなう巨額の外貨流入によって、日清戦争以来の貿易赤字は一挙に解消して債権国に変身した。しかし一方で、物価騰貴も顕著になり、戦時インフレは生産財、貿易財から生活必需品に波及して、国民生活を圧迫した。

一九一七年四月にアメリカが参戦すると、同国の貿易制限措置により対米輸出に打撃を与えるとともに、さらに九月の金輸出禁止が日本の為替資金調達難を招いた。また、イギリスやフランスなども、年初から輸入制限を強化した。このため、物資供給基地として輸出景気を享受した日本経済も、翌一九一八年には転機を迎えた。

大戦景気は一九一八年に入ってもなおしばらく続いたが、輸出の増勢鈍化、公定歩合引上げ、大戦終結など内外諸条件の変化による悪材料が表面化してきた。このため、景気は停滞色が強まり、同年秋から半年にわたって下降した。

(2) 大正バブル

一九一九年春から商品市況、海運市況は回復に転じ、経済界は終戦の反動的悲観ムードから脱却して、熱狂的好景気の幕開けとなった。生糸、綿糸などは第一次世界大戦中のピークを大幅に上回る空前の高値となり、株価や卸売物価も年初から高騰した。また、企業の事業計画も大幅に増額され、全国各地で土地投機が盛んになった。

明治以来初めて経験したこの異常な事態の背景として、次のようなことが指摘されている。第一は、大戦直後のアメリカの反動不況が半年で終わったため、当初懸念された輸出への影響が軽かったこと、第二は、大戦景気によって巨額の購買力が蓄積され、それが戦後に顕在化したこと、第三は、一九一九年六月にアメリカが金解禁に踏み切ったため、大量の在外正貨が国内に還流したこと、第四は、講和条約による南洋諸島の委任統治化と中国山東省のドイツ権益の譲渡が、国民的人気を高揚させたこと、などである。

しかし、この熱狂景気は翌一九二〇年に入ると一挙に瓦解した。当時の様相を、いくつかの指標で示したのが表4−2である。株価や物価はいずれも上昇期間と下降期間がそれぞれ一年前後であり、転換点も接近している。また、上昇率と低下率は五〇%前後が多いが、代表的な投機商品である生糸と綿糸の価格は典型的な棒上げ、棒下げ（直線的な急騰・急落）であった。これらの変化率を水準に直すと、低下後の水準は上昇前を大幅に下回ったことになり、まさに水面下の暴落であった。

一方、地価は年次データしか利用できないが、一九一九年には田、市街地とも株価並みの急騰を示した。そして、土地売買を目的とする会社が続々と設立され、土地投機熱は農地の思惑買いもあって都市、農村を問わず各地に広がった。たとえば、東京では以前は坪一〇〇〇円をもって空前の高値としていた日本橋付近が三〇〇〇円になったといわれる。

当時の日本銀行総裁井上準之助は、後日の談話の中で次のように回想している。

「一九一九年六月頃からまず我時来たれりというような有様で、実業界におる者が非常な活躍を初め、…その景気の拡がる力と範囲の広いことは燎原の火のごとく拡がった」、「都会、地方もう日本全国を通じてこの投機、思惑ということが繁盛した。日本全国いずれの階級の人も投機、思惑をやらない人はない」。

(3) 戦後恐慌

大正バブル崩壊の最初の出来事は、一九二〇年三月に発生した。株価は年初を山にして軟調となったが、三月に入ると二回にわたって暴落した。これが、バブル崩壊

◎ 表4-2　大正バブル期の価格変動 ◎

	転換点			変化率(%)	
	谷	山	谷	上昇	低下
株価（日銀指数）	1919年　2月	1920年　1月	1920年10月	44.3	▲54.8
卸売物価（東京）	1919年　3月	1920年　3月	1921年　4月	59.0	▲41.0
米価（東京深川）	1919年　3月	1920年　1月	1921年　3月	45.5	▲52.6
生糸価格（横浜）	1919年　2月	1920年　1月	1920年　8月	191.8	▲67.9
綿糸価格（大阪）	1918年12月	1920年　3月	1921年　3月	101.0	▲69.2
地価（普通田）	1919年(63.0%)	1920年(▲15.9%)	1921年(0.1%)		
地価（市街地）	1919年(53.9%)	1920年(▲11.2%)	1921年(3.5%)		

（注）地価は年次，その他は月次データによる．
（出所）地価は日本銀行編『日本銀行百年史：資料編』日本銀行，1986，その他は東洋経済新報社編『日本の景気変動（上巻）』東洋経済新報社，1931，より作成．

を告げる最初の警鐘となった。これを契機にして、銀行の融資警戒態度は急速に強まり、四月には大阪の増田ビルブローカーが資金調達難から破綻した。このため、株価は再び暴落を繰り返し、株式市場は約一カ月にわたって閉鎖された。

遅れていた商品市場でも四月から崩落が始まり、綿糸、生糸、米穀市場は一時的に休会した。また、銀行も例外ではなかった。四月には栃木伊藤銀行の支払い停止を皮切りにして、全国各地の銀行で取付け騒動が頻発した。そして、七月までの四カ月間に取付け銀行は一六九行、休業銀行は二一行に達した。

この三月以来の激震は年央には鎮静化したかにみえたが、秋口になると世界景気の落込みで日本経済はさらに悪化した。欧米諸国は日本と同様、第一次世界大戦直後に半年程度の軽度な不況を経験し、まもなく立ち直った。そして、大戦の総決算ともいえる本格的な恐慌が一九二〇年に到来した。その口火を切ったのがアメリカで、連合国側の兵站基地として軍需景気を謳歌した反動は年初から始まった。まず、株価や小麦、綿花、非鉄金属などの商品相場が崩壊し、翌年央まで一年半に及ぶかなり深刻な景気後退に見舞われた。その影響は日本や欧州諸国に波及し、世界的同時不況になった。これは、「一九二〇年恐慌」と呼ばれるもので、国際的なデフレが進行した。

4 昭和金融恐慌と世界大恐慌

(1) 昭和金融恐慌

一九二三年九月に関東大震災が起きて、経済界は一時大混乱した。このため、政府は金銭債務の一カ月支払い猶予というモラトリアムや、震災で被害を受けた企業が振り出した決済不能手形を日本銀行が民間銀行に代わって再割引し、日本銀行がこうむる損失を一定限度額まで政府が保証するという「震災手形割引損失補償令」などの金融救済策を発動した。これによって事態が収拾され、その後は復興需要に支えられて経済再建が進捗した。

ところが、この震災手形が四年後の金融恐慌の起爆剤になった。それは、震災手形制度の悪用により再割引手形が著増して不良債権化し、その整理が不十分であったためである。

昭和金融恐慌は、震災手形の大口所有者である東京渡辺銀行が、一九二七年（昭和二年）三月一四日の国会での片岡蔵相の同行破綻失言により、翌日には休業に追い込まれたことから始まった。これを契機にして、京浜地区の中小銀行を中心に取付けが発生した。これは「三月恐慌」と呼ばれるが、震災手形の最終的な処理を目的とした法案が三月下旬に国会で承認され、一時的には平静を取り戻した。

ところが四月に入ると、最大の震災手形を抱えていた台湾銀行が、日本銀行の融資打切りによって内地・海外支店を休業した。また、関西の有力銀行である近江銀行も同様の理由で休業した。このため、銀行パニックは大手を含めて全国的に波及、拡大し、各地で取付けによる休業が続出した。また、台湾銀行の最大の融資先であり震災手形の筆頭債務者でもある大手商社の鈴木商店が、台湾銀行の貸出し打切りによって倒産した。この台湾銀行と鈴木商店の破綻が、昭和金融恐慌の最も象徴的な出来事となった。

こうした深刻な事態を収拾するため、銀行は二日間の一斉休業を余儀なくされ、同時に政府は三週間のモラトリアムを断行して、恐慌心理の鎮静化を図った。これが奏効して、三月以来の金融恐慌は収束した。

この一連の金融恐慌によって、休業した銀行は三六行に達し、一九二〇年の戦後恐慌からの累計は約一五〇行を数えた。その後、種々の銀行救済・整理策がとられたが、金融恐慌時の休業銀行の払戻率は大手銀行でも六割前後であり、残りの約四割は切り捨てられて、預金者は大きな犠牲を強いられた。また、全国銀行の整理統合が急速に進み、戦後一〇年間の銀行数は半減するとともに、財閥系銀行が大きな比重を占めるようになった。

もっとも、金融恐慌は銀行が主体であり、かつ短期間であったため、マクロ的にみた実体経済への影響は軽微で、景気後退期間は一三カ月にとどまった。

(2) 世界大恐慌

金融恐慌から二年後の一九二九年に入ると、史上最大の世界恐慌が発生した。その震源地となったのはアメリカで、その最も象徴的な出来事が一九二九年一〇月二四日の「暗黒の木曜日」に始まる株価大暴落である。この株式恐慌は瞬時に世界各国に波及し、数年に及ぶきわめて深刻な景気後退が発生した。

アメリカの恐慌の直接的な原因は、これに先立つバブルの発生である。一九二〇年代のアメリカは、日欧経済の「不振とデフレの一〇年」とは対照的に、自動車と家電製品に象徴される消費ブームを謳歌し、さらに設備投資と建築投資が盛んに行われ「黄金の一九二〇年代」、「永遠の繁栄」と呼ばれた。これが、楽観的気分と過剰期待を生み、投機熱を増幅させた。

その第一波が、一九二四〜一九二五年のフロリダ土地投機である。地価が数週間で倍加するという噂が広がり、頭金一〇%という好条件に誘惑された土地購入が激増した。この余熱は国内各地に飛び火して、全国的な不動産ブームが巻き起こった。しかし、一九二六年に入ると投機熱は一挙に崩壊し、地価が暴落してその幕を閉じた。

これに続く第二波が、一九二七〜一九二九年の強烈な株式投機である。第一次世界大戦によって巨額の金を獲得し、戦後も経常収支の大幅な黒字が続いた。このため、過剰流動性がアメリカ国内に累増し、余剰資金が株式市場に流入した。株価は一九二四年から上昇軌道に乗り、起伏を繰り返しながらしだいに騰勢を強めていった。とりわけ、一九二九年に入ってからは棒上げ状態になり、九月にその頂点に達して崩落した。

大恐慌が世界経済にどのような打撃を与えたかを、主要工業国について示したのが表4-3である。まず景気後退期間をみると、最長は震源地であるアメリカの四三カ月である。日欧四カ国は一九三二年には景気が底入れしたのに対して、アメリカだけが翌一九三三年春にようやく下げ止まった。また、個別の経済指標の中で低下率が最も大きいのは株価である。とりわけ、最大のアメリカは八割以上の暴落で、約三年間で七分の一に減価したことになる。ただし、株価崩落は直線的ではなく、下落と回復を繰り返しながら進行した。このうち、最も激しかったのは初期であり、「暗黒の木曜日」からわずか半月あまりで第一次世界大戦に使用した戦費に匹敵する金額が吹き飛ばされたといわれる。

アメリカ以外の国の株価も五〇%前後の大幅な低下となったが、下落に転じた時期はアメリカよりかなり早い。これは、大暴落以前から自律的な景気後退がすでに始まっていたからである。たとえば、日本の景気の山は一九二九年四月、先行指標である株価の山は前年の一九二八年九月である。その理由は、一九二八年に入ると為替相場が激しく変動して貿易が不安定化し、また翌一九二九年には旧平価での金解禁（円高）懸念が広がるとともに、緊縮デフレ政策が断行されたからである。したがって、アメリカのバブル崩壊が、日欧諸国の景気や株価のそれまでの軟調傾向を急角度で押し下げ、世界同時恐慌になったといえる。

株式恐慌はやがて金融機関にも波及し、銀行恐慌として顕在化した。最初の株価暴落から一年あまり経過した一九三〇年一二月にニューヨークで銀行の支払い停止事件が発生すると、ただちに全国に波及し、年内に約六〇〇行が破綻した。さらに、一九三二〜一九三三年には第二波、第三波の金融恐慌によって七七〇〇行が倒産し、合計すると全体の三分の一の銀行がこの大恐慌によって失われた。

このアメリカの金融恐慌は、翌一九三一年になると欧州にも波及した。一九三一年五月のオーストリアの銀行破綻が口火となり、ドイツや東欧諸国などで取付け、支払い停止騒動が頻発した。こうした国際的な金融恐慌の影響で、イギリスは同年九月の兌換停止によって金本位制から離脱した。これに多くの国が追従したため世界は不換紙幣時代を迎え、これによる国際為替相場の乱高下が世界貿易の圧迫要因になった。

なお、日本では一九二七年の金融恐慌によって銀行の整理、統合が進み、信用基盤がかなり強化されていたため、一部に動揺はあったものの金融恐慌は回避された。これがまた、大恐慌からの脱出を早める一因になった。

その他の指標も、通常の景気後退に比べると異常な悪化を示した。経済成長率は名目が実質を大きく上回るマイナスとなり、卸売物価の低下率でも明らかなように、きわめて深刻なデフレ経済に陥った。また、世界貿易は実体経済の落込みと価格低下に加え、関税引上げ競争や為替切下げ競争により、約三分の一に縮減した。このため、主要国の輸出は五〇〜七〇％前後の激減となった。このうち、日本の対米輸出は輸出総額の四割強を占めていたから、アメリカの深刻な景気後退は日本経済に大きな打撃を与えた。

雇用も例外ではなかった。最高時の失業率はアメリカの二五％を筆頭にして、数人に一人は失業という史上最悪の状態に陥った。日本は最悪期でも七％にとどまったが、これには統計の不備が影響しており、一〇％に近いという説もある。

表4-3には、大恐慌から脱出して前のピーク時の水準に達した時点を回復年として示してある。この回復年は国や指標によって異なるが、アメリカをはじめとして一九四〇年前後が多い。換言すれば、一九三〇年代は多くの国が「失われた一〇年」であったといえる。一方、日本の回復年は一九三〇年代中ごろが多い。これは、資本主義経済の後発国であり、潜在的な成長力が強かったことが影響していると考えられる。

なお、一九三〇年代に入ってからの日本は、満州事変から日中戦争へと戦局が拡大する中で準戦時体制が進み、経済統制色が強まった。このため、戦前の景気循環の歴史は、世界大恐慌の終結をもって幕を閉じたことになる。

◎ 表4-3　大恐慌期の主要経済指標の変化（主要工業国）◎

指標名		アメリカ	イギリス	フランス	ドイツ	日本
景気後退期	山	1929年8月	1929年7月	1930年3月	1929年4月	1929年4月
	谷	~1933年3月	~1932年8月	~1932年7月	~1932年8月	~1932年11月
	期間	43カ月	37カ月	28カ月	40カ月	31カ月
株価	山	1929年9月	1929年1月	1929年2月	1928年6月	1928年9月
	谷	~1932年6月	~1932年6月	~1931年12月	~1932年4月	~1931年10月
	期間	33カ月	41カ月	34カ月	46カ月	37カ月
	低下率	▲84.2%	▲51.0%	▲62.9%	▲69.5%	▲44.8%
名目成長率		▲46.1%	▲11.1%		▲39.5%	▲19.3%
（計測期間）		1929~1933年	1929~1932年		1928~1932年	1928~1931年
（回復年）		1941年	1936年		1937年	1934年
実質成長率		▲28.6%	▲5.8%	▲18.1%	▲22.5%	（大恐慌期中はプラス成長）
（計測期間）		1929~1933年	1929~1931年	1929~1936年	1928~1932年	
（回復年）		1939年	1934年	1951年	1935年	
卸売物価		▲32.9%	▲25.0%	▲45.0%	▲32.0%	▲32.3%
（計測期間）		1928~1932年	1929~1933年	1928~1935年	1929~1933年	1929~1931年
（回復年）		1942年	1940年	1938年	戦後	1939年
輸出		▲69.2%	▲49.9%	▲74.0%	▲69.0%	▲43.1%
（計測期間）		1929~1932年	1929~1932年	1926~1936年	1929~1934年	1929~1931年
（回復年）		1942年	1946年	1946年	1951年	1934年
失業率（最低）		3.2%	7.3%		3.8%	4.3%
（最高）		25.2%	15.6%	19.0%	17.2%	6.9%
（計測期間）		1929~1933年	1929~1932年	（1934年）	1928~1932年	1929~1932年
（回復年）		1943年	1939年		1937年	1937年

（注）景気転換点のうち日本は馬場正雄，その他はミッチェルによる．
低下率は各指標の山と谷で計算（株価は月次，その他は年次）．
回復年は大恐慌前のピークの水準に達した時点を示す．
（出所）各国の各種経済統計より作成．

5 戦後景気循環の特徴

第二次世界大戦が終結してからの日本経済は、数年間にわたって史上初めての大混乱期を経験した。国土の荒廃と国富の喪失、物資欠乏と超インフレという悪条件の中での苦闘である。こうした窮地から脱出するための経済再建策が、一九四九年四月から実施された。これがドッジ・ラインで、その内容は超均衡予算の編成をはじめ補助金全廃、物価統制の強化、金融機関の融資抑制などで、きわめてデフレ的色彩の強い政策であった。

このため、金融逼迫が深刻化して企業の倒産や縮小が続出し、失業や解雇が急増した。その半面、物価の騰勢は急速に鎮静化した。これは、激しいインフレの収束過程で発生した深刻な不況で、「安定恐慌」と呼ばれる。この荒療治によって、日本経済はようやく安定化の道が開けた。そこへ突如勃発したのが、一九五〇年六月の朝鮮戦争である。これが朝鮮特需というカンフル剤になって息を吹き返し、経済復興が始動し始めた。

それでは、戦後の景気循環はいつごろから復活したのだろうか。表4-4に示した経済企画庁（現内閣府）の景気基準日付によると、戦後の第一循環は一九五一年六月の景気の山からスタートしており、出発点になる谷が欠落している。前述したように、一九四九年春からの一年間はドッジ・デフレが進行し、その過程で種々の経済統制が撤廃され、市場経済復活の素地が固まった。そして、朝鮮戦争が引き金になった朝鮮動乱ブームから戦後最初の自律的景気回復が始まったと考えられる。

そこで、第一循環の基準日付を部分修正した上で、戦後循環の性格を総括しておこう。まず、一循環全体の長さをみると、最短は朝鮮戦争期の約二年、最長は平成景気時の約七年で、大きな開きがある。そして、この極差を除くと三～四年前後が多い。このうち、拡張期は最長のいざなぎ景気と平成景気の四～五年を除けば二年前後が大半で、足並みがほぼ揃っている。一方、後退期は一九七〇年ころを境にして、きわめて鮮明な変化が認められる。高度成長期の景気後退はいずれも一年程度の短期間に終了しているが、減速経済移行後は大幅に長期化している。

◎ 表4-4　第2次世界大戦後の景気基準日付 ◎

循環番号	景気基準日付			継続期間（月）			景気局面の通称	
	谷	山	谷	拡張	後退	合計	拡張期	後退期
1	① 1950年 5月	1951年 6月	② 1952年 4月	13	10	23	朝鮮動乱ブーム	—
2	② 1952年 4月	1954年 1月	1954年11月	21	10	31	消費·投資景気	—
3	1954年11月	1957年 6月	1958年 6月	31	12	43	神武景気	—
4	1958年 6月	1961年12月	1962年10月	42	10	52	岩戸景気	—
5	1962年10月	1964年10月	1965年10月	24	12	36	オリンピック景気	—
6	1965年10月	1970年 7月	1971年12月	57	17	74	いざなぎ景気	—
7	1971年12月	1973年11月	1975年 3月	23	16	39	列島改造ブーム	第一次石油不況
8	1975年 3月	1977年 1月	1977年10月	22	9	31	—	ミニ不況
9	1977年10月	1980年 2月	1983年 2月	28	36	64	—	第二次石油不況
10	1983年 2月	1985年 6月	1986年11月	28	17	45	ハイテク景気	円高不況
11	1986年11月	1991年 2月	1993年10月	51	32	83	平成景気	平成不況
12	1993年10月	1997年 5月	1999年 1月	43	20	63	—	平成金融恐慌
13	1999年 1月	2000年10月		21				
平均期間	全期間（第1～12循環）			32	17	49		
	高度成長期（第1～6循環）			31	12	43		
	減速経済期（第7～12循環）			33	22	54		
［参考·戦前］1886年8月-1935年9月（12循環）				32	17	49		

（注）①は原データに追加，②は原資料の1951年10月を修正．
（出所）内閣府経済社会総合研究所「景気動向指数」，戦前は田村市郎と馬場正雄推計の景気転換点より作成．

次に平均期間でみると、一循環の長さは四九カ月で、これはキチン・サイクルと呼ばれる短期循環を意味している。また、拡張期と後退期はそれぞれ三二カ月と一七カ月で、拡張期が約二倍長い。参考までに、戦前と比較するとまったく同様である。戦前・戦後の景気転換点の検出方法は異なるので、これは偶然の一致といえるかもしれない。しかし、景気の継続期間からみた循環パターンは、昔も今も大きく変わっていないことだけは確かである。

もっとも、こうした現象は日本特有のものではない。イギリスをはじめ欧州諸国の多くも、日本と大同小異である。例外的なのはアメリカで、戦後の拡張期は戦前より大幅に長期化（二九カ月→五〇カ月）、後退期は半分に短縮化した（二一カ月→一一カ月）。その理由は、戦前は深刻な恐慌をしばしば経験したため、当時の教訓が戦後の政策運営に有効に生かされていることである。また、国際社会における主導権が強まり、金利政策や為替政策の面で独自性、自律性が高まったことも影響している。

また、平均期間を高度成長期と減速経済期に分けると、拡張期間は両期とも三〇カ月あまりである。このことは、経済成長率の高低と好況の長短とは密接な関係がないことを意味する。これに対して、後退期間は一二カ月と二二カ月で、約二倍の開きがある。概念的には、低成長経済は好況の短縮化と不況の長期化を引き起こすという図式を描けるが、これは現在のところ後者にのみ当てはまる一面的な真理といえる。

6 高度成長期の景気循環

(1) 景気循環の共通的性格

前述したように、第二次世界大戦後の景気循環は一九五〇年から始まり、経済復興期に朝鮮動乱ブームと消費・投資景気という二つの好況を経験した。これによって飛躍への素地は固まり、一九五〇年代半ばから七〇年代初頭にかけて、一段とスケールの大きいブームを引き起こした。その先駆けが「神武景気」であり、その後

「岩戸景気」と「オリンピック景気」を経て、「いざなぎ景気」が最後の栄光を飾った。

この四つの景気循環は共通の性格を持っているので、最初にこれを循環的側面から要約しておこう。その最大の特徴は、当時の日本経済には「国際収支の天井」が絶えず付きまとったことである。高度成長期の産業の主役は鉄鋼、造船、石油、化学など資源・エネルギー多消費型の重化学産業であり、その素材の大半は海外からの輸入に依存していた。

このため、好況が続くと景気がしばしば過熱し、それが思惑を含めた輸入急増を招いて貿易収支（または経常収支）が急速に悪化した。当時は固定相場制であり、外貨準備も過小であったため、貿易赤字を放置することは許されず、これを改善するためには輸入を減少させる必要があった。その手段が金融引締めによる景気抑制であり、それが景気後退を引き起こした。その結果、貿易収支が黒字に転換すると引締め政策が解除された。そうすると、潜在的な成長力が強い経済体質であったため、景気は自動的に復元、回復した。

また、戦前は需給不均衡がそのまま物価に反映したため、景気循環パターンはインフレとデフレを繰り返す物価調整型であった。一方、戦後は過去の苦い経験をふまえ、経済安定化のために各種の価格支持政策が導入された。このため、賃金を含め価格の下方硬直性が強まり、激しいデフレは回避されるようになった。同時に、需要と供給のパイプ役である在庫投資の役割が増大し、好況期には在庫蓄積、不況期は在庫削減によって対応するという在庫調整型に変貌した。そのため、在庫循環が景気循環の主役になった。

さらに、高度成長期には戦前のような大規模なバブルは発生しなかった。株価や地価はその時々の景気情勢に応じて上下に変動したが、それは経済の実勢から著しく乖離したものではなかった。これは、長期にわたって年率一〇％という急角度の経済成長が続き、思惑や投機はこの成長トレンドの中に吸収、埋没したためである。

(2) 神武・岩戸景気

高度成長の幕開けとなった神武景気の原動力は、鉄鋼、自動車、合成繊維など種々の新製品を生み出した技術革新投資である。これは、消費財、投資財、生産財などあらゆる産業部門で「投資が投資を呼ぶ」という連鎖的拡大を示し、民間設備投資は一九五五～一九五七年度の三年間でほぼ倍増した。

この投資ブームは、乗数効果によって所得と消費を著増させ、白黒テレビ、冷蔵庫、洗濯機の「三種の神器」が登場して生活様式に一大革命をもたらした。また、輸出も競争力強化と海外景気の好転に支えられて伸長し、高度成長時代の共通的現象である「投資と輸出の好循環」という歯車が回り始めた。

しかし、好況が長引くにつれて設備過剰が表面化してきた。また、一九五六年一一月のスエズ動乱が国際的な物価騰貴の引き金になり、各国ともインフレ対策のための強力な金融引締めを実施した。その影響で世界経済は戦後初の同時的不況となり、日本は輸出の停滞と思惑輸入が重なって、貿易収支が急速に悪化した。このため、一九五七年に入ると公定歩合が二回引き上げられ、年央から翌一九五八年にかけて一年の景気後退を経験した。

この調整不況が終了すると、一時中断していた技術革新投資が再燃し、神武景気よりも一段とスケールが大きいブームが展開した。これが岩戸景気で、この時期に国際競争力が大幅に強化された。そして、一九五九年からの三年間は連続して実質一〇％を超える二桁成長が実現し、好況期間は神武景気を一年も上回る三年半に及んだ。

この時期で最も象徴的な出来事は、池田内閣が一九六〇年に発表した一〇年間で国民所得を二倍にするという「所得倍増計画」である。これは、神武景気以来の高度成長をふまえ、日本経済の飛躍的拡大を意図したもので、全国民的な成長意識の啓発・向上に大きく寄与した。

この大型景気も神武景気の場合と同様、輸入の急増により一九六一年初頭から貿易収支が赤字に転落したため、年央を中心に公定歩合の引上げを含む景気抑制策が実施された。その結果、設備投資が反転減少して停滞色が強まり、一〇カ月の景気後退を経験した。

(3) いざなぎ景気

岩戸景気終了後の数年間は、日本経済の先行きに陰りを感じさせる時期が続いた。一九六四年を中心にオリンピック景気を経験したが、これは同年の東京オリンピック関連の公共投資が主体で、同時に大都市ではホテルやビルなどの建設ブームが起きた。しかし、以前の設備投資景気に比べると所得や消費への波及力が弱く、景気は盛り上がりを欠いた。そして後半に入ると、キューバ危機などによる国際商品相場の高騰、海上運賃の上昇により、またもや国際収支が悪化した。このため、金融引締めが行われてオリンピック景気はわずか二年の短命に終わった。

これに続く景気後退は、高度成長時代の反動不況としてはかなり深刻な事態を引き起こした。一九六五年五月に山一證券が経営危機、その他の多くも業績不振となって証券不況が発生した。また、大手メーカー三社（日本特殊鋼、サンウェーブ工業、山陽特殊鋼）が業績悪化により倒産した。その中で、景気は当分の間は回復しないという構造不況論が台頭してきた。このため、戦後最初の国債発行による景気刺激策に踏み切るとともに、公定歩合も三回にわたって引き下げられた。

その効果もあって、景気は一九六五年末から急速な回復に転じた。これが、戦後最大・最長のいざなぎ景気であり、高度成長時代の最後の黄金時代を飾った。景気上昇期は約五年に及び、各年の実質成長率は連続して一〇%を超えた。そして、一九六八年にはGDPがフランスと西ドイツを抜いて、アメリカに次ぐ世界第二位の経済大国に躍進した。

長期拡大の牽引力となったのは設備投資であったが、従来とは異なる種々の特徴をもっていた。鉄鋼や石油化学などの装置産業では、投資規模の大型化によりスケールメリットが増大し、国際競争力が一段と強まった。また、労働力需給の逼迫に対処するため、中小企業やサービス業でも省力化、近代化投資が活発化した。さらに、家電や事務機器の電子化投資、大型小売店の新設・増設投資、ビルやマンションの高層化など、設備投資の多様化がいざなぎ景気を押し上げた。そして、この五年間で民間設備投資は三倍という驚異的な伸びを示した。これに応じて所得も著増し、個人消費は「新三種の神器」（カラーテレビ、クーラー、自動車）が普及して一段と多彩化した。

また、輸出は海外景気の長期拡大に支えられて、いざなぎ景気の期間中に倍増した。これは、「投資が輸出を呼ぶ」と「輸出が投資を呼ぶ」という相互循環メカニズムが以前より一段と強まったためである。一九六七年前半に経常収支が赤字となり、金融引締めのため景気は一時的に中だるみになったが短期間に復元した。そして、一九六八年から構造黒字に転換した。同時に、外貨準備も従来の国際収支の天井であった二〇億ドル前後から一躍三〇億ドル台に急増し、その後は累増の一途をたどった。このため、戦後長期間にわたって悩まされてきた国際収支の天井の低さからようやく解放された。

ところが、今度はこれに代わる新たな制約条件が、景気循環の前に立ちはだかることになった。それが物価上昇である。

いざなぎ景気も一九六九年に入ると、需給逼迫による物価上昇が次第に目立ってきた。そこで、景気過熱と物価騰勢の鎮静化のため同年九月に公定歩合が引き上げられるなど、財政金融政策は引締め基調に転換した。その影響で設備投資は急速に冷え込み、景気は一九七〇年七月を山にして反転下降した。これが、国際収支黒字下の最初の不況である。

この景気後退は翌一九七一年末まで一七カ月続き、戦後のこの時期まででは最も長いものになった。これを契機にして、不況の長期化傾向が顕在化していった。

7 減速経済期の景気循環

(1) 列島改造ブームと石油危機

いざなぎ景気反動不況下の一九七一年八月、金とドルの交換停止という「ニクソン・ショック」が発生し、さらに一二月には多国間通貨調整により従来の一ドル＝三六〇円レートが三〇八円に切り上げられた。しかし当時は、国際収支黒字が累増する中で設備・在庫調整は一巡し、不況のアク抜きはほぼ終了していた。また、景気対策として公定歩合は前年秋から五回も引き下げられ、政府も公共投資促進などの拡大策を講じていた。こうした事情もあって、これらの衝撃的な出来事は先行き不安感を広げたものの実体経済には波及せず、景気は翌一九七二年一月から反転上昇した。

一九七二年当初は回復力が弱く、円の再切上げ懸念も根強かった。このため、春には大型予算が編成され、公定歩合は六月に六回目の引下げが行われた。そして、七月には田中角栄内閣が発足し、「日本列島改造計画」を掲げて積極財政に乗り出した。これは、大都市や太平洋工業地帯の工場を全国各地域に再配置、分散して公害問題を解決すると同時に、公共投資によって新工業都市間に高速道路や新幹線網を建設し、高度成長を再生させて経常収支黒字を削減するという構想である。そして、この計画を実施するための一九七三年度予算は大規模な景気促進型になった。

しかし、この壮大な計画はたちまちインフレ心理を刺激し、地価と株価を暴騰させた。このうち、全国市街地価は一九七三年九月に前年比三三%の上昇、東証株価指数は同年一月に前年比約二倍の急騰を示した。このため、前年と合わせた二年間のキャピタル・ゲインは両者で約二〇〇兆円に達した。これは当時の名目GDPにほぼ匹敵する巨額であり、列島改造バブルと呼ぶこともできる。また、投機熱は多くの商品にも波及し、卸売物価や消費者物価は騰勢を強めた。

こうした事態を招いた背景には、余剰資金の存在がある。これは、いざなぎ景気の反動不況時からの金融緩和策と、国際収支黒字の増大によるものである。その結果、多額の過剰流動性が生み出されて投機市場に流入し、バブルのマッチポンプ的役割を演じた。いわゆる、過剰流動性インフレである。

このインフレにとどめを刺したのが、第四次中東戦争の勃発による一九七三年一〇月の第一次石油危機である。これにより原油価格が二倍に跳ね上がり、翌年初めにかけて約四・五倍に暴騰した。原油の大半を輸入に依存していた日本経済にとって、これはきわめて衝撃的な事件であった。その影響で物価は一段と高騰し、国際収支は大幅赤字に転落した。また、生活用品や原材料の物不足懸念が仮需要を生み、これがインフレを加速化させた。

このため、春から開始されていた段階的な金融引締め政策はさらに強化され、公定歩合は一九七三年一二月に戦後最高の九%にまで引き上げられた。これを契機にして、消費者心理や企業の投資意欲は急速に冷え込み、景気は年末から反転下降した。一九七二年初頭からの列島改造ブームは、インフレが燃え盛るなかで約二年の短命を終えた。

一九七三年末から始まった第一次石油不況は、従来とはまったく異質なものとなった。それは、不況とインフレが共存する「スタグフレーション」という新しい現象である。不況下の一九七四年に入っても狂乱物価といわれたインフレはさらに進行し、同年の卸売物価は三〇％台、消費者物価は二〇％台の記録的な上昇を示した。このため、名目成長率は約二〇％の高率を示したが、逆に実質成長率は戦後初めてマイナスとなった。

この不況は翌年三月までの一六カ月で終わったが、景気の落込みはきわめて鋭角的で、設備投資と住宅投資を筆頭に個人消費を含めて国内需要が軒並み減少した。もちろん、石油危機の影響は先進国、発展途上国を含めて全世界に波及、拡大したことはいうまでもない。このため、文字通りの世界同時不況が発生して、世界貿易も著しく停滞した。

(2) 第二次石油不況

猛威をふるったインフレが収束したのは、景気が回復に転じた一九七五年に入ってからである。これは、物価対策のための総需要抑制策が、石油不況が進行する中で終始堅持されたためである。そして、春から秋にかけて金融緩和政策が相次いで実施されたが、景気回復テンポはきわめて緩慢であった。

その理由は、高度成長時代からのツケともいうべき過剰設備、過剰雇用、過剰債務が石油不況の過程で一挙に表面化し、これを削減するための減量経営が進行し始めたからである。このため、景気拡大の牽引力である設備投資は、次の一九七七年の「ミニ不況」が終了するまで、低水準のまま停滞した。その中心となったのは、石油危機で打撃を受けた鉄鋼や石油化学などエネルギー多消費産業であった。

第一次石油不況の後遺症がほぼ治癒した一九七八年に入ると、景気は久々に活気を取り戻した。これは、数年に及ぶ減量経営と資本ストック調整が完了し、省エネ関連の合理化投資とメカトロニクス関連の新規投資が始動したためである。また、世界経済を牽引するためのサミット宣言「機関車論」に基づいて公共投資が著増し、景気の押上げ要因になった。このため、同年の実質成長率は久々に五％台に回復した。

ところが、同年末のイラン革命に端を発した石油需給の逼迫と、その後のＯＰＥＣの相次ぐ値上げ攻勢によって第二次石油危機が発生した。このため、原油価格は一九七九年の一年間で二倍以上に急騰した。この倍率は第一次石油危機の半分であるが、値上げ幅は逆に二倍に達したので、世界経済に与えた打撃は甚大であった。

もっとも、石油の国内備蓄量はかなり増加しており、また金融引締めが危機発生直後から行われるなど、これまでの学習効果を生かした対策がとられたため、前回のような大きな混乱は避けられた。また、物価は一九七九～一九八〇年にかなり上昇したが、これを第一次石油危機時と比較すると、卸売物価は二分の一、消費者物価は三分の一の上昇にとどまった。石油インフレ対策のための景気抑制策によって、景気は一九八〇年二月を山にして一九八三年二月まで下降した。この第二次石油不況の特徴は、景気後退は緩慢に進行したが、期間が満三年に及ぶ戦後最長を記録したことである。つまり、底の浅いだらだら不況であった。このため、実質成長率はマイナスに転落することはなく、終始三％前後の伸びを続けた。

(3) 円高不況と平成バブル

第二次石油不況も後半に入るとインフレは鎮静化し、金融政策も引締めから緩和に転換した。また、アメリカでは一九八一年に就任したレーガン大統領が積極的な景気拡大策を展開したため、景気は他国に先駆けて翌年末から急速に回復し始めた。その影響と円安に支えられた輸出の急増が、景気反転の契機となった。その後の好況は二年余り続いたが、これは半導体やコンピューターなどがリードした「ハイテク景気」で、新しい技術革新投資が著増した。

一九八五年に入ると、旺盛な設備投資の一巡とアメリカ経済の減速による輸出鈍化で、景気に陰りが生じてきた。これに追討ちをかけたのが、同年九月に行われた先進五カ国（日・米・英・西独・仏）蔵相・中央銀行総裁会議（Ｇ５）での「プラザ合意」である。これは、アメリカが従来のドル高政策をドル安に百八十度転換するための国際協力であり、日本はこれに基づいてドル売り・円買いという為替介入を行った。その結果、円高が急激に進み、輸出関連産業は大きな打撃を受けた。このため、一九八五～一九八六年は「円高不況」と呼ばれる景気後退が一年半続いた。

これに対処するため、政府は公共投資を中心とした大規模な総合景気対策を発動して内需拡大を図った。また、日本銀行は公定歩合を一九八六年一月から合計五回にわたって段階的に引き下げ、最終的には二・五％という史上初の超低金利になった。これらの政策効果もあって、同年末から平成景気に転じた。

景気回復の先陣を切ったのは、異例の低金利が追い風となった住宅投資であり、列島改造ブーム以来の著増となった。次いで設備投資が活発化し、高度情報通信化への技術革新投資や、労働力不足に対処するための省力化・自動化投資が激増した。さらにその影響が個人消費に波及し、大型耐久消費財や高額商品の需要が伸長して消費ブームになった。

このため、一九八七〜一九九〇年の実質成長率は久々に年平均で五％を超えた。そして、その大半が設備投資と個人消費の増加によるもので、文字通り民需主導型の景気拡大であった。また、拡張期は一九九一年二月までの五一ヵ月続き、高度成長期のいざなぎ景気（五七カ月）には及ばなかったが減速経済期では最長を記録した。

その反面、長期拡大が続く中で巨大なバブルが発生した。バブルの芽は円高不況の中ですでに育まれていたが、景気回復と同時に急速に膨張していった。その代表格が地価と株価の高騰であるが、ゴルフ会員権、美術品、貴金属など投機・利殖の対象になる商品も軒並みバブルの洗礼を受け、「一億総投機屋」の様相を呈した。当時のバブルの状況を土地・株式資産の面から示したものが表4−5である。これによると、五年間の資産増加率は土地が二・四倍、株式が三・七倍に達した。これをGDPに対する比率でみると、一九八〇年代半ばまでは緩慢な上昇にとどまっていたが、後半に入ると急騰し、最高時には土地が五・五倍（一九八五年は三・一倍）、株式が二・二倍（同〇・八倍）に膨れ上がった。また、一九八六〜一九九〇年の価格上昇にともなう資本収益（キャピタル・ゲイン）の累計額は、土地が一三四八兆円、株式が五六七兆円という巨額に達した。列島改造バブルの場合は両者で二〇〇兆円であったから、平成バブルは実にその約一〇倍の規模になる。

この大バブルを発生させた要因は、次のように要約できる。①急激な円高を抑制するための強力な為替政策が巨額の過剰流動性を発生させ、それが投機市場に大量に流入した。②円相場が約二倍に急騰したため、ドル換算した資産は一躍倍加して世界一の債権大国・金融大国に躍進し、これがバブル心理を助長した。③土地高が担保

◎ 表4-5　平成景気における土地・株式資産の推移 ◎

	金額（A）			GDP（B）	対GDP比率（A/B）		
	合計	土地	株式		合計	土地	株式
年末	【資産額:ストック】（兆円）				（倍）		
1986	1632	1257	375	335	4.9	3.8	1.1
1987	2145	1672	473	350	6.1	4.8	1.4
1988	2509	1840	669	374	6.7	4.9	1.8
1989	3027	2137	890	400	7.6	5.3	2.2
1990	2959	2365	594	430	6.9	5.5	1.4
倍率	2.4倍	2.4倍	3.7倍（1990年/1985年, 株式のみ1989年/1985年）				
年間	【資本損益:フロー】（兆円）				（倍）		
1986	372	251	121	335	1.11	0.75	0.36
1987	487	412	75	350	1.39	1.18	0.21
1988	342	165	177	374	0.92	0.44	0.48
1989	488	294	194	400	1.22	0.73	0.49
1990	▲81	226	▲307	430	▲0.19	0.53	▲0.71
累計	1608	1348	567（1986～1990年, 株式のみ1986～1989年）				

（出所）内閣府経済社会総合研究所「国民経済計算年報」より作成.

価値を高めて金融機関からの借入れを容易にし、また株高が低コストのエクイティ・ファイナンス（株式発行による資金調達）を盛んにし、その資金の多くがマネーゲームに利用された。④円高の進行で国内物価は著しく安定していたため、資産インフレが過熱するまで超低金利政策を続けた。

平成景気は一九九一年二月に山を迎えたが、その契機となったのは資産インフレ（当時はバブルという意識はなかった）を抑制するための金融引締めであった。かくして、円高に明けた栄光の大型ブームは、過剰投資、過剰雇用、過剰債務の三重苦という巨大な負の遺産を残して、深い谷間に向かってバブルとともに崩れ去った。バブルは投機的な楽天主義を生み育てて膨張し、やがて自己崩壊するといわれる。その典型的な先例は六〇年前の一九二〇年代後半のアメリカで発生し、「大不況下の三〇年代」を経験した。歴史はまた繰り返したのである。

【参考文献】


有澤廣巳監修［一九七六］『昭和経済史』日本経済新聞社。

内野達郎［一九七八］『戦後日本経済史』講談社。

勝又壽良［一九九五］『戦後五〇年の日本経済』東洋経済新報社。

金森久雄編［一九九〇］『戦後経済の軌跡』中央経済社。

後藤新一［一九九〇］『昭和金融史――二一世紀への展望』時事通信社。

篠原三代平［一九九四］『戦後五〇年の景気循環』日本経済新聞社。

高橋亀吉［一九五四、一九五五］『大正昭和財界変動史（上・中・下巻）』東洋経済新報社。

高橋乗宣［一九九五］『「経済白書」で読む奇跡の五〇年』日本実業出版社。

田原昭四［一九九八］『日本と世界の景気循環』東洋経済新報社。

田村市郎［一九三〇］『我国の景気循環と景気指数』文雅堂。

東洋経済新報社編［一九三二］『日本の景気変動（上・下巻）』東洋経済新報社。

中村隆英［一九九三］『日本経済――その成長と構造（第三版）』東京大学出版会。

日本銀行百年史編集委員会編［一九八二～八六］『日本銀行百年史（第一～六巻）』日本銀行。

馬場正雄・杉浦一平［一九六一］『景気変動の分析と予測』有斐閣。

藤野正三郎［一九六五］『日本の景気循環』勁草書房。

第5章

景気循環の理論

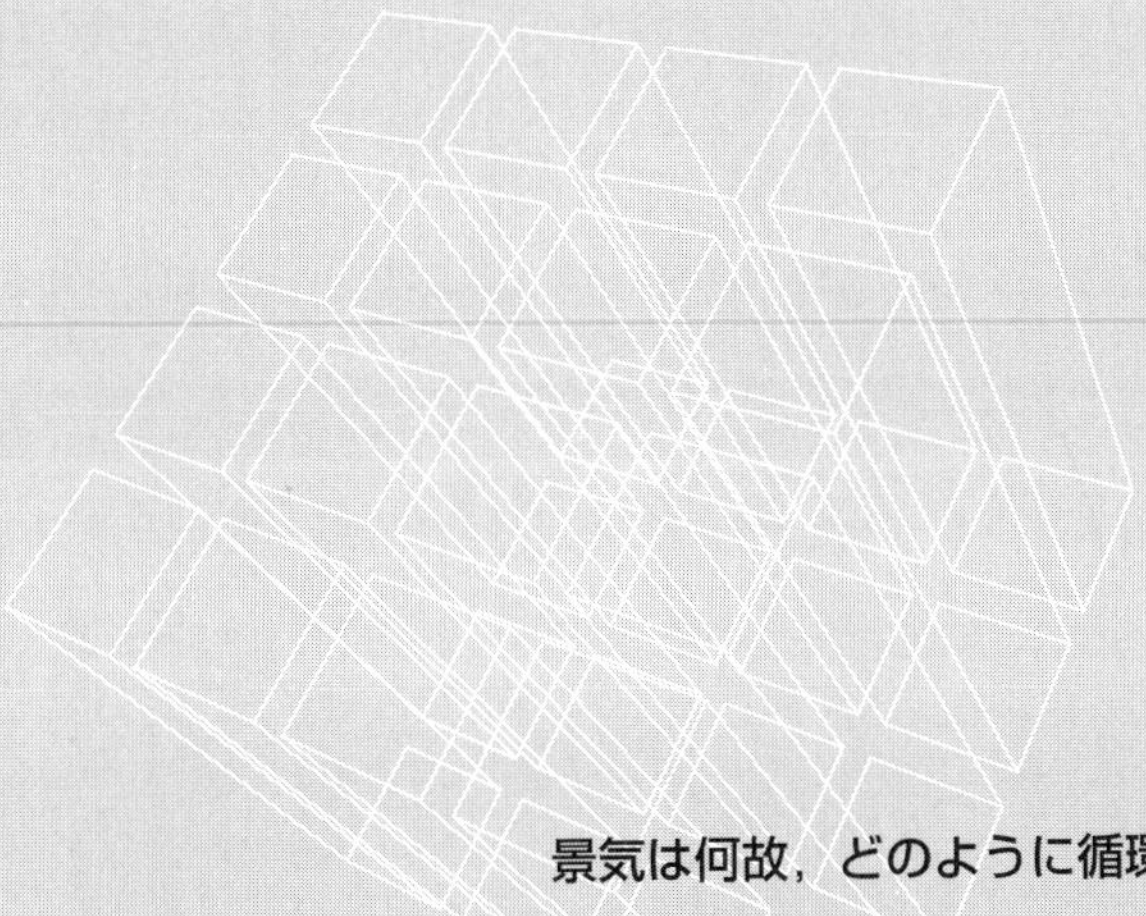

景気は何故，どのように循環するのか，についてはさまざまな理論が提唱されてきた．それぞれの理論は，外的なショックの影響はどの程度本質的なのか，市場メカニズムはどの程度完全なものか，人々の将来予想はどの程度「合理的」なのか，家計や企業の行動はどの程度最適化原理に即したものか，などの点について異なった仮説に基づいている．どれが適切な理論かに関しては，現実の景気が多様な要因で変動していることもあって，定説と言われるものはないが，各種の理論の概要と得失を頭にいれておけば，景気について多面的・立体的な見方ができる．

1 特性による分類

「景気循環はなぜ起きているのか」は古くから経済学者の関心を集めてきたテーマである。多くの理論が提唱されたが、いまだに見解は分かれたままである。本章では、まず、各種の理論が想定している経済システムの特性に着目して予備的な整理を行う。次に、わかりやすさに重点をおいて厳密さは多少犠牲にしつつ代表的な理論を紹介する。最後に現実の景気循環との対応という観点からの整理を試みる。

(1) 循環か変動か

景気循環の理論は二つに大別できる。一つは「循環」という言葉を厳密にとらえ、「なぜ経済の諸変数はある程度の周期をもって比較的規則的に変動するのか」を説明しようとするもので、狭義の循環理論と呼ぶことができる。もう一つは、市場メカニズムが順調に機能していれば経済は「神の見えざる手」に導かれて円滑に成長するはずなのに、なぜそうした経路から乖離するのか、という点の説明にとどまる理論で、広義の循環論または変動論と呼ぶべきものである。前者と後者との差は、前者が景気が拡張局面から収縮局面に（あるいはその逆に）反転するメカニズムを説明することを重視するのに対し、後者はなぜ不況（または好況）がある程度の持続性を持つのかを重視することである。前者が、「景気は循環している」との見方に対応するのに対し、後者は、「景気循環といってもそれほど規則的なものではなく、さまざまな要因で変動した結果が循環しているようにもみえるだけだ」という見方と整合的なものといえる。極端な場合として、各期にコインを投げて、表が出たらプラス一、裏が出たらマイナス一を前期の値に加えていくことによって作られる時系列（ランダム・ウォーク過程）を考えてみよう。こうした系列でも一度とった値にいずれは戻ってくるという性格（再帰性）を持つので、不規則性を持ちながら循環しているようにみえることが知られている。プラスが大きくなるにしたがって裏が出る確率が高くなるような時系列では、より循環を持っているようにみえることになる。ある時系列がランダム・ウォークなのか、元に戻すような力が働いているか、あるいはさらに強い意味での循環を持ったものなのかを検定することは不可能ではないが、それには相当数のサンプルが必要である。したがって現実の経済に変動ではなく循環があるかどうかをみきわめるのは容易ではない。

(2) 内生的な循環論

狭義の景気循環論は二つのグループに分けられる（表5−1）。

一つのグループは内生的循環論といわれるもので、経済システム自体に循環を発生させるメカニズムが内包されているという考えに基づくものである。現実の経済にはさまざまな外生的ショックがあるが、景気循環の基本的な原因はそうしたショックではなく、システム内部のメカニズムに由来すると考えるものである。

したがって、景気が反転する理由を説明する必要があるが、反転の仕方に二つのタイプがある。一つは、天井や床といった形で非連続的な制約要因を導入するものである。日本庭園にある鹿威し（ししおどし）は水の安定的な流れを竹筒とテコを使って一定周期の振動に変えるシステムであり、上下のストッパーに当たって音を発生させる。これと同様のイメージで景気循環を考えるわけである。他方、連続的な形で反転要因を持ち込む理論もある。景気の拡大期には拡大が進むほど拡大に対する抵抗が増してきて、いずれは拡大が止まり縮小に転じていくという定式化である。このタイプの理論はファッションや伝染病の流行を説明する理論と類似している。デザインや病気の場合には一つのものが広まると、新奇さを感じる人や、抗体を持たない人が少なくなるのでその波及力は次第に弱まり、いずれは下火に転じる。しばらくすると、記憶や抗体が薄れるのでまた波及力が強まり、新しい流行が始まる、というメカニズムで循環が起きることが知られている。

なお、やや専門的になるが、狭義の循環を内生的に説明するためには何らかの非線形要因を持ち込む必要がある。システムが線形であれば、外的ショックの影響が時間とともにどんどん拡大してしまうか、外的ショックがない限り循環が時間とともに消滅してしまうからである。こうした問題は、線形システムでは、システム自体の特性と外的ショックへの反応とが同じにならざるをえない

◎ 表5-1　主な景気循環理論の分類 ◎

理論または そのグループ	代表的な著書・論文	狭義の循環論				広義の循環論 （変動論）	
		内生的		外生的			
		非連続的な反転要因	連続的な反転要因	振動して吸収	ショック自体が循環	外生的なもの	内生的なもの
ケインズの 『一般理論』	Keynes［1936］						◆
シュンペーター	Schumpeter［1939］		◆				
サミュエルソン	Samuelson［1939］		◆				
カルドア	Kaldor［1940］	◆					
政治的景気循環論	Kalecki［1943］		◆				
ヒックス	Hicks［1950］	◆					
宇野 （マルクス経済学的）	宇野［1953］		◆				
貨幣的景気循環論	Lucas［1975］			◆			
政治的景気循環論	Nordhaus［1975］	◆				◆	
実物的景気循環論	Kydland and Prescott［1982］			←――	――――	――→	
ニュー・ケインジアン	Mankiw［1985］						◆

（注）ケインズの一般理論以降の主なものを筆者が大胆に分類したもの.

ことに由来する。

(3) ショックによる循環

景気循環理論のもう一つのグループは外生的循環論と呼ばれるもので、経済システムの外から来るショックによって循環が起きるという考え方である。こうした外生的ショックの由来としては、技術革新（発明など）、政策（財政支出や貨幣供給）、天変地異、戦争、などが想定されることが多い。

外生的ショックが狭義の循環を起こすメカニズムとしては二つの可能性が考えられる。第一は、外生的ショックはランダムであっても経済システムが振動をもって反応する場合である。すなわち、一つのショックに対して景気が振動しながらその影響を消化していく場合である。たとえば風に揺れる公園のブランコを想起してみよう。ブランコは振り子であるので固有振動数を持つ。風がなければ振動はしないが、風に当たると固有振動数に見合った揺れをみせる。もちろん揺れの厳密な動きは風に影響される。前から中央に戻るときに後ろから風が吹けばスピードが緩み、突風の場合には前に押し戻されるかもしれない。しかし、大局的にみればその動きは固有振動数をかなり反映したものになる。

第二の可能性は、あるショックに対する経済システムの反応は単調に（振動することなく）小さくなるが、外生的ショック自体がバラバラではなく、ある程度循環している（自己相関を持つ）場合である。波止場に浮かんでいる船を観察すると、重力や慣性の影響もあるので、海面の波動とまったく同じ動きをするわけではないが、大局的にみれば波と同じ周期で揺れている。ただし、このタイプの理論の多くでは、外生的ショックがなぜ循環するかについてはあまり厳密な検証はなされていない。これは、外生的ショックの大きさを計測することが困難であるためと、循環が説明できなくても広義の景気循環論（変動を説明する理論）としては成り立つことがその背景にあると思われる。

以上の二つのケースでは、一つのショックの影響が時間とともに小さくなっていくと考えたが、これが逆に次第に拡大していくような経済システムだとどのようなことが起きるであろうか。まず、振動しながら大きくなる場合には、その振動をちょうど相殺するような次のショックが加わらない限り、景気循環も次第に大きくなっていく。一方、単調に大きくなっていく場合には、プラスのショックが一度加わると、それが成長を押し上げる程度が次第に大きくなり成長は加速していくことになる。こうしたことは、現実の姿と整合的とはいいがたい。微妙なのは、摩擦のない振り子のように、ショックの影響が減衰することなく続く場合で、これが景気循環をうまく説明するモデルのようにみえることである。しかし、次節で詳しくみるようにこのようなモデルも景気循環の理論として適当ではない。

(4) 広義の循環論

広義の循環論も内生的な要因を重視するものと、外生的な要因を重視するものに分かれる。前者は、経済のメカニズム自体が、不況という悪循環や好況という好循環を生み出す性質を持っていると考える。悪循環と、そうでない姿、という異なる経路をとりうることは、複数均衡があることを意味している。どちらの均衡に現実の経済があるかは、それまでの履歴に依存する（経路依存性）ことになるが、さらに遡ってなぜ一方の経路をたどることになったかを検討すると、何らかの外生的要因を暗黙裡に前提にしていることが多い。こうした理論では、不況の悪循環（罠）から脱するためには、政策など外生的な要因に頼る必要があるとの結論となる。これは、狭義の内生的循環論がいずれ自動的に反転すると考えるのとは対照的である。一方、外生的な要因を重視するものは、経済は、本来滑らかに成長する性向を持っているが、各種の外生的なショックの影響を受けて変動していると考えるものである。

2 ケインズ以前の景気循環論

J・M・ケインズの『一般理論』以前にも景気循環は経済学者の興味をひきつけたテーマであった。供給は需要を作るので、需給は一致するというセーの法則があるのになぜ景気循環や過剰生産が観察されるのか、また貨幣はこの問題とどのようにかかわっているか、などが主な関心事項であった。ただし、それぞれのグループにはさまざまな論者がおり、またこの時代の議論は文章を中心としたもので、必ずしも緻密に行われていないので、明確に解釈が定まっていないものも多い。

(1) 過少消費説

不況の基本的理由は投資のために必要な量を超えて貯蓄がなされるからだとしたのが、過少消費説である。高所得者が貯蓄をしすぎるので、低所得者への所得再配分を行えば状況は改善するとの主張もみられた。より一般的にいえば、家計が行う貯蓄と企業が行う投資のバランスがとれる保証がないことを家計部門に重点をおいて論じたものである。

(2) 過剰投資説

設備投資が無計画に行われたり、直近の需要動向に基づいて行われたり、あるいは（結果的に見れば）誤った利潤予想に基づいて行われることが景気循環の主因であるとの見方である。このため、景気の拡大期には、投資が投資を呼ぶ形で成長が加速するが、これは予定調和的なものではないので持続性がなく、いずれはそのプロセスが止まり、設備が過剰になることになる、というものである。

(3) 貨幣説

以上の二つの議論が実物面のメカニズムを重視したのに対し、景気循環は貨幣、特に銀行貸出しの持つ特殊な性格によって引き起こされていると主張したのが貨幣説である。需要は信用創造に大きく影響されるが、その信用創造がまた需要からの影響を受けるという考え方である。F・A・ハイエクの貨幣的過剰投資説は、信用創造の増加は金利を低下させるが、これは消費者の時間選好率の変化を反映したものではないので、これがもたらす設備投資増加などには持続性がなく、結果的には不況という形で矛盾が露呈する、と考えた。ただし、彼はケインズの『一般理論』の公表後も、貨幣が持つ動学的市場調整機能を疑問視する観点から一般理論に対して活発な批判を続けたので、ケインズ以前の景気循環論という整理には厳密にはなじまない。

一方、R・G・ホートリーの純粋貨幣説では銀行の貸出し行動の変化を重視する。銀行が預貸率の緊縮化を目指して貸出し金利を引き上げると融資の減少を通じて経済活動は萎縮し、その結果物価が下落する。このことは融資減少に伴う制約を実質的に軽減するので景気はいずれ回復に向かい、預貸率も回復してくる。しかし拡大が続くと資金需要が増加し、再び貸出し金利の引上げが必要になってくる。

このような諸議論は狭義の循環論として完成されたものとは必ずしも言えないが、景気循環のさまざまな側面に関する観察と論証を行っており、その後に登場するケインズの『一般理論』や、内生的景気循環論に多くの重要な材料やヒントを提供することになった。

(4) ケインズの『一般理論』

一九三六年に刊行されたケインズの『一般理論』は、狭義の景気循環を論じたものではなかったが、有効需要が国民所得の水準を決めること、不況期には非自発的失業が発生すること、貨幣は実物面にも影響を与えること、などを説得力のある形で示し、その後の景気循環論の発展を大きく促すことになった。

3 サミュエルソンとヒックスの理論

(1) サミュエルソンの乗数・加速度モデル

P・A・サミュエルソンの乗数・加速度理論は諸理論を整理するための枠組みとして役に立つと考えられるので、まずこれを丁寧にみてみよう。

この理論は三本の式で明快に説明されている。第一は消費関数で、消費は一期前の所得に依存すると考える（図5−1の(1)式）。所得にかかる係数Aは消費性向で定数と考える。第二は設備投資関数で、消費が増加すればその分の生産を行うための設備が必要になると考える（同(2)式）。設備投資がこのように、消費の水準ではなく増加分に依存するところが、加速度原理といわれるゆえんである。Bは定数であるが、加速度原理の強さをあらわすものなので加速度係数と呼ぼう。第三は、国民所得の恒等式で、国民所得は消費と投資と政府支出からなると考える。輸出入などは省略されている（同(3)式）。

簡単のために政府支出を一定とし、(1)式と(2)式を使っ

◎ 図5-1　乗数・加速度モデル ◎

$$C_t = AY_{t-1} \quad \cdots\cdots \quad (1)$$
$$I_t = B(C_t - C_{t-1}) \quad \cdots\cdots \quad (2)$$
$$Y_t = C_t + G_t + I_t \quad \cdots\cdots \quad (3)$$
$$Y_t = G + A(1+B)Y_{t-1} - ABY_{t-2} \quad \cdots\cdots \quad (4)$$

Y：国民所得　C：消費　I：設備投資　G：政府支出
t：時点（期）　A：消費性向　B：加速度係数

て(3)式を国民所得だけの式に書き換えると、(4)式ができる。

これは国民所得Yに関する定差方程式といわれるもので、Yの将来の値が第1期と第2期の値を与えれば次々に計算できることを示している。第2期の値が第1期の値より若干大きい場合にその後の経路がどうなるかは、AとBという二つの係数に依存する。その状況を図5−2と図5−3で示しているが、可能性としては、単調発散、発散振動、単振動、振動収束、単調収束の五種類がある。(1)の消費関数や(2)の設備投資関数のラグ構造を複雑化させて、三期前以前の状況が影響を及ぼすようにモデルを変更しても、動学的特性がこのように五種類に大別されることは変わらない。

(2) 二つの問題点

こうして、明快な枠組みの中で振動の可能性が示されたわけであるが、この理論は二つの大きな問題点を抱えている。

第一は、同じ振幅の循環が続くためには、AやBといった係数が特定の関係式を満たしている必要があるが、その可能性が高いとは思えないことである。より具体的には図5−2で実線で示した曲線上の関係を両者が満たしていることが必要であるが、一方は家計の消費性向、一方は資本係数に関連したものであるので両者がこのような関係を満たすことは偶然にしか起きえない。両者を一致させるような調整メカニズムも想定されていない。さらに、仮に両者が一致していても問題は残る。この場

◎ 図5-2　係数の組合せと動学特性 ◎

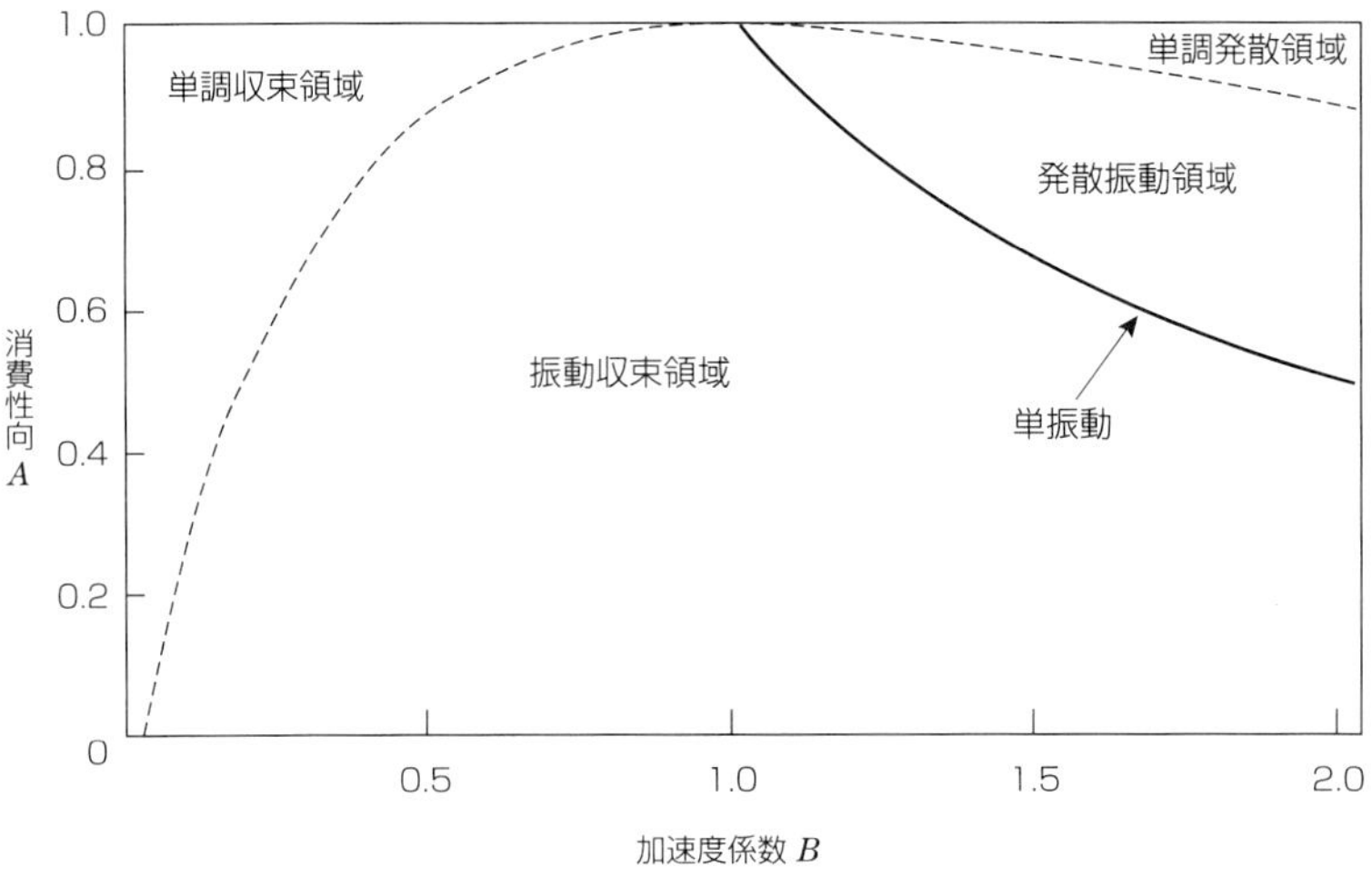

◎ 図5-3　動学特性別GDPの経路 ◎

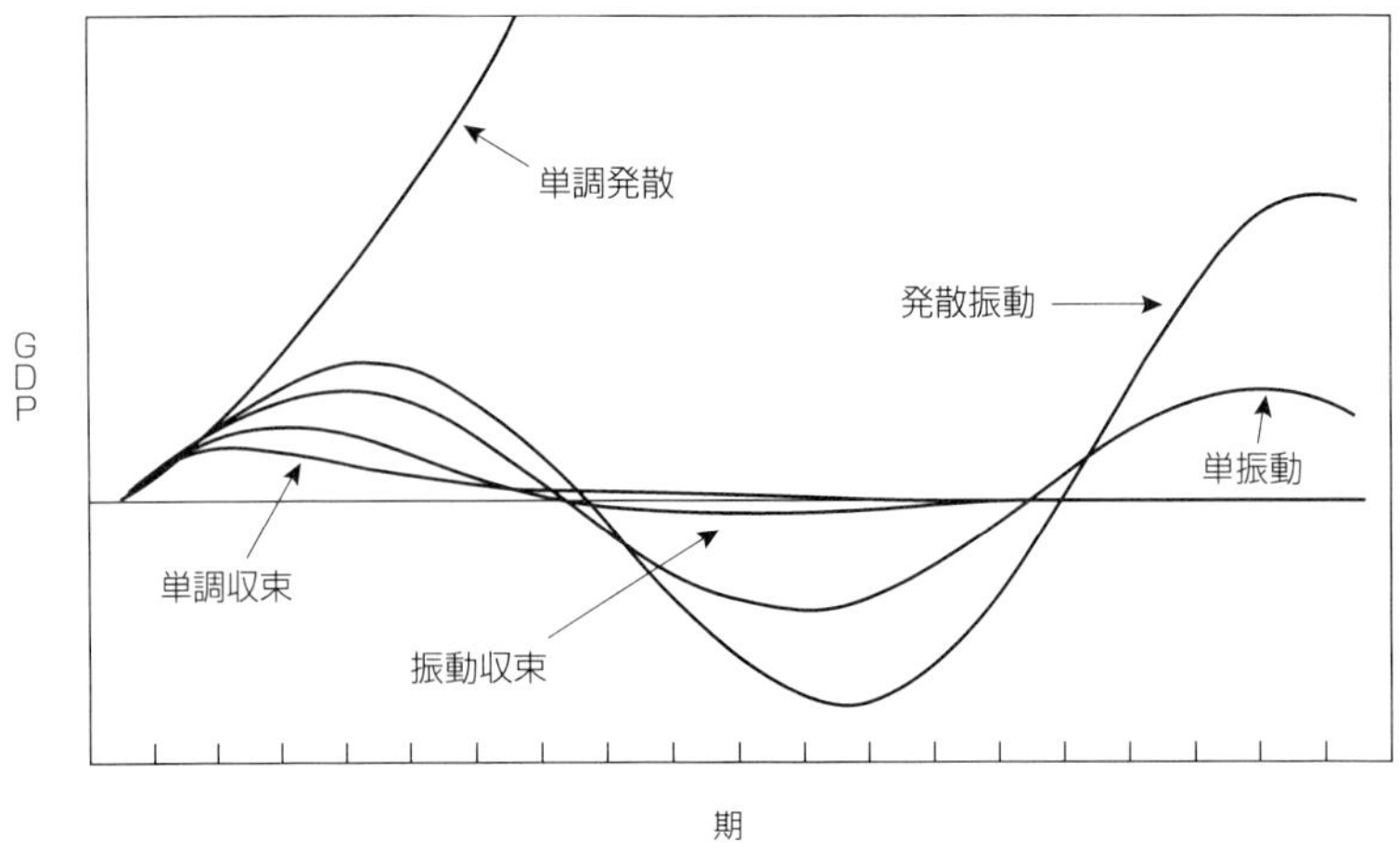

合には、外的ショックがなければ、同じ振幅での振動が続き、一見景気循環を説明するようにみえる。しかし、外的ショックがある場合には、過去のショックのエネルギーが減衰することなく経済システムに蓄えられる。過去のショックの影響がその後のショックで打ち消されることはもちろんありうるが、平均的にみれば振幅が時間の経過とともに大きくなる。したがって、第1節で論じた発散特性の場合と同様の問題が生じるのである。

第二は、より経済学的なもので期待との関係である。一般に設備投資はその時点での需要であると同時に将来の供給能力を規定していくという点で二面性を持つので、企業が将来の需要をどう見込んでいるのか（期待需要）についての何らかの想定が背後にあって行われるものである。例えば前述の加速度原理型の設備投資関数は「消費が増えれば、その増加分を生産できるだけの設備が必要だと認識されそれだけの設備投資がなされる」というものである。すなわち、直近の需要増加が将来も続くというかなり素朴な期待形成方式と対応していることになる。

しかし現実には、この理論で説明されるような循環がしばらく続けば、企業はそうした期待形成が正しくないことを学習し、先を読んで不況の中でも将来の好況期に備えた設備投資を行うし、好況期でも将来の不況期を勘案して投資を控えめにするであろう。

(3) ヒックスの玉突き台の理論

J・R・ヒックスは消費と投資に関してサミュエルソンとほぼ同様のメカニズムを想定した上で、さらに国民所得の上限と下限を想定した。このような枠組みの中では、体系の特性が発散型であっても上限（天井）にぶつかればいずれ反転する。何故なら天井にぶつかった後の成長率がそれまでより緩やかになるので設備投資が減少するからである。床についても同様のことがいえる（図5−4）。これは玉突き台の上でボールが両方の壁の間を往復しているようにみえることから「玉突き台の理論」とも呼ばれている。

問題はどのような理由で天井や床があるかである。ヒックスは天井としては完全雇用を挙げた。ある時点での一国の生産量にはおのずから上限があるということである。労働力の不足は資本設備である程度補うことがで

◎ 図5-4　玉突き台の理論 ◎

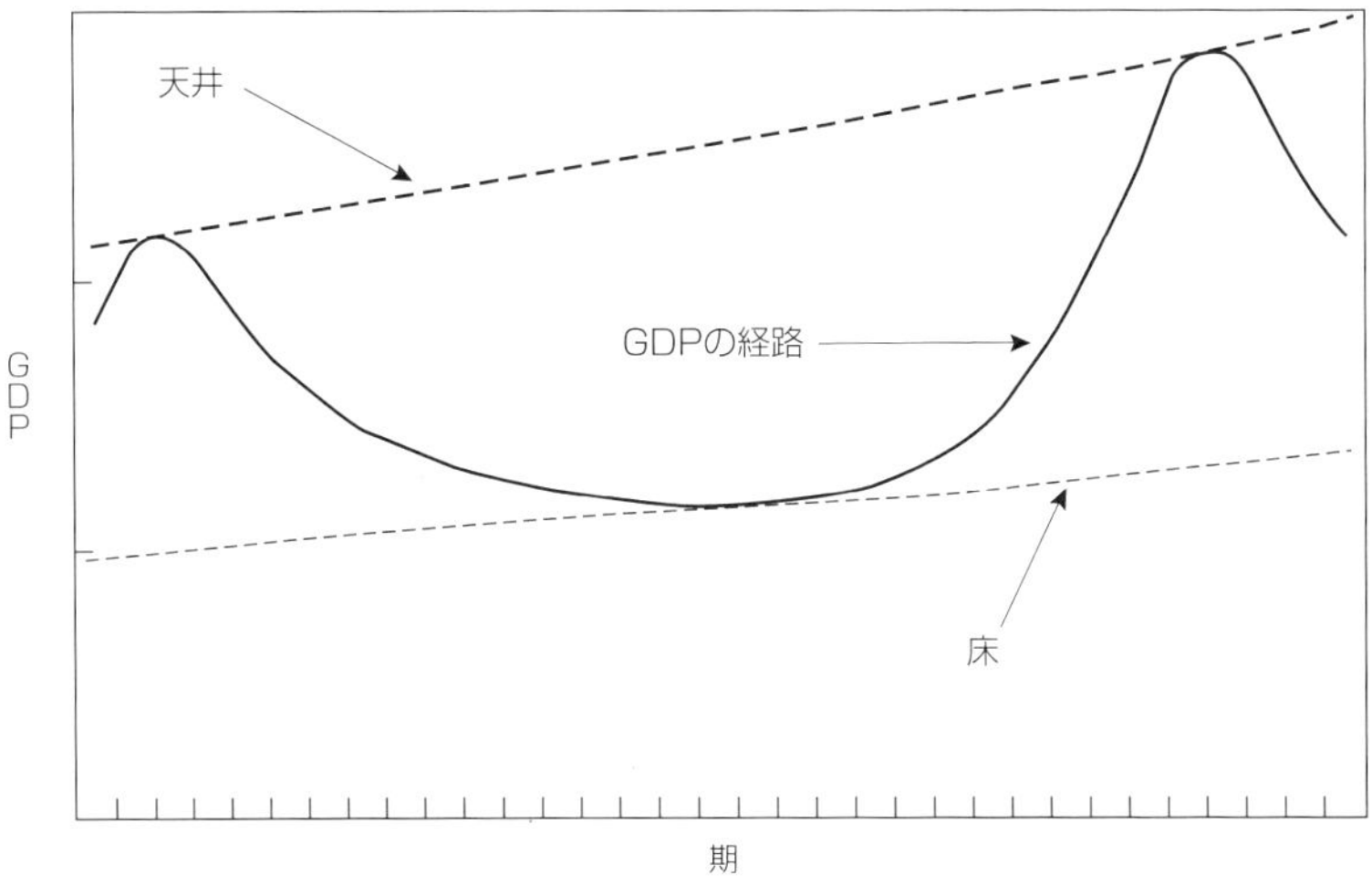

COLUMN

ヒックス　(John Richard Hicks)［1904～1989年］

イギリス南部の町ウォリックに生まれる．オックスフォード大学を卒業後，ロンドン・スクール・オブ・エコノミックス，マンチェスター大学を経て，オックスフォード大学に戻り，その後教授に就任した．きわめてオールラウンドな経済学者で，労働経済学，ミクロ経済学，厚生経済学，金融論，など業績は多岐にわたる．また晩年は歴史や哲学に関係する業績も残している．膨大な業績は，すべて経済学の本質にかかわるもので，古き良き時代の代表的な理論経済学者といえよう．マクロ経済の分野では，難解だったケインズの『一般理論』を *IS*-*LM* の枠組みで解釈することを提唱した．これはその明快さのために原作以上に影響力を持ち，後のケインズ経済学隆盛の基礎を築いた．また，現実の経済では一般均衡の世界とは異なり，各種の経済活動は不確実な将来に関する「期待」をイメージしながら行われる，として動学分析の基礎を構築した．一方で，伝統的なミクロ経済学の発想も追求し，一般均衡の安定条件，代替の弾力性，技術進歩の型，厚生水準の評価などに関して新しい定義を提唱し，これらは現代ミクロ経済学の共有財産となっている．夫人の Ursula Hicks も高名な財政学者で，多くの共同研究を行っている．1972年に K・アローとともにノーベル経済学賞を受賞した．

きるし、国際収支の制約が緩和された現代では、輸入の増加で供給不足を緩和することもできるが、非貿易財の供給や地価上昇が制約要因になることが多い。

一方、床を構成する要因としては、景気動向に無関係になされる投資（独立投資）があること、およびマイナス成長になっても投資はマイナスにはなりえないこと、などを挙げた。なお、設備投資に下限を設定した場合には、国民所得自体に下限を設定しなくても反転する。

発散（発散振動または単調発散）特性を持つシステムが、こうした二つの制約の中で動いている、と解釈することによって、ヒックスは景気循環論をそれなりに完成させた。この理論は、景気循環の持つ二つの側面――一見矛盾する二つの側面――をうまく説明した点できわめてすぐれたものといえよう。第一は、景気には、正のフィードバックが働くということで、一度景気が良くなると所得の増加によって消費が増加する。企業も強気になり設備投資を増やす。したがって景気の拡大がさらに続く。逆に、景気が悪くなり始めると逆のメカニズムが働いて景気の収縮が続く、という側面である。第二は、それにもかかわらず景気はいずれ何らかのメカニズムで反転するということである。

ヒックスはこの理論によって、上述のサミュエルソンのモデルの第一の問題点を解決した。しかし、他の多くの内生的循環論と同様、第二の問題点は依然として残されていた。

(4) 合理的期待形成仮説による批判

一九七〇年代に広まった合理的期待形成の考え方は景気循環論にも大きな影響を及ぼした。合理的期待形成仮説とは、不確実性の下でも人々は情報を集め、将来について平均的にみれば正しい予測をしているはずである、もしそうでなければ人々は予測の作成方法を見直し、平均的にみれば当たる予測方法に到達するまで修正を繰り返すはずであるとする考えである。

たとえば、設備投資が直近の成長パターンのみに依存するという加速度原理の仮定を緩和し、過去に発注した設備がいずれ稼働することも勘案しつつ、また将来の需要の状況を的確に予測しつつ設備投資が行われると想定すると、景気の自律的反転は説明しにくくなる。直感的に説明すれば、不況期でも将来の好況を見越した先行的な設備投資がなされ、これが景気の波を平準化するのである。同様なことは在庫循環を要因とした景気循環論にも当てはまる。たとえば、卸売業者が小売業者からの受注量のみに受動的に反応して自らの仕入れ行動を決めれば、それは確かに景気循環の原因となる。しかし、何回かこうした循環を経験すれば、卸売業者は小売業者からの受注増加のうち、どの程度が小売業者の売上げが実際に増加した分で、どの程度がそれに誘発された小売業者の在庫積増し分であるか、という情報が重要であると気が付いて、そうした情報を集めるであろう。

(5) その後の景気循環理論

こうした理由で、合理的期待形成の仮説に照らすと、それまでの内生的循環論の多くは説得力を失うこととなった。したがってその後の景気循環理論は、二つの流れに分かれることになった。第一は、合理的期待形成仮説を認めつつ外生的景気循環論を構築しようとする動きであり、これが相対的に勢いを増した。これには実物面でのショックを中心に考えるものと貨幣面でのショックを中心に考えるものがあり、次節で両者を説明する。もう一つは、価格や賃金などの硬直性や金融・資本市場の不完全性のために市場メカニズムは必ずしもうまく機能せず、それが期待にも影響する、といった考えの下に、市場均衡や合理的期待という前提に何らかの修正を加えるニュー・ケインジアンの立場である。しかし、できるだけミクロ経済学的基礎を重視し、情報収集にコストがかかることなどを認めた上で主体均衡（最適化原理）を尊重しつつ議論が進められている。このアプローチについては、第5節「その他の景気循環理論」で解説する。

4 実物的景気循環論と貨幣的景気循環論

外生的なショックを景気循環の主な要因と考える外生的循環論には大きな二つの流れがある。一つは実物面でのショックの影響を議論するもので、実物的景気循環論（リアル・ビジネス・サイクル論）と呼ばれている。もう一つは貨幣的なショックの影響を議論するもので、貨幣的景気循環論と呼ばれている。まず、実物的景気循環論からみていこう。

(1) 実物的景気循環論（リアル・ビジネス・サイクル論）

この理論は数学的には難解であるが、基本的には単純である。まず、ミクロ経済的な基礎を重視し、家計は効用を、企業は利潤をそれぞれ最大化（主体均衡）していると考える。次に、将来は不確実であるが、その確率分布はわかっていて、将来の自分をとりまく経済環境を適切に予測しつつ（合理的期待形成）経済活動を行っていると考える。将来の天候のように不確実ではあるが確率分布がわかっているものをリスク、確率分布もわからないものをアンサーテンティと区別する場合もあるが、この理論では不確実性として前者を想定する。ただし、経済活動を行う上で重要な不確実性が前者だけかについては当然ながら議論がある。

この理論ではこうした前提に加え、市場メカニズムは円滑に機能している（市場均衡）とし、外的なショックへの反応として経済が変動するという見方をとる。経済システム自体には問題がないので、ショックへの反応も最適な反応となる。たとえば、仮に何らかのプラスの技術的ショックでパソコンの生産性が一時的に高まったとしよう。当初予定していた労働投入のままでも生産は増加するが、労働生産性が上昇するので、この機に労働投入を増やしてさらに増産することが望ましくなる。また増産のすべてをその期に消費してしまうのは得策ではなく、一部は在庫に回して将来の消費も増加させ、また一部は資本財として将来の生産増加に結びつけるのが望ましい。こうしてショック自体は一時的であってもその効果は尾を引く（波及過程を持つ）ことになるが、その程度や時間的パターンは、労働の異時点間の代替弾力性（特定の期に集中して労働することがどの程度苦痛なくできるか）、消費の異時点間の代替弾力性（消費を多くの期にわたって少しずつ増加させるのに比べ、特定の期に集中的に増やすことがどの程度不満なくできるか）、消費と労働供給の補完関係（多く働いた期には消費を増やして気晴らしをした方が良いか、逆に余暇時間が減るので消費は抑制するのが自然か）、資本の生産性（一台のパソコンを資本財として残すことが将来どの程度の生産増に結びつくか）などの要因に依存することになる。

この理論の現実性は、他の場合と同様、主に景気循環の定型的な特性（スタイライズド・ファクト）に照らして検討されている。スタイライズド・ファクトとは、過去のデータを観測して、好況と不況の長さは平均的にどの程度か、その不規則性はどの程度か、長い好況の後の不況は長い傾向にあるか、どの指標の振幅が大きいか、景気変動に先行する指標、一致する指標、遅行する指標はそれぞれ何か、といったようなことを整理し、かなり普遍的に当てはまる性質をまとめたものである。

(2) いくつかの批判

実物的景気循環論の現実性については、いくつかの批判がある。代表的なものとしては、

①雇用変動が家計の選択の結果であるならば、実質賃金が高いときに労働を増やし、低いときに減らしていることになる。しかし現実には実質賃金の変動がかなり緩慢な一方で、雇用変動は相当大きい、

②ショックとしては技術的なものが重要だと想定されているが、技術は進歩はするが退歩は考えにくい。不況がしばしばマイナス成長をもたらすことの説明がつかない、

③技術が重要だとすればこれまでの景気循環は主に技術面からの解説がなされたはずであるが、そうした例は少ない、

④技術的ショックが重要だとすれば、経済の国際化が進んだ現在では、景気循環は産業別に起きるはずだが、実際には国による差が大きい、

⑤主体均衡、合理的期待形成、市場均衡の三つの仮説からは、貨幣の変動は予測されたものである限り実物面に影響を与えないことになるが、現実にはそうとは言えず、理論が非現実的である、

などが挙げられる。

とはいえ実物的景気循環論はアメリカの学界では比較的重視されている。理論としての完成度が高いことに加えアメリカの市場メカニズムが高度に発達していることも影響していると考えられる。しかし、この立場に基づいた景気予測や政策提言が積極的に行われることは少ない。景気予測に関しては、この理論からは、これまでに起きた外生的ショックの影響がどのような形で残るかについての予測はできても、今後どのようなショックが起

きるかについては予測しにくいからである。厳密に言えば、ショックの起き方にある程度のクセが認められる場合には、これに基づいて将来のショックの一部分を予測することはできるが、それ以外の部分は予測できない。

政策については、この理論は市場メカニズムの調整機能に信頼をおいているので、外的ショックに対応して景気変動が起きることはむしろ望ましいという立場に立つ。したがって政策的に景気循環を均すことは不必要どころか弊害をもたらすことになる。この点で、ケインズ的な発想とは対照的といえる。

(3) 貨幣的景気循環論

貨幣的景気循環論は貨幣的なショックの影響を重視する。貨幣的なショックとは主に金融政策の予想されなかった変化である。予想された変化については合理的期待形成仮説のもとで物価に速やかに反映されるので、予想されなかった変化だけが影響を与えることとなる。さらに、予想されなかった変化が起きてからも、しばらくはそれが貨幣的なショックかどうか認知できない可能性を重視する。この場合には、貨幣的なショックによって物価が上昇してもそれが実物面での変化（技術革新にともなう需要の増加など）に起因するものである可能性がしばらく否定できないので、企業や家計は両方の可能性を念頭におきつつ対応する。その結果として、市場メカニズムが完全に機能していても、貨幣的なショックが物価のみならず実物面に影響を及ぼす可能性が出てくる。

こうした貨幣的循環論は、貨幣の役割や中央銀行の採るべき政策スタンスに関する洞察を深める上で大きな貢献をした。しかしその現実適合性に関してはいくつかの疑問がある。第一に、現実の先進国経済では、金融政策に関する情報は十分に開示され、市場も刻々とその情報を消化している。金融政策の物価に及ぼす効果にはかなりのラグがあることも含めて考えると、現実の景気循環を説明する有力な理論かどうかには疑問が残る。第二に、実物的景気循環論と同様、労働投入の変動が家計の選択の結果だと考えるには大きすぎる。

こうしたことは、主体均衡、合理的期待形成、市場均衡で特徴づけられるモデルに「予想されない貨幣的ショック」を導入するだけでは、現実の景気循環の特徴を説明できないことを示唆しているように思われる。また、現実には後で議論する物価や賃金の硬直性などのために、貨幣的ショックはそれが貨幣的ショックであると認識された後でも実物面に影響を及ぼすことが多いと考えられる。

5 その他の景気循環理論

(1) 主な内生的循環論

まず、サミュエルソンやヒックス以外の内生的循環論の中で重要なものをいくつかみてみよう。貯蓄や投資が所得や利潤に反応する程度が状況によって異なること（非線形性）を仮定することによって、内生的循環論を生み出すタイプのものとしては、N・カルドアの理論やR・M・グッドウィンの理論がある。さらに、マルクス経済学の景気循環論も内生的な循環論と考えられる。たとえば宇野理論によれば、景気の拡大は労働市場を逼迫させ、賃金上昇を招く。その結果、利潤が圧迫され、これが設備投資を次第に制約していくことになり、ついには拡大が止まる。すると労働需要が減少し、賃金の下落や企業の淘汰を通じて逆のプロセスが始まる条件が整う（図5−5）。

また、景気循環をカオスとして分析する試みもなされている。カオス的循環の例としては、①親と子の世代が重ならず、②混雑度が繁殖力を左右する、という特性を持った生物を閉鎖的な環境で飼育し続けると、世代ごとの個体数はカオス的な循環を示すことが知られている。カオス理論を応用すれば、確率的な要因に依存せず決定論的に内生的循環を説明できる可能性があるが、そうした循環は初期値や途中のショックにきわめて敏感である点や、「期」（時間の区切り方）が決定的に重要な意味を持つ点で、他の内生的循環論と異なる。

このような内生的循環論は、それなりに説得力を持つものもあるが、前述の合理的期待形成仮説の観点からチェックすると弱点があることは否めない。これに対して、そうした批判を意識して作られた内生的循環論もある。

◎ 図5-5　マルクス経済学の景気循環論の概念図 ◎

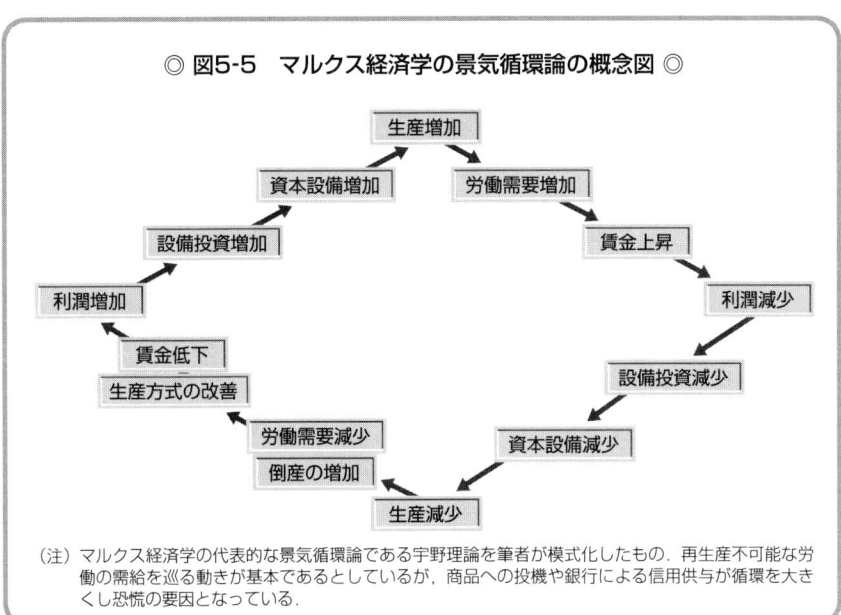

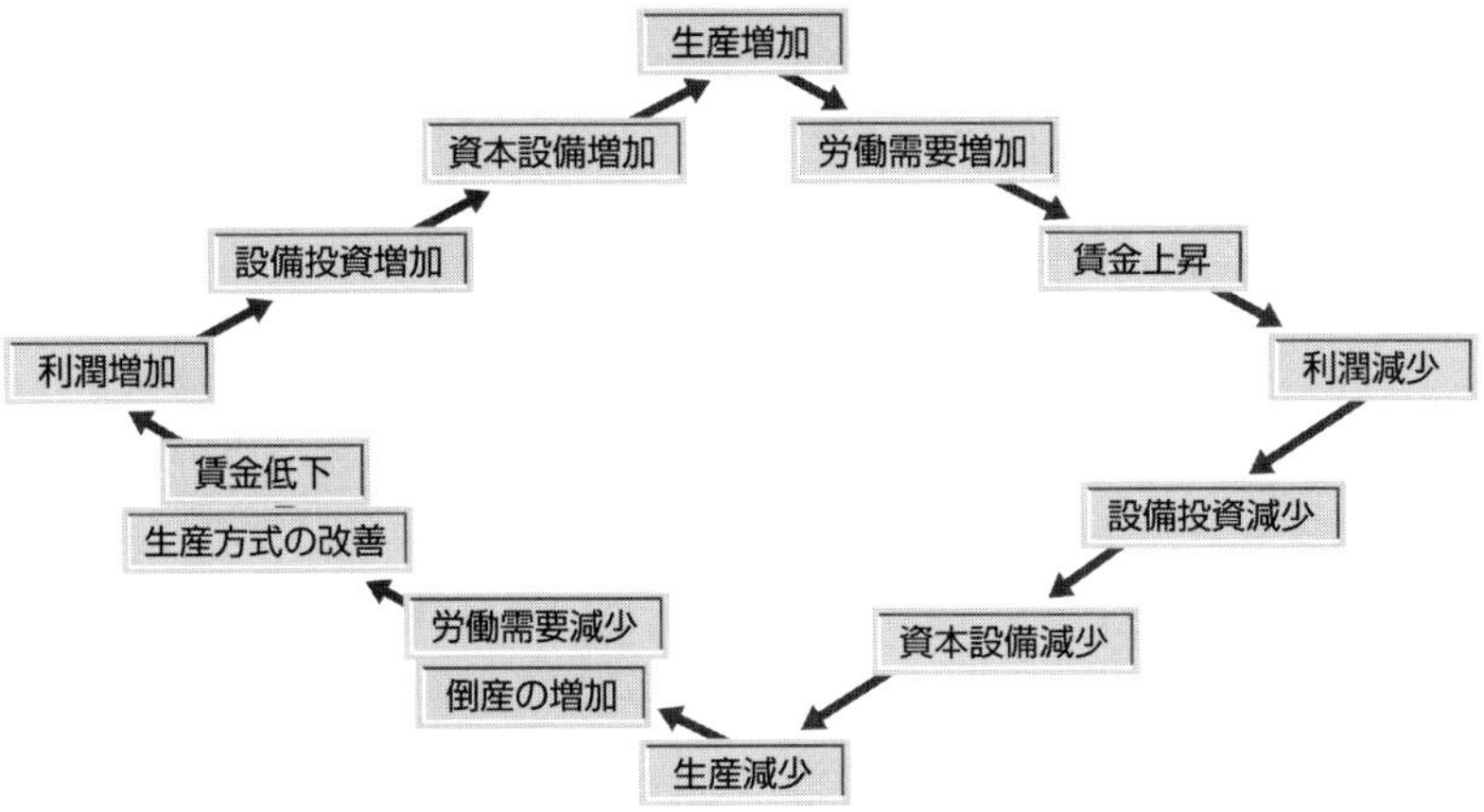

（注）マルクス経済学の代表的な景気循環論である宇野理論を筆者が模式化したもの．再生産不可能な労働の需給を巡る動きが基本であるとしているが，商品への投機や銀行による信用供与が循環を大きくし恐慌の要因となっている．

(2) ニュー・ケインジアンの景気循環論

ニュー・ケインジアンと言われる人々は、価格や賃金に硬直性があって、これが市場メカニズムの円滑な機能を妨げ、不況や景気の過熱をもたらすと考えている。そこで賃金や価格がなぜ硬直的であるかが問題になるが、その理由についても、情報の非対称性などミクロ経済的な基礎のある形で説明されるようになった。

賃金が硬直的になる理由としてはさまざまなものが議論されている。第一は、企業は従業員の働きぶりを十分監視することができないが、高めの賃金を払うことで労働の質を高めることができるとする考え方である。怠慢が発覚した場合に解雇されるという前提で考えると、賃金が低ければ怠慢のメリットが失業のリスクというデメリットを上回るかもしれない（効率賃金仮説）。第二は、就職希望者がどの程度の能力とやる気をもっているかを採用前に企業が十分に知ることは容易ではないので、安い賃金でも働きたいという人の採用に慎重になることである。たとえば、長期雇用比率の高い労働市場では、今の会社を辞めて職探しをすること自体が、前の会社で疎んじられたためではないかとか、周囲との協調が不得手だったためではないか、というように採用側に認識されかねない。こうした恐れのため、多くの労働者が転職を避けると転職者に対する採用側の懸念はいっそう高まることになる。第三は、失業期間中に能力が陳腐化したり低下したりすることなどから、賃金水準を徐々に下げつつ失業者を雇い入れていくことが、企業にとっても従業員にとっても魅力的でない、とする考えである。

また、価格についても、企業は自社の製品についてはある程度の価格支配力があることや、価格の改定にはコスト（メニュー・コスト）がかかるとの前提をおくと、コストや需要が変動した際、そのたびに価格変更するのではなく、ある程度必要性が高まってから価格変更をするのが望ましいことになり、これが価格の硬直性の理由になりうるとの結論が得られる。

一般に価格・賃金による調整が働かないと、調整メカニズムは数量面で行われることになり均衡が実現しない。たとえば、賃金が均衡水準より高いところで硬直的であると、労働市場に供給超過（非自発的失業）が残り、これが消費需要を減退させる。家計は職がないから消費を抑制させ、企業は販売不振のために雇用を抑制する、という悪循環に陥ってしまう。

情報の非対称性は、金融・資本市場でもその十全な機能を妨げる大きな要因になる。資金の貸し手は、借り手の状況について当然ながら借り手より少ない情報しか持っていない。また、借り手は今から始めようとするプロジェクトの採算性について、世間一般より強気に評価していることが多い。だからこそ、他のプロジェクトではなくそのプロジェクトを手がけようとしているのである。さらに、銀行融資は、それが対象としたプロジェクトが大当たりした場合でも貸し手への追加的報酬がない反面、失敗した場合には融資のかなりの部分を失うというリスクがある。こうした状況のもとでは、金融・資本市場でプロジェクトのリスクに応じて金利が設定されるという見方は素朴すぎることになる。銀行が貸出し金利を引き上げると、リスクの低い優良な借り手が去り、リスクのかなり高い借り手だけが残る可能性がある。

このような中で、経済環境が悪化すると、銀行は貸出しに慎重にならざるをえない。地価の下落によって担保価値が下がれば融資の更新を拒否したり減額を求めたりすることになる。その結果設備投資が減退し、景気や地価はいっそう冷え込むことになり、これがさらに銀行行動を慎重化させる。また近年の日本では、銀行に対する自己資本比率規制という制度的要因の影響も無視できない。

このように市場メカニズムが円滑に機能しない経済では、人々の将来予測もそれに応じて不況の長期化を織り込んだものになってしまうので、合理的期待形成のもとでも、経済は本来の均衡経路（実物的景気循環論が、外生的ショックがない場合に想定しているような滑らかで安定的な成長経路）から乖離を続けることになる。ただし、こうした議論は乖離の説明や政策的な処方箋の提言にはつながるものであるが、景気が反転するメカニズムを提示したものではなく、この点では完全な景気循環論とはいいがたい。

(3) シュンペーターの景気循環論

前述の実物的循環論にかなり先立って、景気循環の基本的理由を技術革新であると考えたのがJ・A・シュンペーターである。彼の発想は、技術革新を単に外的ショックとしてとらえるのではなく、それが生まれ普及するプロセスも考慮に入れた点で実物的景気循環論より包括的でより内生的な理論であるといえよう。不況は新しい技術革新への誘因を高め、また資本や労働の価格も安いので、新技術が普及しやすい条件を提供する。必要なのは、周囲の固定観念に抗して新しい動きを始める先覚的な企業家の存在である。先覚者が成功するにつれて追随する者が増え、新技術は経済に行き渡ってくる。しかし、一つの新技術の利用可能性にはおのずから限界があり、追随者が増加するにつれて新しい生産物の価格は低下し、利潤も減少するので、景気の勢いは衰えてくる。そこでまた、新しい技術革新が生まれやすい条件が整うことになる。一般に長期的な経済成長をもたらす基本的要因は技術革新であるが、技術革新がこのように波動的に生じてくるとすれば、景気循環は経済成長にとって不可欠な要因ということになる。成長と循環を切り離して考える実物的循環論とこの点でも大きく異なっている。

(4) 政治的景気循環論

これまでの諸理論とかなり発想が異なるものとして、政治的な要因を重視する考え方があり、政治的景気循環論と呼ばれている。これは三つに分類することが可能である。

第一はM・カレツキーによるもので、政府は資本家の利益代表であり、総利潤極大化のために意識的に好不況を作り出すとする考え方である。

第二は、ポリティカル・サイクル（選挙循環）と呼ばれるもので、インフレと失業の間に存在するトレードオフ（一方を改善しようとすると他方を犠牲にせざるをえないこと。人々は過去の経験をもとに将来の物価上昇率についての予測をしているので、厳密には物価上昇率と失業の間ではなく、物価上昇率の上がり方と失業の間にこうした関係があると考えられている）の中から、政府は選挙前には失業率の低下に重点をおいた政策を採用し、景気浮揚を通じて選挙での再選を目指すが、選挙後にはインフレ率の抑制に重点を移すので景気が後退する、とする考え方である。このような理論については、選挙の時期が固定されていない場合や、二大政党制の下でどうなるかなど、さまざまな考察がなされているが、背景には選挙民が、政府の思惑をあまり勘案せず素朴に反応するという前提がある。

政治的景気循環論の第三は、政府は景気の平準化のために努力しているが、その方向やタイミングがしばしば不適切であるために結果的にはかえって景気循環を拡大させるという考え方である。一般に経済政策には認知、決定、効果の三つのラグ（遅れ）があるといわれるが、現実のこうしたラグを景気循環の周期と比較すると無視できないものであることがわかる。たとえば、政府の景気基準日付では一九八六年一一月が景気の谷であったが、公定歩合が（当時としては）史上最低の二・五％から引き上げられたのは一九八九年五月になってからであり、これがいわゆるバブルの一因になった。また、次の景気の谷は一九九三年一〇月であったが、公共事業七・二兆円と減税五・五兆円を含む（当時としては）史上最大規模の「総合経済対策」が閣議決定されたのは回復に転じた後の翌一九九四年二月で、実質政府固定資本形成が季節調整済み前期比で増加に転じたのはさらに一年以上経過した一九九五年四–六月期からであった。ただし、経済対策の準備過程のさまざまな議論が将来の景気対策を期待させ、これが景気の反転に寄与する効果を持った可能性も考慮する必要がある。

このような政治的景気循環論は、政策を外生的とみて外生的景気循環論の一種と考えることができる。しかし、政府の政策対応も経済状況に応じてなされることや、家計や企業の経済活動も政府の対応を予想しながらなされること、さらには政府もそのことを意識して政策を立案することなどゲーム論的要因を明示的に勘案していくことが必要であり、その場合には内生的循環論の色彩を強めることになろう。

6 どの理論が良いか

(1) 実証分析による決着の難しさ

以上、さまざまな理論を概観してきた。どれが現実の描写として最も適切かを実証的に分析する試みも多数なされているがその決着はまだついていない。それは以下のような理由のためと思われる。

第一に、実際の景気循環の要因も一様ではない。日本の経験を振り返っても、石油危機など明らかに外生的ショックの影響が甚大だった場合もあるが、完全雇用の天井にぶつかって内生的に反転した例もある。一つの理論だけで現実を説明していくことには無理があろう。

第二に、実証分析で通常用いられる検定理論は、一つの理論を所与として、特定の係数がプラスかどうかなどを検定することは得意であるが、発想や複雑さの異なる理論の説明力を比べることは苦手である。各理論で採用している仮説を個々に検定しようとしても、われわれが観測できるのは経済全体が動いた結果であり、他の部分の影響を受けていることが多い。また外生的景気循環論を実証的に検証する場合、外生的ショックを直接計測することが困難なので、乱数を発生させたシミュレーションなどの結果を解析して、各変数の景気への先行・遅行度などが、観測された定型的事実と整合的かどうかをチェックすることになるが、結果は各種の係数の想定や乱数の発生のさせ方にも依存する。こうしたことから各理論の信頼性を総合的に比較することは容易ではない。

第三に、データの問題がある。観測可能なデータは月次、または四半期のものが多いが、十分なサンプル数を確保しようとすると、その間に構造変化が起きている可能性が無視できなくなる。技術や制度要因が時間とともに変化するのは当然であるが、政権が変わって政策の運営方針が変われば、家計や企業の反応の仕方も変わることがある。また、家計や企業が将来に対して抱く「期待」が重要な役割を果たす理論が多いが、これを直接計測したデータの質と量も不十分である。

(2) エコノミストの認識

以上、景気循環に関する経済学の発達を概観してきた。さまざまな理論がなお並立しているが、実際の景気動向の解釈・説明・予測に従事しているエコノミストたちの考えは、これほどのバラツキはなく、以下のようなほぼ共通の認識を持ちながら、人によって重視する点が異なる状況にあると思われる。

●「好況時（不況時）に将来の不況（好況）をそのタイミングも含めて予測することは平均的にみれば可能で、企業や家計はそうした将来の変化に備えた行動をとっている」という意味での「合理的期待仮説」が成立しているとはいいがたい。したがって、内生的景気循環が起きる余地はある。

●しかし、外生的なショックが景気を大きく左右することがある、という点では外生的景気循環論の見方が有効な局面がある。

●市場メカニズムが規制などで歪められているため、または市場メカニズム自体の不完全性のために、望ましい調整が円滑に進まない場合があり、これが景気の停滞や過熱の原因となることがある。

●したがって政策的に景気変動の平準化を目指して介入すべき場合はある。ただし、それがモラルハザードも含め民間部門のどのような反応を招くかという点や、適切なタイミングを失しないかといった点にも十分な注意が必要である。

(3) 計量経済モデル

景気予測にしばしば用いられる計量経済モデルはどのような理論を前提にしているのであろうか。伝統的な計量経済モデルの骨格は、消費関数と設備投資関数であり、この意味ではサミュエルソンの理論が起源とみることもできる。しかし、物価や賃金を通じた調整メカニズムが盛り込まれており、その特性を乗数表からチェックすると、一時的な外生的ショックの経済に与える影響が時間とともに逓減し、外生変数が滑らかな動きを続ければ、経済の動きも滑らかになるようなものが多い。この面では、実物的景気循環論と共通の要素を持っている。しかし、実物的景気循環論を特徴づける主体均衡、合理的期待形成、市場均衡の三条件は必ずしも前提とされず、家計や企業が経済環境の変化にどう反応してきたかを直接計測する。たとえば、期待形成についてはしばしば適合的期待などを暗黙裡に仮定している。適合的期待とは、将来の所得や物価などを当該変数のこれまでの動きのみをもとに予想する方法である。この場合、将来に影響を与えるような大事件が起きても、当該変数が実際に変化するまでは、予想は影響を受けないという欠点を持つので、モデルによる計算結果が修正される一つの理由になっている。また、計量経済モデルでは、労働市場での需給の不均衡の可能性なども重視する。したがって、前節で説明したようなニュー・ケインジアンが重視する要因をデータに則して取り込んでいると考えられる。ただし、近年では新しいタイプの計量モデルも増えており、例えば前述の三条件からの乖離は短期にのみ起こりえるといった制約をつけつつモデルを構築する試みも盛んに行われるようになってきた。

(4) 日本の景気循環

これまで主に海外で発展した景気循環理論をみてきたが、日本の景気を見る上では、日本の特殊性を十分に勘案する必要がある。具体的には、①一九八〇年代までは地価の上昇期待に支えられて、いわゆる土地本位制が機能してきたが、これが崩壊し、銀行の体力も著しく消耗した。リスクをともなうような前向きの挑戦を支えていくための新しい信用秩序が十分構築されていない（金融・資本市場の不完全性が大きい）、②需要の変動は失業率の変動より労働時間の変動で吸収される度合いが大きい（労働投入の調整はある段階までは比較的円滑に進むが、それを超えると困難度が急に増す）、③経済が貯蓄超過気味で、景気調整策として財政政策に頼る度合いが大きい（財政支出の変動の寄与が大きい）、④アジア諸国との工程間分業が進み、中国などからの安価な工業製品の浸透が急速に進みつつある（デフレ圧力が強く、金融政策の環境が特殊である）、⑤景気循環の影響を受けやすい資本財を生産する部門の比率が比較的大きい（加速度原理の影響が大きい）、⑥基軸通貨を持つアメリカや通貨統合を実現した欧州と異なり、為替レートの変動リスクが大きい（この面での不確実性が大きい）、といった要因である。

【参考文献】

浅子和美ほか［一九九一］「戦後日本の景気循環――定型化された事実」『フィナンシャル・レビュー』第一九号、大蔵省財政金融研究所。

足立英之［一九九四］『マクロ動学の理論』有斐閣。

宇野弘蔵［一九五三］『恐慌論』岩波書店（一九七六年に改版）。

置塩信雄編著［一九八八］『景気循環――その理論と数値解析』青木書店。

J・M・ケインズ著／塩野谷祐一訳［一九九五］『雇用・利子および貨幣の一般理論（普及版）』東洋経済新報社（原書は、Keynes, J. M.［1936］, *The General Theory of Employment, Interest and Money*, Macmillan）。

J・A・シュンペーター著／吉田昇三監修／金融経済研究所訳［一九五八］『景気循環論――資本主義過程の理論的・歴史的・統計的分析』有斐閣（原書は、Schumpeter, J. A.［1939］, *Business Cycles : A Theoretical, Historical and Statistical Analysis of the Capitalist Process*, McGraw-Hill）。

J・R・ヒックス／古谷弘訳［一九六二］『景気循環論』岩波現代叢書（原書はHicks, J. R.［1950］, *A Contribution to the Theory of the Trade Cycle*, Oxford University Press.）。

A・W・マリーノ著／小島照男訳［一九九二］『ケインズ以後の景気循環論』多賀出版。

R・E・ルーカス／清水啓典訳［一九八八］『マクロ経済学のフロンティア――景気循環の諸モデル』東洋経済新報社（原書はLucas, R. E.［1987］, *Models of Business Cycles*, Basil Blackwell）。

D・ローマー著／堀雅博ほか訳［一九九八］『上級マクロ経済学』日本評論社。

Hansen, A. H.［1951］, *Business Cycles and National Income*, W. W. Norton & Company.

Kaldor, N.［1940］, "A Model of Trade Cycle," *Economic Journal*, Vol.50, No.197, March, pp.78–92.

Kalecki, M.［1943］, "Political Aspects of Full Employment," *Political Quarterly*, Vol.14, pp.322–30.

Kydland, F. E. and E. C. Prescott［1982］, "Time to Build and Aggregate Fluctuations," *Econometrica*, Vol.50, No.6, November, pp.1345–70.

Lucas, R. E.[1975], "An Equilibrium Model of the Business Cycle," *Journal of Political Economy*, Vol.83, No.6, pp.1113–44.

Mankiw, N. G.[1985], "Small Menu Costs and Large Business Cycle : A Macroeconomic Model of Monopoly," *Quarterly Journal of Economics*, Vol.100 Issue 2, May.

Nordhaus, W. D.[1975], " The Political Business Cycle," *Review of Economic Studies*, Vol.42, No.2, April, pp.169–90

Samuelson, P. A.[1939], "Interaction between the Multiplier Analysis and the Principle of Acceleration," *Review of Economics and Statistics*, May, pp.75–78

Zarnowitz, V.[1992], *Business Cycles : Theory, History, Indicators, and Forecasting*, University of Chicago Press.

第6章

グローバリゼーション下の景気

ヒト，モノ，サービス，カネ，企業，技術，情報などのグローバリゼーション（世界的展開）が急速に進んでいる．その結果，各国の景気循環，経済成長，経済構造の相互関連性が増し，連動するようになっている．したがって，日本の景気循環は海外の景気循環の影響を避けて通れない状況である．一方，日本の景気循環も直接，間接に各国の景気循環に影響を及ぼしている．本章では，世界最大の経済国であるアメリカや世界最速の経済成長を誇るアジアなど各国の景気循環の性格，国際的に重要な資源価格の変動，膨張する世界の金融市場の動向を分析し，日本の景気循環といかに関わっているかを明らかにする．

1 アメリカの景気循環と日本への影響

(1) アメリカの景気循環

アメリカの景気循環はＮＢＥＲ（全米経済研究所）の景気基準日付判定委員会で決定されている。景気循環の実証分析に最も力を注いだのがＮＢＥＲの基礎を築いたＷ・Ｃ・ミッチェルで、その経験が現在まで生かされている。その景気基準日付判定委員会の決定によると第二次世界大戦後、現在まで一〇回の景気循環がみられる。本章ではそれぞれの景気循環がどのように発生したのか検討する。これが、現在ないし将来のアメリカの景気循環を把握する上できわめて重要だからである。

第一循環は一九四五〜一九四九年である。景気は一九四五年一〇月を谷に上昇に入ったが、景気上昇の持続化の過程でインフレが発生した。金融引締めと財政支出削減政策により、景気上昇は一九四八年一一月（山）まで三年強で終わった。在庫投資、設備投資、住宅投資が減少し、景気は一九四九年一〇月（谷）まで一一カ月下降

COLUMN

ミッチェル（**Wasley Chair Mitchell**）［1874〜1948年］

アメリカのイリノイ州生まれ．シカゴ大学卒業後，カリフォルニア大学，コロンビア大学などを経る．1920年にNBER（全米経済研究所）の会長に就任する．

ミッチェルは景気循環の統計的研究に優れた業績を残した．経済学者のR. F. ハロッドをして，「景気循環現象の観察からきわめて経験的な法則を抽出することにあらん限りの努力を注いでいるミッチェル教授の仕事ほど有益なものは，おそらく，経済学の分野では，皆無に近いであろう」（宮崎義一・浅野栄一訳『景気循環論』東洋経済新報社，1975年）とミッチェルの独創的な研究をきわめて高く評価しているほどである．

現在のアメリカや日本の景気判断の基準になる景気基準日付（景気の山・谷）はミッチェルの貢献によるものである．景気判断の議論がいくら錯綜しても，最終的にはミッチェルの景気循環に対する考え方と景気基準日付の決定方法が採用されている．

した。

第二循環は一九四九～一九五四年である。景気はインフレ沈静化と金融緩和で一九四九年一〇月（谷）から上昇した。インフレ沈静による実質所得増と金利低下で消費者心理が好転し、消費需要が増加した。景気上昇は一九五三年七月（山）まで四年弱続いた。朝鮮戦争（一九五〇～一九五三年）後に危惧される景気過熱とインフレ再燃回避のためにとられた財政支出削減の影響で景気は下降に入った。設備投資と在庫投資が減少、一九五四年五月（谷）まで一〇カ月下降した。

第三循環は一九五四～一九五八年である。景気はインフレ率低下、金融緩和で一九五四年五月（谷）から回復、一九五七年八月（山）まで三年強上昇した。一九五六年のスエズ動乱による世界的物価上昇とインフレ対策のための強力な金融引締めが景気下降を促した。個人消費（特に耐久消費財）、在庫投資、設備投資が減少し、一九五八年四月（谷）まで八カ月間下降した。

第四循環は一九五八～一九六一年である。景気はインフレ率低下、金融緩和で一九五八年四月（谷）から回復、一九六〇年四月（山）まで二年間上昇した。その後軽微な景気下降に入った。住宅投資と政府支出が減少し、一九六一年二月（谷）まで一〇カ月下降した。

第五循環は一九六一～一九七〇年である。この景気上昇は一九六一年二月を谷に一九六九年一二月（山）まで約九年間続いた。政府の積極的総需要刺激策とベトナム戦争（一九六〇～一九七五年）による需要増が働き、失業率低下と低インフレ率が続いた。しかし、一九六〇年代末になると景気過熱化によるインフレと国際収支の赤字が浮上した。一九六九年に共和党のニクソン大統領は財政・金融政策による総需要引締め策を実施、景気下降が始まった。個人消費（耐久消費財）、設備投資、住宅投資が減少、景気は一九七〇年一一月（谷）まで一一カ月間下降した。

第六循環は一九七〇～一九七五年である。景気はインフレ沈静化、国際収支改善により財政・金融引締め政策が緩和されたため、一九七〇年一一月（谷）から上昇、一九七三年一一月（山）まで三年間続いた。しかし、一九七三年の第一次石油危機をきっかけに物価が急騰、金融が引き締められた。耐久消費財、非耐久消費財、設備投資、住宅投資など広範な需要が不振に陥り、在庫調整が行われた。生産が著しく減少し、失業率が上昇した。この景気下降は一九七五年三月（谷）まで一六カ月間下降、長期間の景気下降となった。

第七循環は一九七五～一九八〇年である。景気は金融緩和などをきっかけに一九七五年三月（谷）から回復、一九八〇年一月（山）まで上昇した。その後一九七九年に始まった第二次石油危機によるインフレ加速、景気引締め政策による金利上昇、消費者信用規制から景気下降が始まった。耐久消費財、設備投資、住宅投資が減少し、在庫調整に入った。この景気下降は一九八〇年七月（谷）まで半年間続き、史上最短の景気下降となった。

第八循環は一九八〇～一九八二年である。景気は一九八〇年七月（谷）から上昇したが、第二次石油危機などによるインフレとその抑制のための高金利政策で、一九八一年七月には山に到達した。戦後最短の一年間の景気上昇が終わった。設備投資と住宅投資が不振で、在庫調整が生じた。景気は一九八二年一一月（谷）まで一六カ月間下降、第六循環の下降期間と並ぶ長期なものになった。

第九循環は一九八二～一九九一年である。景気は一九八二年一一月（谷）から上昇した。インフレ沈静と金融緩和政策が景気を刺激した。共和党のレーガン大統領による大幅減税などで景気は上昇を始めた。その半面、財政収支、国際収支の双子の赤字が生じた。長期景気上昇の末、インフレが到来、金融引締め策（マネーサプライの抑制、金利引上げ）が採用された。個人消費、設備投資、住宅投資が減少、在庫調整に入った。この景気下降は一九九一年三月（谷）まで八カ月続いた。

第一〇循環は一九九一年三月を谷とする景気循環である。インフレ沈静化と金融緩和などにより景気は回復した。通常の景気上昇に、一九九〇年代後半にはＩＴ革命によるＩＴ関連需要と生産性の向上が加わり、史上最長の景気上昇を迎えた。その景気上昇もインフレ懸念による金融引締め、消費者信用の増大による負担増、低貯蓄率、株価下落による逆資産効果で耐久消費財、住宅投資、設備投資などが伸び悩み、在庫調整に入った。景気は二〇〇一年三月に山を迎え、一〇年にわたる長期上昇が終了した。その景気は二〇〇一年九月に発生したアメリカでの同時多発テロの影響でさらに深刻化した。アメリカの景気は二〇〇一年間を通じて一一回の金利引下げが実施されるなど、回復に向かっての努力が続いている。

(2) アメリカの景気循環の特徴

第二次世界大戦後のアメリカの景気循環（景気の一循環が確定した第九循環まで対象）は上昇期間が平均五〇カ月、下降期間が平均一一カ月である。一循環は平均六一カ月である。景気の一循環は約五年であり、景気の上昇期間は下降期間の約四・五倍の長さである。アメリカの景気循環は日本の景気循環と比較して上昇期間が長く、下降期間が短い。景気の一循環も長い。

その理由は以下の点が考えられる。第二次世界大戦後のアメリカ経済は成熟化し、この期間、五年ないし一〇年間の年平均成長率をみると三〜四％台で安定しており、成長率の振幅は小さい。景気過熱化が発生する頻度が少なく、その程度も弱い。さらに、企業の景気に対する調整（生産や設備や雇用調整など）や政府、政策当局の景気に対する対応が将来の期待を織り込みながら早期に実施されている。しかも、景気対策は財政政策よりも機動的な金融政策に依存していることも影響している。日本がアメリカよりも成長率が高い一九五〇〜一九九〇年代において、アメリカの方が景気上昇期間が長く、下降期間が短くなるのはこのためである。

アメリカの景気循環に果たす需要項目の役割は設備投資や在庫投資も大きいが、加えて耐久消費財を筆頭とする個人消費、住宅投資もかなり大きな役割を果たしている。アメリカは経済成熟化にともない、耐久消費財や住宅が充足されている。これらの需要は買替え需要が主で、需要はインフレや金利や信用状態に左右されやすく、金融の引締めや緩和によって影響される。また、個人（家計）の需要動向が景気循環を作っている。個人の方が企業よりも経済活動の振れが小さいことがアメリカの景気循環の振幅を小さくし、息の長い景気上昇と軽微な景気下降が生まれていると考えられる。

さらに、アメリカの景気循環で無視しえないのが大統領選挙との関係である。大統領選挙は四年に一度必ず行われる。大統領選挙が接近すると景気刺激的になるのは無理からぬことだろう。選挙民は景気に敏感で、それが大統領選挙を左右するからである。選挙前には公約を乱発し、財政支出増や減税を実施しようとする。そして、民主党は成長重視（インフレ的政策）、共和党は安定重

◎ 表6-1　アメリカ大統領と実質経済成長率 ◎

（%）

在　任	1年目	2年目	3年目	4年目	平　均
共和党大統領	3.6	0.2	3.5	4.3	2.9
（延べ7大統領）	前半 1.9		後半 3.9		2.9
民主党大統領	3.3	5.9	4.1	3.6	4.2
（延べ6大統領）	前半 4.6		後半 3.9		4.2
平　均	3.4	2.8	3.8	4.0	3.5
	前半 3.1		後半 3.9		3.5

（注）対象期間は1949～2000年.
（出所）アメリカ商務省資料、アメリカ経済白書より作成.

視（インフレ回避型政策）の政策運営を唱える。

その結果、民主党政権下では就任前半は成長が促進され、インフレになりやすく、その後半ではインフレによる成長減速が発生しやすい。

一方、共和党政権下では就任前半はインフレ抑制政策が実施され、成長減速ないし景気下降が発生するが、その後半には成長が促進される。アメリカでは共和党政権が景気循環を生んでいるといえる。共和党大統領の就任当初には景気は山を迎え、下降に入る。こうしたポリティカル・サイクル（選挙循環）に関しては否定的な見方も多い。しかし、政治と経済、選挙と経済は無視しえない関係にある。アメリカ大統領選挙の結果と景気循環には関連がみられる。

二〇〇一年からの共和党のブッシュ［息子］大統領の就任は、アメリカの景気を占う意味で重要である。従来、共和党政権下では在任一年目に成長が下降ないし減速し、二年目はさらに厳しくなる可能性が大きい。こうした時期、共和党政権下ではたびたび金利引下げが実施され、景気の減速と下降を和らげようとしてきた。最近のアメリカの景気はこのシナリオとほぼ同様に動いている。二〇〇一年九月にニューヨークとワシントンで発生した同時多発テロに端を発する経済混乱が発生しなくても、アメリカの景気は下降ないし減速に入っていることを示している。

(3) 日本の景気循環への影響

アメリカの景気は日本にどんな影響を与えているだろ

うか。アメリカと日本の景気基準日付を比較してみよう。アメリカと日本の景気循環の回数は異なる。日本が四回ほど多い。まず、両国の景気循環が対応しているような景気基準日付を取り出し、両国の山、谷の時期を比較する。日本の景気の谷はアメリカに遅れて迎えているのがほとんどである。その時間的な遅れは一定ではないが、日本の景気が下降から上昇に向かう場合、必ずアメリカに遅れていることがわかる。

一方、景気の山に関しても日本はアメリカに遅れている。アメリカが景気上昇から下降に転じる際、日本はそのタイミングにやや遅れて追随している。日本の対アメリカ向け輸出はアメリカが景気下降しても、即座に影響せず、引き続き増加を続け、日本の景気対策の発動時期がアメリカよりやや遅れる点を反映している。

アメリカの景気基準日付の山は一九六〇年、一九六九年、一九八〇年、一九九〇年、二〇〇一年とほぼ一〇年ごとに存在している。これに対して日本も一九六一年、一九七〇年、一九八〇年、一九九一年、二〇〇〇年に景気の山がある。日本も景気の山が一〇年ごとに存在し、アメリカと同時ないし一年遅れに山がある。日本の二〇〇〇年の山はアメリカに先んじて迎えている。しかし、アメリカの製造業生産は日本に先んじて二〇〇〇年半ばに山を迎えていることに注意する必要がある。

このように日本とアメリカには景気連動性がみられる。アメリカの景気が日本の景気を先導しているようである。アメリカは経済規模が圧倒的に大きく、貿易、投資などの国際取引を左右する。国際社会における発言力もあり、イニシアティブを発揮することが影響している。「アメリカがくしゃみをすると、日本が風邪を引く」とか、「肺炎になる」というのは事実である。

アメリカと日本の景気循環が対応していない局面では何が発生しているか。それは以下のようなことがみられる。アメリカが明確な景気下降をとらずに、実質経済成長率が減速するグロース・リセッションがある。日本経済の自律的基盤はアメリカに比較して脆弱である。アメリカの経済規模は日本をはるかに上回り、日本はそのアメリカ経済に大きく依存している。アメリカ経済が減速するだけで、日本の方は明確な景気下降に突入してしまうのである。

アメリカの景気下降と成長減速は日本からアメリカへ

◎ 表6-2　アメリカと日本の景気循環日付とタイミングの関係 ◎

	アメリカの景気基準日付			日本の景気基準日付		
循環	谷	山	谷	谷	山	谷
第1	1945年10月	1948年11月	1949年10月	—	1949年 1月 (+2)	1950年 5月 (+7)
				1950年 5月 (+7)	(1951年 6月)	(1952年 4月)
第2	1949年10月	1953年 7月	1954年 5月	(1952年 4月)	1954年 1月 (+6)	1954年11月 (+6)
第3	1954年 5月	1957年 8月	1958年 4月	1954年11月 (+6)	1957年 6月 (−2)	1958年 6月 (+2)
第4	1958年 4月	1960年 4月	1961年 2月	1958年 6月 (+2)	1961年12月 (+20)	1962年10月 (+20)
				1962年10月 (+20)	(1964年10月)	(1965年10月)
第5	1961年 2月	1969年12月	1970年11月	(1965年10月)	1970年 7月 (+7)	1971年12月 (+13)
第6	1970年11月	1973年11月	1975年 3月	1971年12月 (+13)	1973年11月 (0)	1975年 3月 (0)
				1975年 3月 (0)	(1977年 1月)	(1977年10月)
第7	1975年 3月	1980年 1月	1980年 7月	(1977年10月)	1980年 2月 (+1)	
第8	1980年 7月	1981年 7月	1982年11月			1983年 2月 (+3)
				1983年 2月 (+3)	(1985年 6月)	(1986年11月)
第9	1982年11月	1990年 7月	1991年 3月	(1986年11月)	1991年 2月 (+7)	1993年10月 (+31)
				1993年10月 (+31)	(1997年 5月)	(1999年 1月)
第10	1991年 3月	2001年 3月	—	(1999年 1月)	2000年10月 (−5)	—

(注) 日本の景気循環日付の(　)付きのものはアメリカとの対応がないものを示す．また，日本の景気基準日付の下の(　)内の数字はアメリカに対する日本の日付のタイミングを示す(−は日本の先行，+は日本の遅行，0は同時)．ただし，アメリカの2001年3月と日本の2000年10月の各山に関しては暫定．

(出所) アメリカ商務省, *Survey of Current Business*, 米国 Conference Board 資料などにより作成．

の輸出を減少させ、それが日本の景気下降に及ぶ。日本はしばしば、景気上昇の終盤や景気下降の序盤に輸出ドライブをかける。日本にとってアメリカは最大の輸出国である。そのアメリカが景気下降や成長減速から輸入を抑制すると、日本の輸出は大打撃を受ける。アメリカは日本以外の他の国からも多額の輸入をしており、そうした第三国の対アメリカ向け輸出減も日本にとって痛手になる。日本はそうした第三国に企業進出し、対アメリカ輸出をしている。第三国に対して大量の資本財と部品を輸出しており、こうした日本の輸出減が日本の景気下降を促す。

また、アメリカと日本は世界の経済成長を持続、促進させたり、いったん下降した景気が深刻化しないように、政策協調をする機会が増えている。景気下降を予防したり、早期に景気上昇させるためにアメリカと日本が同時に金融緩和したり、財政支出を増やしたり、減税することがある。こうした世界の政策協調がアメリカと日本の景気循環をシンクロナイズ化（同時化）する要因である。

金融や資本市場を介した景気の連動性もある。国際化、情報化、自由化、金融経済化が進展すると世界の各市場は連動して動く。アメリカの株価の変動が各国の市場に伝播する。日本もアメリカに相当の株や債券投資をしている。資産効果や逆資産効果を通じて、日本とアメリカの景気循環が同時化する。日本の企業経営者はアメリカ経済に左右されやすく、アメリカの経済情報に敏感である。アメリカ経済の動向が日本の経営者の心理を楽観ないし、悲観させ、それが日本の景気を変動させる。

二〇〇一年に入って世界同時不況の様相である。二〇〇一年九月のアメリカ同時多発テロの勃発で、さらに同時不況の程度が厳しくなる。アメリカを先導者とする景気減速は日本、欧州、アジアをはじめ全世界に広がっている。日本には日本独自の経済政策や経済基盤があっても、それは多少のタイミングのずれや強弱の違いを生じさせるだけで、現在のところ日本はアメリカの景気循環の影響を強く受けている。

2 激動するアジア経済と日本への影響

(1) アジア経済の激動

アジアNIEs（新興工業経済群）やASEAN（東南アジア諸国連合）は一九六〇年代以降、経済の成長段階に入り年平均七％前後の高い成長率を実現し、世界の成長センターと評価されてきた。そのアジア諸国の経済成長は各国、同時かつ一律でない。経済成長への取組みや市場経済を重視した政策を早期に採用した国の成長が先行するなど各国間に時間的な違いを持ちながら展開してきた。各国は工業化へ産業構造転換を推進し、世界貿易への参加機会を増やしてきた。世界経済の成長・発展により世界貿易が増加するのを背景に、アジア各国は輸出促進による経済成長を志向してきた。先進工業国がアジアの市場と生産基地を高く評価し、直接投資を推進してきたこともアジア各国の経済成長に寄与してきた。

アジア経済は紆余曲折はあっても、今後とも引き続き世界の中で相対的に高い成長を実現していくものとみられる。ただし、アジアの成長も国ごとにみると工業化、所得増加をいち早く実現したNIEsと、それに次いでASEANが高い成長を実現、その後は中国、インドなどが追随するなど、相対的に一人当たり所得が低い国の成長が目立つ。コンバージェンス（収束）理論が示すように、相対的に一人当たり所得が低い国が高い国をキャッチアップしていき、アジア域内の一人当たり所得は相互に接近していく可能性がある。

アジア経済が世界全体に占める地位は必ずしも一本調子に拡大してきたわけではない。最近のアジア経済は世界全体に占めるシェアを縮小させている。その大きな要因は日本経済の停滞である。また、NIEs、ASEANなど多くの国のシェアも縮小している。一九九七年のアジア金融・経済危機などによるマイナス成長と通貨の対ドル下落などが影響している。こうした中でめきめきシェアを拡大しているのが中国とインドである。総合すると、アジア地域は域内各国の経済シェアが流動的に変化しながらも、世界全体の中で高い経済成長を実現していくだろう。

アジア各国にも高い経済成長の過程で景気循環が存在

したかどうか検討する。日本やアメリカのように各国の景気基準日付が作成、公表されているわけではないので、各国の在庫投資比率（在庫投資／ＧＤＰ）と設備投資比率（固定資本形成／ＧＤＰ）を計算し、景気変動の有無や特徴をみる。国によって統計の使用期間は異なるが、多くの国は一九七〇年ごろからのデータが利用できた。

その結果、在庫投資比率はアジアＮＩＥｓ（韓国、台湾、香港、シンガポール）、ＡＳＥＡＮ（タイ、マレーシア、フィリピン、インドネシア）、インド、中国とも平均三～四年を一循環とする動きが存在した。この循環はキチン・サイクルに相当し、アジア各国に短期の景気循環が存在することを示している。また、在庫循環の平均上昇期間は一～二年、下降期間も一～二年だった。日本、アメリカ、イギリス、ドイツ、フランス、イタリアなど先進工業国の在庫循環も平均三～四年の在庫循環がみられる。アジア各国も含め世界各国には期間をほぼ一定とする在庫循環が存在することは驚きである。

次に、設備投資比率をみる。やはりアジア各国には七～一四年を一循環とする設備投資循環がみられた。この循環はジュグラー・サイクルに相当し、先進工業国の設備投資循環と同様のものがアジア各国にも存在することが明らかになった。

また、アジア各国の設備投資比率は先進工業国などに比較して著しく高いのが特徴である。設備投資比率が高いことがアジア各国が先進工業国と比較して高い経済成長率を実現できた原因でもある。

経済成長を以下のような二つの要素に分解してみる。

$$\underset{①}{\frac{\Delta GDP}{GDP}} = \underset{②}{\frac{I}{GDP}} \times \underset{③}{\frac{\Delta GDP}{\Delta K(=I)}}$$

GDPは国内総生産、Iは固定資本形成、Kは資本ストックである。

①は実質経済成長率で、それは②の投資比率に③の限界資本生産性を乗じたものである。アジア各国は設備投資比率（設備投資意欲）が高ければそれだけ、高い成長が可能なことを示している。また、アジア各国は先進工業国に比較して限界資本生産性も高いはずである。アジア各国の設備投資の特徴は新規のものが多く、生産能力拡大に直結するものが多い。これに対して、先進工業国の場合は更新投資や研究開発投資や合理化投資が多く、

生産能力拡大に必ずしも結びつかないものが多いからである。アジア各国は設備投資比率の高さに加え、限界資本生産性も高いため、旺盛な設備投資が高い実質経済成長率を実現させるわけである。

それでは、高い投資比率と高い成長率を実現してきたアジア各国と相対的に低い投資比率と低い成長率の先進工業国との間で、循環期間がほぼ同様の在庫投資循環や設備投資循環が存在するのはなぜだろうか。その理由はアジア諸国は高い設備投資水準や在庫投資比率水準のもとで大きな投資のスウィング（振れ）を利用して、先進工業国よりも高い経済成長を実現してきたからである。これがアジア経済の高い経済成長とダイナミズムを生んできたのである。このアジアの設備投資の増加には日本や欧米先進工業国の多国籍企業による直接投資がかなり貢献している。先進工業国はアジア地域を成長センターとして市場拡大や生産基地として大いに活用している。世界経済にはこうした先進国の多国籍企業の国際的活動を通じた設備投資と在庫投資をテコとする景気循環の同時化がみられる。

(2) アジア経済激動の理由

アジア各国は海外の景気、為替、金融、国内の金融、財政状況など内外の諸要因によって大きな変動を示しながら、高い成長を実現してきた。一九九七〜一九九八年の東アジア地域の金融・経済危機はアジア各国に深刻な影響をもたらしたが、その後、大方の予想以上に早期回復するなど、アジア経済の成長力には目を見張るものがある。

アジア各国は貿易を通じて先進国の景気循環の影響を受ける。ＮＩＥｓ・ＡＳＥＡＮをはじめ各国の輸出依存度は著しく高い。ＧＤＰに占める輸出のウエイトは高い国では約二倍に上り、おおむね半分程度を占める。こうした高い輸出依存度は海外の景気循環の影響を受けやすい。この輸出は企業の設備投資や在庫投資はもちろんのこと、個人消費をも誘発する。輸出需要の直接・間接的影響はきわめて大きい。

アジア各国の輸出の地域別シェアをみると日本とアメリカ向けが大きいので、日本やアメリカの景気の影響を受けやすい。また、日本やアメリカの影響を隣国や周辺のアジアの国々の経済活動を通じても受ける。日本とア

◎ 表6-3　日本とアジア地域の実質経済成長率 ◎

(%)

年	1971	1972	1973	1974	1975	1976	1977	1978	1979	1980
日本	4.3	8.4	8.0	−1.2	3.0	3.9	4.3	5.2	5.4	2.8
	▼	△	▼	▼	△	△	△	△	△	▼
アジア	5.7	5.2	9.4	4.5	6.6	8.7	7.2	9.3	6.2	5.8
	▼	▼	△	▼	△	△	▼	△	▼	▼
年	1981	1982	1983	1984	1985	1986	1987	1988	1989	1990
日本	2.8	3.1	2.3	3.8	4.4	3.0	4.5	6.5	5.3	5.3
	0	△	▼	△	△	▼	△	△	▼	0
アジア	6.3	3.6	5.6	7.7	4.1	5.9	9.7	11.3	8.2	6.3
	△	▼	△	△	▼	△	△	△	▼	▼
年	1991	1992	1993	1994	1995	1996	1997	1998	1999	2000
日本	3.1	0.9	0.4	1.0	1.6	3.5	1.8	−1.1	0.8	1.5
	▼	▼	▼	△	△	△	▼	▼	△	△
アジア	7.4	6.5	6.6	7.9	8.1	7.2	5.1	−3.0	5.6	7.2
	△	▼	△	△	△	▼	▼	▼	△	△

（注）1．アジアとは日本を除く10カ国の中位数による平均実質経済成長率を示す．
　　2．△は前年より加速，▼は前年より減速を示す（ただし0は同速）．
（出所）IMF, *International Financial Statistics*，内閣府「海外経済データ」より作成．

メリカの多国籍企業の国際分業が広範に展開されているためである。

　日本とアメリカの両国とアジア各国の実質経済成長率を比較する。一九九〇年代初めの日米両国の低成長はインドとフィリピンの両国に強く影響した。しかし、その他のアジア各国には影響が小さかった。各国通貨が円に対して下落（一部通貨はドルに対しても下落）したために、価格競争力が上昇、輸出増で経済成長を支えられたからである。もちろん、アジア経済の成長基盤が強化されてきたことが日本とアメリカ両国の低成長の影響を克服した原因でもある。しかし、一九九七〜一九九八年の金融・経済危機はほぼアジア全体に波及した。一九九七年にはタイが、一九九八年には香港、韓国、インドネシア、タイ、マレーシア、フィリピンなど各国がマイナス成長に陥った。シンガポールはマイナス成長にはならなかったが、ほぼゼロ成長である。七%前後の成長を持続してきたアジア各国に経済的危機が走った。日本の景気下降やアメリカの経済成長の鈍化などが影響している。

　二〇〇一年に入ってアジア諸国の経済成長率が急速に低下しているのも、明らかに日本の景気下降が影響している。日本とアジアの景気循環の同時化は明らかである。日本経済は世界的地位が低下しているといっても、アジア各国の経済規模と比較すれば、依然日本の方が圧倒的に大きい。その日本の景気はアメリカの景気の影響を受ける。結局、日本とアメリカ、アジア各国の景気同時化現象が生まれやすい。日本とアメリカの景気動向がアジア経済の激動要因となる。

日本とアジア経済は貿易だけでなく直接投資を通じた関係も緊密である。日本のアジアへの直接投資は大きく分けると日本での高い生産コストを解決するために相対的にコストの安価なアジアで現地生産したり、将来の有望市場としてアジアを重視したものである。日本企業の直接投資は国内景気に大きく左右される。日本国内で企業業績が改善すれば海外への直接投資を増やす。企業は設備投資を決定する際、日本国内にするか海外にするかは同じ土俵で考える。従来の国内設備投資の延長と考えており、企業業績が良好でないと海外の設備投資も誘発されにくい。日本国内の景気上昇は企業業績の改善を通じて、海外直接投資、それもアジアへの設備投資を促進する。その結果、アジア各国の景気も上昇しやすい。したがって、日本とアジアの景気循環は同時化しやすい。すでに日本企業が現地生産を開始していれば、日本の景気上昇でアジア各国の生産は増加、対日輸出（日本の逆輸入）が増加する。新たに企業進出して、現地生産する場合には、当初は日本から資本財や部品を現地に輸出する。そこで、日本とアジア双方にとって景気上昇の好循環が生まれる。

さらに、国際金融を通じたアジア経済への影響も大きくなっている。アジアでは、一九九七年のタイ・バーツ切下げに端を発して、金融・経済危機に見舞われた。従来からの外資導入による輸出主導型の経済成長に大きな課題が発生した。タイの金融・経済危機はそれまでの景気上昇による輸入増とドルにペッグした通貨の過大評価の結果、輸出が困難になり、貿易・経常収支の赤字が増加、累積債務が膨張、金融システムの脆弱性などが問題化した。このためそれまで流入してきた海外の短期資金が流出し始めた。そこで通貨価値の下落を抑制するため、金利の大幅引上げと緊縮財政を展開した結果、景気が急速に下降した。世界の成長センターとして高い評価を受け、高成長を維持してきたアジア諸国の経済混乱は新興国経済全体に対しても先行き不安をもたらした。ロシア、中南米諸国などにも波及、先進国を含む全世界に悪影響をもたらすことになった。

アジア経済が成長していく過程でアジア域内（日本を除く）の相互取引や直接投資も増加していった。アジア域内の景気が域内の他の国にも波及するようになった。アジアの一国の景気がアジア域内に波及し、累積的に影響していく。アジア経済は域内各国の経済規模が大きくなるにつれ、アジア各国の景気変動の引き金になる可能性が出てきた。

(3) 日本の景気循環への影響

アジア各国は高い経済成長とその持続の結果、日本との経済の相対的地位が高まってきた。アジア各国は日本の影響を受けると同時に、日本の景気に影響するようになった。一九九七年以後のアジア各国の景気と日本の景気には連動性が明らかである。日本の低成長がアジア各国の景気循環に影響する一方、アジアの金融・経済危機をきっかけとするアジアの内需不振が日本の景気に悪影響をもたらしている。アジア各国は経済成長とともに国内市場が拡大し、日本からの輸入を左右するようになったからである。また、日本企業は、アジア各国に金融機関も含めて相当の直接投資や証券投資や融資を行っている。日本はアジア経済の影響を色濃く受けるようになっている。

一九九八年、日本はアジア経済の不振からアジア向け輸出が大幅に減少、先進国の中で最も輸出が減少した。日本の経済規模、成長度合い、経済・産業基盤が脆弱になってきたことを示している。また、一九九九年以後アジア経済が急速に立ち直ると日本の景気も上昇に転じた。しかし、二〇〇〇年後半からアメリカの景気減速から端を発してアジア景気が減速すると、日本にも景気下降の動きが出てきた。アジアの景気動向は日本の景気に対して大きな影響を与えるようになった。アジアの輸入には日本企業の対アジア向け直接投資が関連している。日本の景気が日本からのアジアの輸入（日本の輸出）に左右され、それが回り回って、日本の景気に跳ね返ってくる。そういう意味ではアジア企業の対日直接投資を通じて、日本国内の景気が上昇し、それが日本国内の企業業績の改善につながり、アジアへの直接投資を増やすという連

◎ 表6-4　アジア各地域の日本からの輸入増減率 ◎

（%）

年	1991	1992	1993	1994	1995	1996	1997	1998	1999	2000
NIEs	17	11	9	15	20	▼7	▼1	▼23	12	27
ASEAN	18	7	17	24	28	▼6	▼10	▼35	20	26
中　国	32	30	66	15	13	6	▼2	▼2	19	23
日本の実質成長率	3.1	0.9	0.4	1.0	1.6	3.5	1.8	▼1.1	0.8	1.5

（注）1．増減率はドル・ベースにより計算．▼は減少を示す．
2．NIEs：韓国，台湾，シンガポール，香港．
ASEAN：インドネシア，タイ，マレーシア，フィリピン．
（出所）IMF, *International Financial Statistics*，内閣府「海外経済データ」より作成．

鎖が生じていく。

アジア各国と日本の経済成長率、在庫投資、設備投資の動向を比較する。経済成長率の変化、在庫調整、設備調整はほとんどの国にみられる現象である。また、その調整の時期はアジア各国が同時か、先行している。日本の方が遅れて動くケースが少なくない。アジアの景気に日本が左右され始めたと考えられる。これには、日本企業が海外と国内の関連会社との取引において、海外の方が限界的な生産部分を担当している部分が多いことによる影響もある。一九九〇年代の日本とＮＩＥｓ、ＡＳＥＡＮ、中国各地域との貿易をみると、日本の各地域への輸出増加率の方が輸入増加率よりもかなり大きい。また、ＮＩＥｓ、ＡＳＥＡＮ各域内での貿易の活発化、ＡＳＥＡＮからＮＩＥｓ・中国への輸出増、ＮＩＥｓから中国への輸出増が顕著である。中国のアジア各地からの吸引力が強くなっている。

さらに、日本の経常（貿易）収支はこれまで国内景気と関連が深かった。景気が上昇すると輸入が増加し、日本の経常収支の黒字は減少した。一方、景気が下降すると輸入が減少、経常収支の黒字が増加した。最近は景気下降にもかかわらず、輸入は増加したままとどまり（逆に輸出は伸び悩み）、経常収支黒字が減少している。これは新しい動きである。日本企業のアジアでの現地生産が軌道に乗り、逆輸入が増加してきたことと、アジア企業が競争力を高めたためである。日本には産業空洞化は起こらないと楽観的に構えてきたが、次第に産業の空洞化が現実のものになりつつある。アジアからの輸入が日本経済に確実に組み込まれており、その力が強化されている。その結果、日本経済の成長回復や景気上昇を手間取らせる要因となっている。日本国内における雇用削減の動きは止まらず、失業率は上昇したままの可能性がある。

3 資源価格の変動と景気

(1) 原油価格の激変

原油は原燃料として広範囲の製品、サービスに関連し、しかもそれぞれのコストに占める割合も高い。したがって、原油価格の変動は経済全体に影響力を持ち、物価全体を左右する。原油価格は景気と対応して動きやすく、景気上昇にともなって上昇し、景気下降にともなって下落しやすい。また、原油価格の高騰は景気上昇を終了させる働きがあり、逆に原油価格の下落・安定は景気下降を終了させる働きを持っている。原油価格は一年間に一バレル当たり一〇ドル（二倍ないし半額）も変動するなど大きく変動する。また原油価格の変動は他の資源価格に波及するなど重要な意味を持っている。

一九七三年一〇月の第一次石油危機では原油価格は短期間に四倍に急騰した。この結果先進工業国では高インフレが発生し、それを克服するため一斉に金融引締め政策を採用、相次いで景気下降に入った。この景気下降は激しいインフレと不況が同居するスタグフレーションとなった。先進工業国と発展途上国の各国とも景気は下降し、世界的広がりを持つ、戦後最悪の景気下降となった。世界の貿易は数量ベースで縮小した。しかし、この原油価格高騰は突然発生したわけではない。一九六〇年代、世界景気は長期にわたって上昇を続け、原油需要は大幅増加し、需給が逼迫、原油価格がいつ急騰してもおかしくない状況にあった。

また、世界貿易をみると、資源価格が安定している一方で、工業製品の価格は上昇していたため、交易条件は工業国に有利、資源国に不利な状況だった。産油国はこの不利な交易条件の改善を狙っていた。世界各国も原油

◎ 表6-5　原油輸入価格（通関）の推移（ドル／バレル）◎

1971年	1972	1973	1974	1975	1976	1977	1978	1979	1980
3	3	3	11	12	13	13	14	19	33
前半5年　6（4.5%）					後半5年　18（4.3%）				
1981	**1982**	**1983**	**1984**	**1985**	**1986**	**1987**	**1988**	**1989**	**1990**
37	35	31	29	28	16	18	16	17	22
前半5年　32（3.4%）					後半5年　18（4.8%）				
1991	**1992**	**1993**	**1994**	**1995**	**1996**	**1997**	**1998**	**1999**	**2000**
20	19	18	16	18	20	21	14	17	28
前半5年　18（1.4%）					後半5年　20（1.1%）				

（注）（　）内は前半5年および後半5年の各平均実質経済成長率を示す．
（出所）財務省「外国貿易概況」，東洋経済新報社『経済統計年鑑』より作成．

不足不安に陥り、先を競って原油を購入する行動に出るなど、原油価格引上げの条件が整っていたのである。

一九七三年の第一次石油危機から脱出した世界経済は、その後再び急回復した。アメリカ経済をはじめ世界各国の成長率が高まった。これが再び原油需要を増加させ、需給が逼迫、原油価格には再び上昇の可能性が生じた。

一九七九年に第二次石油危機が発生、原油価格は三倍に跳ね上がった。第二次石油危機の原油価格の上昇率は第一次石油危機を下回ったものの、上昇幅は第二次石油危機の方が大きかった。原油価格高騰でインフレが加速、それが世界各国の景気引締め策を促進し、金利が上昇した結果、景気下降が起きた。世界貿易は停滞し、産油国でも石油需要の減少、その後の価格下落、石油収入の減少、累積債務の増大などが重なって、世界は長期の同時不況を迎えた。

その後の原油価格は世界の景気循環に対応しながら、上下動を展開した。一時、一九九〇年は前年の二倍、二〇〇〇年は前年の三倍に上昇した。原油価格上昇には中東紛争など紛争が付き物だが、その根底には原油に対する需給逼迫が影響する。需給が悪化しているにもかかわらず、原油価格が上昇することはまず考えられない。アメリカをはじめ世界各国の景気上昇で原油需要が増加したのが価格上昇の原因である。しかし、二〇〇一年に入ると世界の景気下降や経済成長の減速で原油需要は鈍り、原油価格が下落し始めた。

過去五〇年の原油価格を一〇年ごとに期間を区切ってみる。その結果、一九五〇年代、一九七〇年代、一九九〇年代は原油価格の上昇時代であることがわかる（年代初めと年代終わりの価格を比較）。この期間、景気上昇による石油需給の逼迫から年代末には原油価格が上昇した。一方、一九六〇年代、一九八〇年代は原油価格の下落時代である。この期間、景気減速による需要減少とその前一〇年の原油需給逼迫から産油国が原油供給力を増強し、石油需給が緩和されたためである。原油価格には大ざっぱに上昇一〇年、下降一〇年の二〇年循環がみられる。これを前提に今後を予想すると二〇〇〇年代は一九九〇年代の価格上昇の反動で下降期に入る見込みである。

最後に、原油価格と日本の実質経済成長率の関係を五年ごとに区切ってみる。一九七〇年代後半の平均原油価格は前半の三倍だった。原油価格高で後半の平均成長率は前半よりも鈍化した。一九八〇年代後半の平均原油価格は前半の半分程度にまで低下した。原油価格下落で後半の平均成長率は前半を上回った。一九九〇年代後半の平均原油価格は前半より上昇した。この原油高も手伝い、後半の平均成長率は鈍化した。日本の経済成長率と原油価格の水準の関係には負の関係がみられる。先に、日本の景気上昇期には原油価格が上昇し、景気下降期には原油価格が下落しやすいことを述べた。したがって、この結果は逆ではないかと思われるかもしれない。これは、原油価格を変化方向でみるか、原油価格の水準でみるかの違いであることに注意する必要がある。

(2) 国際商品市況の変動

原油価格と同様にその他の資源価格も景気に対して敏感に動く。国際商品価格の代表的指標であるＣＲＢ（コモディティー・リサーチ・ビューロー）先物指数の推移をみる。ＣＲＢ先物指数はアメリカの商品取引所に上場する主要一次産品の先物価格を指数の形で算出したものである。世界の需給で価格が決定される商品が対象で、

◎ 表6-6　CRB先物指数 ◎

	1997年		1998年				1999年	
	7-9月	10-12月	1-3月	4-6月	7-9月	10-12月	1-3月	4-6月
CRB指数	240	239	229	220	205	199	189	190
対前期比変化率（%, ▼:低下）		▼0	▼4	▼4	▼7	▼3	▼5	1
日本の景気循環	景気下降							)(景気上昇

	1999年		2000年				2001年	
	7-9月	10-12月	1-3月	4-6月	7-9月	10-12月	1-3月	4-6月
CRB指数	195	204	211	219	223	227	223	212
対前期比変化率	3	5	3	4	2	2	▼2	▼5
日本の景気循環	景気上昇					)(	景気下降	

（注）CRB先物指数は1967年＝100.
（出所）東洋経済新報社『統計月報』,『日本経済新聞』より作成.

エネルギー、産業素材、貴金属、農産物、食品など五分野、一七商品で構成されている。

CRB指数は二〇〇〇年一〇－一二月期をピークに下落し始めた。アメリカ、日本、ヨーロッパ、アジア経済が二〇〇〇～二〇〇一年にかけ減速し、世界的に資源需給が緩和されたためである。世界景気を引っ張ってきたIT（情報技術）関連の産業需要が、それまでの急成長の反動から需要が急激に縮小したことも、国際商品価格下落を加速させた。

一九九〇年代のCRB指数を追うと、一九九二年にかけて下落している。世界的な景気下降による需要低迷が原因である。その後、アメリカをはじめ世界の経済成長と景気回復で資源需要が回復したため、CRB指数は一九九六年まで上昇し、その後、下落した。世界経済の減速やアジアや中南米の金融・経済危機が影響した。しかし、世界景気の回復とアジア経済の立ち直りでCRB指数は一九九九年に谷を脱出し、上昇に入った。それが二〇〇〇年末に世界経済の減速と景気下降から再び下落した。

資源価格は景気に敏感に反応するため、前年に比較して大きく上昇ないし下落するのはしばしばである。先行きの景気回復による生産増と原材料需要増が見込めると、需給逼迫期待から資源価格は上昇する。産業界が早めに資源や原材料の在庫手当を進めるからである。先行きの景気に関しては企業の読みや心理的なものが影響する。投機筋の動きも加わり、価格は不安定かつ大幅に変動する。

CRB指数の上昇は将来、世界物価を押し上げ、インフレ圧力として働く。大幅上昇期待が働くと金融が引き締められ、金利が上昇、景気下降を引き起こす。一方、CRB指数の下落は将来の物価下落を期待させる。物価下落は実質所得の増加と金融緩和の余地を与え、景気下降から上昇に反転させる可能性がある。しかし、CRB指数の下落が世界や日本経済の停滞を反映したものだと、産業界の資源や原材料の在庫手当はますます鈍り、物価下落と不況の悪循環が展開される。CRB指数など国際商品市況の動向にはそのときの景気状況が反映される。

また、CRB指数はドル・ベースで作成された指標である。資源輸出国の通貨がドルに対して上昇（下落）すると、ドル・ベースの価格は上昇（下落）する。CRB指数はドル高の際は下落、ドル安の際には上昇しやすい。CRB指数には各国の通貨の強弱も反映される。

なお、CRB指数の他にも資源価格の動向を示すものにロイター商品指数、ダウ＝ジョーンズ指数などがある。これらの指数もCRB指数とほぼ同様な動きを示す。日本では日経商品指数などがある。

(3) 資源価格の景気への影響

資源価格は資源輸出国と資源輸入国の交易条件の変化を通じて、世界各国の景気動向に異なる影響を与えることがある。資源輸出国にとっては資源価格が上昇することで、所得を増やすことが可能になり、景気にとってプラスに働く。その一方で、資源輸入国では支払いが増加する。輸入国ではコスト圧迫になり、企業利益が減少、物価上昇の原因となる。景気は引き締められ、景気下降が生じる。

しかし、資源輸出国にとって資源価格上昇は当初は所得増になるが、次第に資源輸入国である先進工業国の景気下降が世界全体に蔓延し、世界貿易が縮小する。資源価格も世界の需給緩和で下落し始める。そうなると資源輸出国にとっても輸出が減少し、外貨収入が減少してしまう。資源輸出国にも景気下降が到来する。資源価格が下落する場合にはこの逆の現象が生まれる。

これまで資源価格の下落は世界経済にとってプラスに働いた。世界全体で工業国（資源輸入大）の占める経済（GDP）シェアが大きいためである。資源価格の下落は製品やサービスのコスト低下につながり、物価安定や低下をもたらす。二〇〇一年、日本では景気が下降しているが、もしこの時期に資源価格が上昇したらどうだろう。日本は資源輸入国だから、海外への支払いが増加し、物価が急騰し、景気下降の程度をさらに増す可能性が考えられる。

世界的な資源価格の下落は資源輸出国にマイナスだから、そうした際には意図的に資源価格を支えようとの期待がある。しかし、資源価格はそもそも市場の需給状況に応じて動くのが自然である。弱い資源価格を意図的に吊り上げても長続きしない。資源価格が回復するにはその前提として世界景気回復による需給好転が不可欠である。

当面、資源価格は下落ないし安定した動きを続けるだろう。世界経済が停滞から回復の兆しが出てきたところで、先行きの資源需要増から価格上昇期待が生まれて値上がりするはずである。資源価格は需給によって値上がり（値下がり）する。その間に、資源輸出国では生産が拡大（縮小）し、生産能力の拡大（縮小）が起こる。

資源価格の変動は交易条件（輸出価格／輸入価格）を変えるが、日本には一〇年を一つの区切りとするスウィング現象がみられる。交易条件は一方向に動くわけではない。資源価格、工業品価格、円相場の動向によって変化する。日本の交易条件は一九七〇年代に低下、一九八〇年代は上昇、一九九〇年代に再び低下した。これを前提とすると、二〇〇〇年代の日本の交易条件は上昇する公算が大きい。やや長い目でみると日本経済にとってプラスの影響をもたらすだろう。

4 国際金融で揺れる景気

(1) 対外取引と景気

国際的な資金の移動をともなう取引には貿易取引や資産取引などがある。世界の経済成長、グローバル化、ボーダレス化、情報化、金融経済化のもとで、国際間の貿易取引や資産取引が増加してきた。特に資産取引の膨張はめざましく、貿易取引をはるかに上回るようになった。

一九九〇年代の貿易取引をみてみよう。アメリカや欧州やアジア各国は景気の長期上昇と高い成長のために需要が増加、それにともなって海外からの輸入が急増した。輸出は増加するには増加したが、輸入の増加率には及ばなかった。したがって、景気上昇を経験した各国は貿易収支や経常収支の赤字の増加ないし黒字が減少した。アメリカでは国民の先行き楽観論が手伝い、潜在GDPの成長率を大きく上回る高い成長率が長期間続いた。このため輸入依存型の経済が顕著になり、経常収支の赤字がどんどん膨張した。アジア各国も平均七%前後の高い成長を続け、やはり輸入が急増した。貿易収支と経常収支の赤字が増加し、その後、一九九七～一九九八年のアジア金融・経済危機の際に、アジアは景気下降（内需縮小）、通貨切下げで、輸入抑制、輸出促進となり、貿易・経常収支の黒字転換が実現した。

一九九〇年代を通じて低成長に甘んじた日本は、国内需要の停滞から輸入が抑制される一方、輸出促進により国内需要の低迷を打破しようとした。その結果、日本の貿易収支や経常収支の黒字は膨らんだ。この期間、日本が高成長を実現していたら、輸入促進、輸出抑制となり、貿易・経常収支の黒字が縮小したはずである。

このように、世界の貿易・経常収支の変化と国内景気とは深い関係にある。景気循環に対応して黒字が増加（ないし赤字が減少）したり（景気下降期）、黒字が減少（ないし赤字が増加）したり（景気上昇期）するものである。

次に、国際間の資産運用にともなう資金移動がある。資産は預金、国債、社債、株式など各種の金融資産に運用することができる。その場合、どの資産にどれだけ運用すれば有利かなどを判断材料とする。金利（利回り）、キャピタル・ゲイン（ないしロス）、為替などの動き（とその予想）が重要指標である。一九九〇年代の特徴として、アメリカは高金利、経済再生、IT革命、ドル高維持意欲を示し、日本をはじめ海外から資金を流入させ、貿易・経常収支の赤字に対応した。むしろ、海外からの資金を積極的に流入させた結果、貿易・経常収支の赤字が拡大したともいえる。その結果、アメリカは資金窮迫に陥ることなく、息の長い景気上昇と高目の成長が可能となった。

逆に日本は経常収支の黒字を、経済的評価が高くかつ運用面で有利なアメリカに投資したために資金流出が続いた。日本の資産は海外に流出するよりはそれを国内に利用した方が得策との考えがある。しかし、日本国内の金融・経済不振で、日本の投資家はアメリカの方が資産が増え、安全と考えたのである。日本の資産がアメリカで有効に運用され、資産が増加する場合には日本の資産増につながり、日本の景気にもプラスになる。ただし、アメリカを含む世界的な株安が発生すればそれは大きなマイナスとなる。二〇〇〇年からの日本の景気下降にはそれが多分に影響している。

一九九七～一九九八年にアジア経済に対する先行き不安からアジアから大量の資金が流出、アジア株安、アジア通貨安が発生した。二〇〇〇～二〇〇一年にかけてはトルコ、アルゼンチンなどでも金融・経済危機が発生した。また、二〇〇一年九月のアメリカの同時多発テロやヘッジファンドを主力とした国際投資家の活動も加わり、世界は金融・経済危機の火種をいくつも抱えており、今後とも日本経済はその影響を免れない。

(2) 金利と景気

金利（利回り）の水準はどう決定されるか。各国の金利は日々変動する。日本とアメリカの長期的な金利の水準はどう推移してきたか。過去三〇年にわたる日本とアメリカのそれぞれの名目GDP成長率と長期金利（ともに一〇年もの国債利回り）の平均値をみる。この期間、日本の名目GDPの平均成長率は五・九％、長期金利の平均も同様に五・九％だった。両者は完全に一致していた。同じ期間、アメリカの名目GDPの平均成長率は七・八％、長期金利の平均は八・三％だった。

日本は企業が新たに設備投資して生産を増やして稼ぐ利益と金融市場で資金を運用して稼ぐ利益とが同一であることを示している。企業が借り入れた金利コストをカバーするだけの生産・売上げが実現できたことを示している。アメリカでは設備投資を実施して利益を上げるよりも金融市場で資金を運用した方が利益がやや大きかったことを示している。結局、金利水準は名目経済成長率（つまり生産（販売）数量の伸びに製品（ないしサービス）価格の伸びを乗じたもの）に対応する性質があることを示している。高成長・高インフレの国、あるいは高成長・高インフレの時期には金利が上昇しやすいことを明らかにしている。

各国の金利は経済のグローバル化、ボーダレス化、情報化、協調体制の実施などから連動性が出ている。国境を越えた金利裁定が増加し、各国の金利は海外の金利動向にも強く影響されるようになった。

一九七三年の第一次石油危機では先進工業国の経常収支の赤字、インフレ対策により高金利が世界的に拡散、その結果、世界各国の景気も下降した。一九七九～一九八〇年の第二次石油危機の際も同様だった。各国の金利は急上昇し、一九八〇年代初めには史上最高水準に達した。世界経済は急速に停滞し、世界同時不況に陥った。その後インフレが鈍化するにともない、一九八二～一九八三年にかけて金利は低下し、再び世界は景気回復を迎えた。

一九八〇年代後半には為替調整が出現した。この時期、世界の金利は上昇した。一九八七年一〇月の「暗黒の月曜日」では世界的な株価下落と不況の可能性が生じた。一九八〇年代末の日本では金利が急激に引き上げられ、景気は急速に下降、株価や地価は大幅に下落した。さらに一九九七年後半にはアジアの金融・経済危機が発生、アジア各国は異常な高金利に突入した。通貨流出を抑えるための方策である。一方、二〇〇一年に入ると各国は世界同時不況を軽減させようと同時的金利引下げに転じた。このように、世界の金利は激しく動くとともに同時化するようにもなった。

(3) 為替と景気

世界の為替相場はしばしば急騰、急落の動きが生じる。為替相場は日々、新たな情報によって敏感に動く。経済のファンダメンタルズ（基礎的条件）を反映しても動く。その内容は対外純資産（累積経常収支）、内外実質金利格差、物価上昇率格差などがある。さらに購買力平価によっても動く。国際市場化が進めば「一物一価」が成立する可能性があるからである。

円の対ドル相場には五年を一つの循環として為替サイクルが発生している。円高ドル安が平均三年続き、その後、円安ドル高が平均二年続く。為替の動きは基本的に経常収支の動きが反映される。日本の経常収支の黒字の増減を追うと黒字増加が平均三年続き、そして黒字減少が平均二年続く。その後再び、平均三年黒字が増加する。ただし、当年の経常収支が当年の円相場にそのまま影響するというわけではない。二年前の経常収支が当年の円相場に影響する。両者にはタイム・ラグがある。それは次の理由からである。経常収支の黒字増加がしばらく続き、対外純資産が十分に増えていく。そこで初めて、円高ドル安に転じる。逆に、経常収支の黒字減少がしばらく続き、対外純資産の増加が目にみえて鈍化していく。その時点で、今度は円安ドル高に転じるのである。

経常収支の中核は貿易収支である。景気上昇期には輸入が増加、その一方で輸出はさほど増えない。貿易収支の赤字（ないし黒字減少）、経常収支の赤字（同）が発生して、その国の通貨は下落する。通貨下落は海外からの輸入品価格の上昇を招き、インフレ懸念が生まれる。海外からのその通貨に対する信頼は揺らぎ、資本逃避が生じる可能性がある。過去三〇年間のドルの下降トレンドはこのためである。一九九七〜一九九八年にアジアでは通貨・経済危機があった。これも経常収支の大幅赤字が主因である。一九九〇年代に入ってタイは経済成長（内需拡大）が持続し、輸入が急増する一方で、輸出は伸び悩んだ。慢性的に経常収支の赤字が発生、累積債務が顕在化した。タイ・バーツに対する市場の信頼は大きく低下し、資本流出によるバーツ売りが急増した。ドルにペッグしたアジアの多くの国では景気上昇の持続化と強い通貨により海外からの輸入急増と輸出鈍化が生じた。その結果、貿易収支と経常収支は悪化し、通貨下落を余儀なくされた。

為替相場は種々の要因で動くが、内外実質金利格差や二国間の経済成長率格差にも反応して動く。一九九〇年代のアメリカは多額の経常収支の赤字を抱えながら、日本との実質金利格差などを利用してドル高政策を進め、日本からの資本流入を増加させた。ドルは将来も強い通貨との確信を世界に植え付け、海外から資本流入させた。この時期、経常収支の赤字増加にもかかわらず、ドルは強い通貨として堅持された。アメリカが高めの成長率と息の長い景気上昇を実現したことで海外からの資本流入を必要とし、海外もアメリカを資金需要が旺盛で、有利な投資先とみて資本流出を進めた。

通貨の上昇（下落）は当該国の輸出企業の利益悪化（改善）と輸出競争力の低下（上昇）を招き、景気を下降（上昇）させる。一九九七〜一九九八年にアジア通貨が下落したためにアジアの輸出は急増し、輸入は抑制された。アジアの経常収支は急速に改善、予想外の早さで景気も上昇した。一方で、アメリカのように輸入に大きく依存している国では通貨の上昇、ドル高を通じて海外から輸入品を安価に購入、国内供給不足を補い、インフレを回避できた。ドル高を堅持する姿勢を示すことで海外から資本流入させ、国内の貯蓄不足を補い、景気上昇を持続させた。しかしこの場合、アメリカ経済に対する信頼が不可欠で、アメリカには経済成長と景気上昇が必要であったことも事実なのである。経済成長率が相対的に高い国の通貨が高くなる（できる）ことを示唆している。

(4) 株価と景気

二〇〇〇年から世界株価の潮流はほぼ同時に下落し始めた。その過程で二〇〇一年に入るとその勢いを増し、九月のアメリカの同時多発テロでさらに厳しい下げとなった。アメリカ経済の減速と一〇年ぶりの景気下降、アメリカ経済の一九九〇年代後半の牽引役であったＩＴ関連銘柄の業績悪化、世界の政治・経済の混迷に投資家の先行き悲観論の台頭などが加わって株価は下落した。世界の株式市場は世界景気の減速、ＩＴブームの終焉、それにともなう世界貿易の縮小、企業業績の悪化、個人消費の減退の可能性が浮上してきたために、株価下落の連鎖が始まり、その下落幅が大きくなってきた。

株価と景気の連動性はかなり高い。その関係は日米両国にみられる。特にアメリカでその規則性が強くみられる。アメリカと日本の景気基準日付と株価の変化タイミングについて検討する。株価の転換点（山・谷）は景気

◎ 表6-7　アメリカの景気基準日付と株価のタイミングの関係 ◎

山			谷		
景　気	株　価	タイミング	景　気	株　価	タイミング
1948年11月	1948年 6月	−5	1949年10月	1949年 6月	−4
1953年 7月	1953年 1月	−6	1954年 5月	1953年 9月	−8
1957年 8月	1956年 7月	−13	1958年 4月	1957年12月	−4
1960年 4月	1959年 7月	−9	1961年 2月	1960年10月	−4
1969年12月	1968年12月	−12	1970年11月	1970年 6月	−5
1973年11月	1973年 1月	−10	1975年 3月	1974年12月	−3
1980年 1月	1979年 9月	−4	1980年 7月	1980年 4月	−3
1981年 7月	1980年11月	−8	1982年11月	1982年 7月	−4
1990年 7月	1990年 6月	−1	1991年 3月	1990年10月	−5
2001年 3月	2000年 8月	−7	—	—	—

（注）1．タイミング中の−は株価の景気に対する先行月数を示す．
　　　2．S&P株価指数（500種）を使用．
（出所）アメリカ商務省，*Survey of Current Business*，アメリカ Conference Board 資料より作成．

の転換点（景気基準日付の山・谷）に対してほとんどの場合、先行している。アメリカでは一〇〇%みられる現象である。日本では時にこの関係が崩れる場合がある。

株価が景気に先行して動く理由は以下の通りである。株価を変動させる要因で最も重要なのは企業利益と金利であろう。利益の減少、その増加率の縮小、またはその兆候（たとえば、新規受注の減少など）は景気上昇の終了を予知させ、株価の値踏みを変更させる。また、景気上昇の終盤には金利上昇とアベイラビリティー（資本調達の可能性）が低下、資本価値が低下し、株式保有のリスクが高まる。それに、逆資産効果を通じて投資や消費にも悪影響を与えていく。したがって、景気下降以前に株価が下落し始めると考えられる。一方、景気下降期にはこれと逆の理由で、株価は上昇に転じる。

世界株価は連動して動きやすい。特にアメリカの株価の先導性が顕著である。アメリカ経済の規模は大きく、経済政策や経済発言などの面で世界に及ぼす影響が大きい。アメリカに経済減速ないし景気下降のシグナルが出るとアメリカの株価下落が始まり、そのマネー収縮から世界株価、世界景気が冷え込む。そして、日本、欧州、

◎ 表6-8　日本の景気基準日付と株価のタイミングの関係 ◎

山			谷		
景気	株価	タイミング	景気	株価	タイミング
1954年 1月	1953年10月	−3	1954年11月	1954年11月	0
1957年 6月	1957年 4月	−2	1958年 6月	1957年12月	−6
1961年12月	1961年 7月	−5	1962年10月	1962年10月	0
1964年10月	1963年 4月	−18	1965年10月	1965年 7月	−3
1970年 7月	1970年 3月	−4	1971年12月	1970年12月	−12
1973年11月	1973年 1月	−10	1975年 3月	1974年10月	−5
1977年 1月	1977年 2月	+1	1977年10月	1977年12月	+2
1980年 2月	1979年 1月	−13	1983年 2月	1982年 8月	−6
1985年 6月	1984年 4月	−14	1986年11月	1985年11月	−12
1991年 2月	1989年12月	−14	1993年10月	1992年 8月	−14
1997年 5月	1996年 6月	−11	1999年 1月	1998年10月	−3
2000年10月	2000年 3月	−7	—	—	—

（注）1．タイミング中の−（+）は株価の景気に対する先行（遅行）月数を示す（0は同時）.
2．株価は東証株価指数を使用.
（出所）内閣府経済社会総合研究所「景気動向指数」，東京証券取引所「東証統計月報」より作成.

アジア、その他の新興国に及んでいく。こうした株価不安が世界経済の重石になる。世界経済の連携は密で、各国の市場は連結かつ連続的である。一国だけが異なる道を歩むのは困難である。また、世界各国は経済政策においても協調行動する場面が多くなってきている点でも、株価と景気の世界同時化現象が促進される。

株価下落は逆資産効果を通じて各国経済に悪影響を及ぼす。各国は国内の株式だけでなく、海外の株式にも投資している。受けるのは自国の株価下落の影響だけではない。これが日本の不良債権処理の遅れにさらに追討ちをかけ、再び、株価下落を呼ぶ。この悪循環をいかに断ち切るかが重要である。こうした調整が一段落して、初めて株価は上昇に転じる。その結果、今度は資産効果が働き出し、世界景気にとって好循環をもたらすことになるだろう。

【参考文献】

太田清［一九九三］『景気予測の考え方と実際』有斐閣。
篠原三代平［一九九九］『長期不況の謎をさぐる』勁草書房。
——・田原昭四編［一九八八］『新しい景気の読み方』東

洋経済新報社。
田原昭四［一九九八］『日本と世界の景気循環』東洋経済新報社。
野村信廣［一九八八］『景気サイクルの読み方』自由国民社。
――［一九九二］『景気状況の探り方』自由国民社。
馬場正雄［一九八八］『日本経済　観測と分析』名古屋大学出版会。
藤野正三郎編［一九九一］『景気・実用読本』東洋経済新報社。
森一夫［一九九七］『日本の景気サイクル』東洋経済新報社。

第 7 章

財政・金融政策と景気

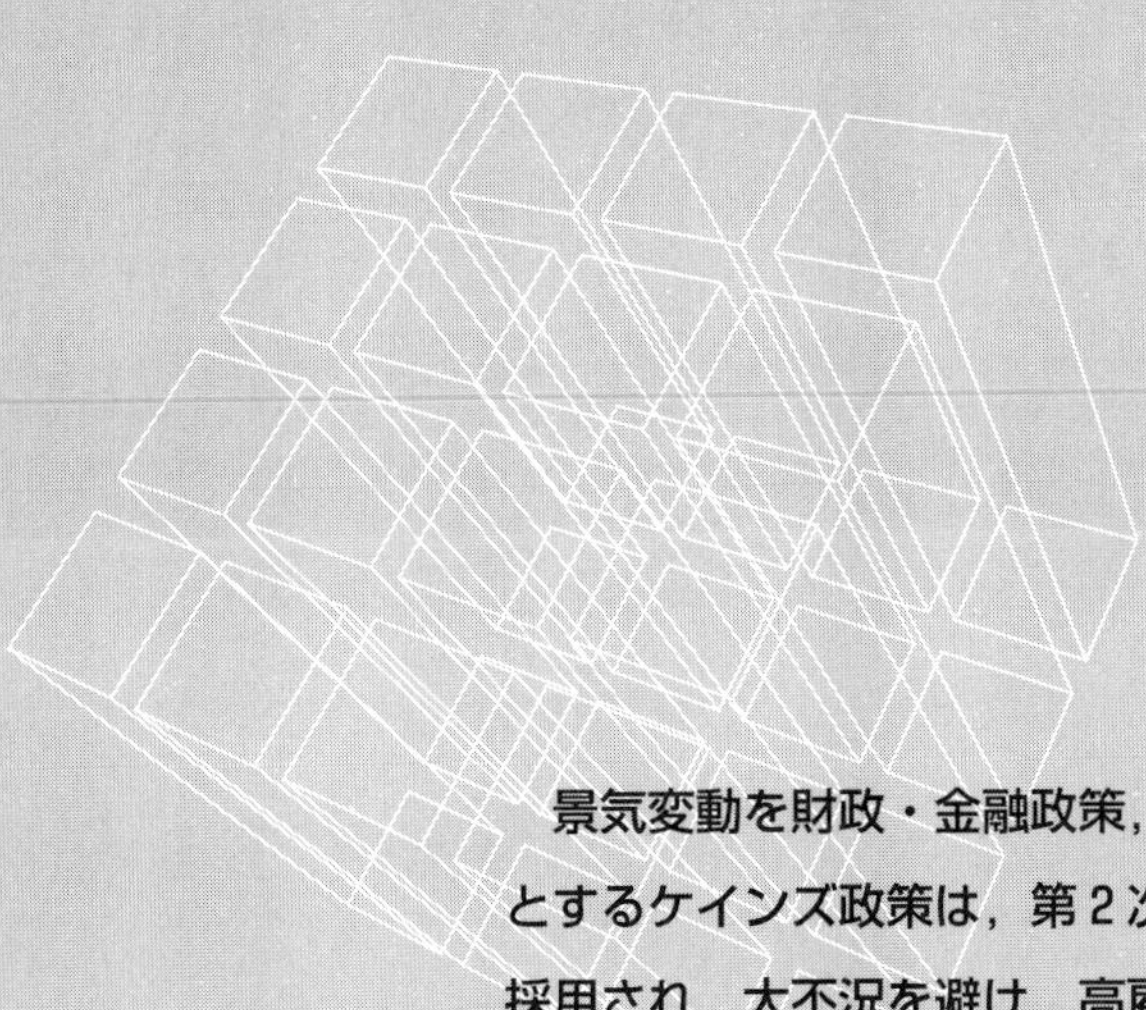

景気変動を財政・金融政策，特に財政政策で克服しようとするケインズ政策は，第 2 次世界大戦後多くの先進国で採用され，大不況を避け，高雇用の維持と生活水準の向上に役立った．しかし，石油危機後の不況に物価が上昇するというスタグフレーションに適切に対処することができず，マネタリズムとかサプライサイド・エコノミクスのようなケインズ政策と対立する諸学説が生まれた．

本章は，これらの学説をやさしく解説するとともに，ケインズ政策がもたらしがちな財政赤字問題の考え方も整理した．金融政策については，特に量的緩和政策の効果に焦点をあてて詳しく述べている．

1 財政政策――ケインズ派と新古典派

(1) はじめに

J・M・ケインズ（一八八三〜一九四六年）が主著『雇用・利子および貨幣の一般理論』（一九三六年）で展開した考え方を体系化したケインズ経済学は、第二次世界大戦後の先進国の景気調整政策に一九七〇年代前半ごろまで強い影響力を持ってきた。しかし、石油危機を契機に顕在化したスタグフレーションなどを経て、マネタリズムなどのケインズ批判の経済学が力を増し、最近の欧米の経済学界ではケインズ経済学は支配的な地位を退いたといわれる。しかし、各国の現実の経済政策の場ではなおケインズ的政策がとられることがあるし、日本ではケインズ的政策とこれに対立する政策（財政赤字削減優先政策）が交互に採用されるということが一九八〇年代から続いている。

そこで、まずケインズ政策の概要をとりあげる。

(2) ケインズ政策の基本的考え方

ケインズ経済学は、完全雇用状態から乖離した現実の経済に対して、財政・金融政策を用いて完全雇用状態に到達させようとする。不況なら景気刺激策を、景気過熱でインフレが高進していれば景気抑制策をとる。その理論的仕組みは以下のようになる。

一国経済の総需要は、GDP（国内総生産）の各需要項目（個人消費、設備投資、政府支出等）の合計と考えてよい。総供給は、労働力、資本設備、生産性によって規定される。ところで、総需要が総供給と必ず等しくなる保証はない。総需要が総供給より少ない場合（現実には多くの場合がそうである）、非自発的失業が生じ、不完全雇用状態になるので、政府は景気刺激策をとらねばならない。総需要が総供給に等しくなると、完全雇用状態に達する。

総需要が総供給を上回ると景気過熱であり、政府は景気引締め政策をとる必要がある。景気調整政策には、財政政策（フィスカル・ポリシー）と中央銀行の行う金融政策がある。

財政政策の中身としては、政府支出の増加（引締めのときは削減）と減税（引締めのときは増税）がある。政府支出は、投資的経費（公共事業）と経常的経費（失業保険や社会保障給付など）からなる。減税は、個人消費にかかわる所得税や消費税関係のものと、企業の投資活動にかかわる法人税関係のものなどがある。

金融政策は、金利、マネーサプライおよび預金準備率の操作を通じて行われる（第2節）。

政策効果を数量的にあらわすものとして乗数がある。たとえば、公共事業を一兆円増加させたとすると、建設業の従業員らの所得が一兆円増え、彼らは限界消費性向（たとえば〇・八）を乗じた八〇〇〇億円を消費し、そこで消費財産業の従業員らの所得が八〇〇〇億円増え……という連鎖の結果、結局消費は合計で当初の一兆円の1/(1－限界消費性向)倍、すなわち五倍だけ増えることになる。この五のことを乗数という。

公共事業は一兆円行えば一兆円はすべて誰かの所得になり、それはその人の支出につながる。しかし、減税はたとえば所得税減税を一兆円しても、二〇〇〇億円は貯蓄され、八〇〇〇億円しか支出に回らない。ということで、減税の乗数は公共投資より小さく、同一金額の政策

COLUMN

高橋是清　［1854～1936年］

高橋是清は数奇な生涯を送っている．幕府絵師の子として生まれたが，数日後に仙台藩足軽高橋是忠の養子に出された．以後，英語勉強のためアメリカに留学して知らないうちに奴隷の身分になっていたり，農商務省特許局長になったり，ペルーの銀鉱山の開発事業に手を出して失敗したりした．日露戦争当時は日銀副総裁として，公債発行による戦費調達のために欧米を駆け回った．

彼を有名にしたのは，1927年（昭和2年）の金融恐慌のときに，大蔵大臣就任わずか43日間で，銀行のモラトリアム実施，台湾銀行救済のための巨額の特融決定などにより，金融システム不安を鎮静化させたことである．

しかし，景気との関連では，1931年12月井上準之助の後を受けて蔵相に再度就任した彼が，一挙に金輸出を再禁止して（金本位制離脱）大幅な円安に導き，金利を1年間に半分近くに引き下げ，公債発行により政府支出は次年度3割増という積極財政で，それまでの深刻なデフレ経済を一変蘇生させたことが特筆される．

彼はケインズの『一般理論』より前に活躍したが，すでに個人が貯蓄することのマクロ経済的にみたマイナス効果（合成の誤謬）や，消費支出の波及（乗数効果）について述べており，ケインズ理論の実践者であった．

効果は公共事業の方が大きいと考えられている。

財政政策と金融政策の効果については、財政政策はいずれにしても現実の支出の増減に直結するので、不況時の景気刺激にも、過熱時の景気引締めにも有効である。しかし、金融政策は、経済主体の支出に直結しておらず、その誘因になるものである。たとえば、金利が高くなれば採算に合わないので投資をやめることは必ず起こるといえるが、金利を下げれば必ず投資をするかといえば、その生産物の需要が見込めなければ投資をしないことがありうる。よって、金融政策は引締めには効くが、景気刺激には必ず効くとはいえない（第2節）。「ゴムひもは引っ張ることはできるが押すことはできない」。よって、ケインズ経済学では、景気対策としては財政政策を主役と考える傾向がある。

(3) 新古典派の基本的考え方

ケインズ経済学と対立する学説は、マネタリズム、合理的期待形成学派、供給重視経済学（サプライサイド・エコノミクス）などがあるが、これらを総称してここでは新古典派ということにする。日本では構造改革派といってもよかろう。

●マネタリズム

マネタリズムは、マネーサプライの変化が景気循環を左右する最も基本的な要因で、マネーサプライの伸び率を安定的に管理することにより、経済の安定的成長を確保しようとする考え方であり、M・フリードマン（シカゴ大学教授）が主唱者である。

基本的命題として、マネーサプライの伸び率と名目経済成長率の間に一貫した相関関係があるとみる。マネーサプライの変化は、短期的には主として実質国民所得に影響して景気循環を引き起こすが、長期的には主として物価に影響するとする。

マネーサプライを変化させると六～九カ月のタイムラグで実質経済成長率が変化し、さらに九～一五カ月のラグで物価上昇率が変化するという。よって、マネーサプライの変化が物価の変化に波及するのに一五～二四カ月かかることになる。

短期的な変化は、マネーサプライの変化が一般の予想に入っていなかったから起こる。期待が完全に調整される長期において実質国民所得を決定するのは、企業家精神、発明、貯蓄、産業や政府の構造・制度、国際関係といった実物的諸要素になる。

マネタリズムは古典的な貨幣数量説（$MV=PQ$, M；通貨量，V；流通速度，P；物価，Q；生産量）をベースにしている。そして消費関数における恒常所得仮説（一時的な所得の変化は消費に影響しない）を前提にしている。総じてマネタリズムは短期より長期を重視する。財政政策は短期的攪乱要因としてしか評価しない。

物価安定の下で経済の安定的成長を図るためには、長期的に通貨の伸び率を、経済の潜在成長率＋許容しうる物価上昇率＋流通速度の長期的変化率、に見合うものに維持する必要があるとする。

合理的期待形成学派は、短期的にも期待が合理的である、すなわち経済主体が変化を十分織り込んで行動すると考えるので、景気政策の効果はまったく認めないということになる。

●サプライサイド・エコノミクス

ケインズ政策は需要面に注目するが、サプライサイド・エコノミクスは供給面を重視する。一九八一年に就任したアメリカのレーガン大統領が採用した経済政策がこれである。

減税政策が一つの柱であったが、これは需要拡大のためでなく、労働意欲増進、貯蓄拡大、設備投資促進を図り、供給力増大、生産性向上を狙ったものであった。また、消費的な政府支出は抑制し、企業活動を圧迫する政府規制の緩和も重要な柱であった。

この政策推進者の一人であるM・フェルドシュタイン（ハーバード大学教授）は、長期的に設備投資が増え、民間活力が出るのなら、「一年またはそれ以上の低成長ないしゼロ成長は問題にならない」といったといわれるが、これは現在日本で構造改革路線を推進している小泉首相と瓜二つの主張である。いずれも一～二年の景気後退といったケインズ派が問題とする短期の現象は、顧慮しないという姿勢である。

(4) 両派の立脚する経済思想と財政観の違い

●経済思想

新古典派は、実体経済の安定性と価格機能（市場メカニズム）の有効性を信頼し、短期的な変動は相対的に軽視し、政府介入には否定的態度をとる。

ケインズ派はそのほとんどに対立する見解をとっている。ことに、名目賃金の下方硬直性の存在のために市場メカニズムによっては完全雇用はもたらされず、政府が介入して均衡を達成しなければならないとする。

新古典派は、市場が均衡をもたらすとみる。失業者が就業できないのは希望する賃金が高すぎるからであって、賃金を下げれば就業可能とする。したがって不完全雇用状態はありえず、新古典派の議論は常に完全雇用が前提になっている。

ケインズ派は政府の機能を重視するので、「大きな政府」になるが、新古典派は政府は市場メカニズムの邪魔になるだけなので「小さな政府」が望ましい、となる。

新古典派は経済主体の合理性を信頼する。ミクロ経済学をマクロ経済にも応用する。ケインズ経済学は、政府の判断や行動の合理性を信頼する、いわば賢人政治であり、ケインズが生まれたケンブリッジのハーベイロードにちなんで、ケインズ政策は「ハーベイロードの前提」に立っているという。アダム・スミスのレッセフェール（自由放任主義）からの決別である。ケインズ経済学は、ミクロ経済学とは別の原理のマクロ経済学を打ち立てた。

●財政観

新古典派は、国家財政も家計と同じく均衡していることを必要とする。規模は前述のように「小さな政府」が望ましい。租税もできるだけ既存の経済関係を変えないよう「中立的」であるべきである。公債発行は、非生産的な政府支出を拡大させるので望ましくない。

ケインズ派は、財政は経済の安定をもたらすための重要な手段であり、そのために予算が均衡することは重視しない。「大きな政府」でよいと考える。租税も政策意図を反映したものであるのは当然で、たとえば所得再分配のための累進課税などを支持する。不況のときの政府支出拡大のための公債発行は必要なことと考える。

2 財政政策機能の見方

(1) 資源配分か経済安定化か

財政の機能は、①資源配分の調整、②所得と富の分配の調整、③経済の安定化、すなわち景気調整、の三つに分けられる。

新古典派は、①の資源配分機能を最重要視する。政府は、強制的に国民に課税して財源調達し、政府にしかできない公共財、サービスの供給をするものである。③の経済の安定化は付随的なものにすぎず、それも一九三〇年代の大恐慌のような例外的な事態の際に出動すればよいのであって、通常は市場の自動調整機能に任せておけばよい、とする。

公共事業も、資源配分の観点から、長期的、計画的に行うべきであって、短期的な景気調整のためにその増減を図るべきではないと考える。

ケインズ派は、③経済安定化を最優先とはいわないまでも重要な政府の機能とし、大恐慌のようなときの例外的事態に対応するだけでなく、通常の景気循環をならす（アンチ・シクリカル）政策を行うべきである、と考える。

(2) ルールか裁量か

ケインズ政策は、政府の裁量的判断で景気刺激策をとったり、景気抑制策を行ったりするものと考える。

これに対し、新古典派は、政府が適切な判断をするかどうかについて不信感を持っている。ことに、民主政治の下においては、政府は国民に抵抗の強い歳出カットや増税のような景気抑制策はとりがたい。したがって、歳出の拡大や減税などの景気刺激策は安易に行うが、そこで生じた財政赤字の削減策はとりたがらないので、財政赤字の拡大傾向が生じる。また、選挙民に迎合的な政策をとりがちになる結果、経済の非効率部門の温存になり、経済はインフレ体質になる。

このような主張をした代表的なものは、J・M・ブキャナンとR・E・ワグナーの『赤字財政の政治経済学』（一九七七年）である。したがって、ケインズ政策を批判するグループは、裁量政策によらず、単年度財政均衡のようなルールによって財政を運営すべきであると主張する。マネタリストの通貨供給量を一定の伸び率に維持せよというのも一種のルール論である。

(3) ビルト・イン・スタビライザー

政府の裁量的介入によらず、経済安定化効果のあるものとして、ビルト・イン・スタビライザーがある。日本語でいえば、組み込まれた安定化装置、すなわち自動安定化装置である。たとえば、累進税率の所得税があるとすれば、好況期には企業収益が増え、高所得層が増えて高税率の人が増えるので、可処分所得の伸び、消費の増加も抑えられ、景気過熱の抑制効果が生じることになる。不況のときは、高所得層が相対的に低所得の層に移るので、税率が下がり、消費の低下が和らげられる。このようにしてビルト・イン・スタビライザー効果があらわれることになる。

失業保険も同様である。好況期では失業は少なく、失業保険料の納入が多く、可処分所得の増加が抑えられ、消費の伸びも抑えられる。不況期には、失業が増え、失業保険料の納入は減り、失業保険金の給付が増えるので消費が促進され、不況が和らげられることになる。生活保護費も同様である。不況期には生活保護費の給付が増え、消費が増えて不況進行が和らげられる。

法人所得税もビルト・イン・スタビライザー効果がある。好況期には企業収益が増え、法人税が多くとられて企業の投資活動が抑えられる。不況期には企業は赤字になったりして法人税を納めなくなり、収益の減少ほどダメージが大きくならないことになる。

日本の財政制度では、当年度の剰余金が翌々年度の歳入に繰り入れられることになっているが、これもビルト・イン・スタビライザー効果がある。当年度が好況で予算以上に歳入があれば、それを使わないで翌々年度に使うとすれば、当年度の好況を景気過熱に導くのを抑制し、翌々年度は恐らく不況になっているであろうから、歳入不足を補って不況の進行を和らげることになる。毎年歳入が不足している最近はそのようなことはないが、好況により剰余金が出やすい高度成長期にはこのようなことがたびたびみられたのであった。

なお、新古典派型の財政は単年度均衡型なので、好況期に余剰が出れば歳出増や減税をすることになり、不況になれば赤字になるので歳出削減や増税をすることになり、景気変動を増幅することになる。また、ビルト・イン・スタビライザーになるような累進課税などは新古典派の原理に反するであろう。

ビルト・イン・スタビライザーは、方向としては景気安定に資するが、効果の程度は景気を安定させるに十分かどうかわからない。その点は効果が出るまで政策を行う裁量政策にかなわない。

(4) 財政均衡を図る期間

新古典派は単年度財政均衡主義であるが、ケインズ派は、年ごとの均衡は求めない。モデル的にいえば、不況のときの赤字は好況のときの黒字で相殺すればよいということになる。すなわち、景気の一循環で均衡すればよいという考え方である。

しかし、一九九〇年代の日本のように、景気循環論的には景気上昇期でも需給ギャップが大きく、不完全雇用状態を脱していないならば、景気の一循環で財政赤字がなくならなくてもやむをえないということになる。

そこで、完全雇用余剰という概念が生まれる。完全雇用になったときに財政収支が均衡すればよい。不完全雇用のときの財政赤字はやむをえない。完全雇用を過ぎて景気過熱したときは財政は黒字になるべきだという考え方である。

完全雇用時でも財政収支が赤字であれば、それは構造的赤字であり、財政収支構造が不健全になっていると判断される。そのような考え方で日本の財政収支を分析すると、現在の赤字の過半は構造的赤字というのが通説になっている。

それは、仮に一九八〇年代の日本の財政収支構造が完全雇用余剰がゼロ、すなわち構造赤字がないというものであったとして、その後の長期経済停滞に対応して公共事業の増額や大幅減税の措置をとったので、今は完全雇用余剰がマイナスの状況になっているということである。したがって、今のままの構造では、将来仮に日本経済が完全雇用状態に達しても財政赤字が残るということであるから、景気回復によって財政赤字が解消することは期待しがたく、今後いずれは財政再建努力を払う必要があることは否定できない。

ただ、財政再建努力を直ちに開始すべきか経済が自律的回復軌道に乗ってからとりかかるのかについては議論が分かれている。

3 財政政策の有効性

ケインズ型の財政政策を行う場合、それが有効であるためには、①認知ラグ、決定ラグおよび効果ラグが短いこと、②政策効果が然るべき強さをもっていること、③政策意図が適切であること、が必要である。

(1) 各種のラグ

①の認知ラグの短縮とは、政策発動の必要性の認識が遅れてはならないことで、要するに景気見通しを誤りなくすることである。見通しの手法は年々進歩はしているが、事前に景気の転換点を予想し、その深刻さの程度を正確に把握することは容易なことではない。常に多様な見方が存在し、景気論争が賑やかなのは、見通すことが単純ではないことを示している。

決定ラグは、景気対策が必要なことを認めてからその内容を決定するまでの時間のことをいう。日本銀行の金融政策の決定は自行内の政策委員会の政策決定会合で行えばよいから、比較的ラグが短く決定される。しかし、財政政策の場合は、関係省庁での政策の合意、補正予算の積算を経て政府案が決まり、与党との協議、国会の召集、国会での審議を経て国の政策が最終決定し、さらにそれが地方負担をともなう公共事業の場合は地方自治体の議会の議決も要するので、数カ月を要するのも稀ではない。

また、政策当局者の熱意が薄いとさらに遅れることがある。たとえば、春に景気の変調が予感されても、それを第2四半期のGDP統計が発表される九月に確認すると称して政策決定を九月以降に遅らせ、それから秋の臨時国会で補正予算をあげるということはよくみられる。それから地方議会を経ると一年近く遅れることになり、その間に不況が深刻化し、対策の規模が大きくなってしまう。

効果ラグは、政策を決定、実施してから効果があらわ

◎ 表7-1　我が国のマクロモデルの政府支出乗数 ◎

名　称	公表時期	推計期間	名目政府支出乗数 1年目	名目政府支出乗数 2年目	名目政府支出乗数 3年目	実質政府支出乗数 1年目	実質政府支出乗数 2年目	実質政府支出乗数 3年目
パイロットモデル*	1967年	1954　～1965年度	2.17	4.27	5.01	–	–	–
マスターモデル*	1970年	1954　～1967年度	2.02	4.14	4.51	–	–	–
パイロットモデルSP-15*	1974年	1957　～1971年度	2.27	4.77	4.42	–	–	–
パイロットモデルSP-17*	1976年	1960　～1973年度	1.85	3.34	–	–	–	–
パイロットモデルSP-18*	1977年	1965　～1975年度	1.34	2.32	2.77	1.27	1.83	1.85
世界経済モデル第1次版*	1981年	1967　～1977年度	1.27	2.25	2.72	1.19	1.99	2.51
世界経済モデル第2次版*	1985年	1966年Ⅰ～1982年Ⅰ	1.47	2.25	2.72	1.11	1.62	1.84
世界経済モデル第3次版*	1987年	1975年Ⅰ～1984年Ⅳ	1.35	1.95	2.18	1.16	1.56	1.65
世界経済モデル第4次版*	1991年	1979年Ⅰ～1988年Ⅳ	1.39	1.88	2.33	1.33	1.57	1.63
世界経済モデル第5次版	1994年	1983年Ⅰ～1992年Ⅳ	1.32	1.75	2.13	1.24	1.40	1.40
短期日本経済マクロ計量モデル	1998年	1985年Ⅰ～1997年Ⅳ	1.31	1.65	1.97	1.21	1.31	1.24
短期日本経済マクロ計量モデル	2001年	1985年　~2000年	1.50	1.93	1.77	1.12	1.31	1.10

（注）１．「名目政府支出乗数」は名目政府支出を増加させたときの名目GDPの乗数値．「実質政府支出乗数」は実質政府支出を増加させたときの実質GDPの乗数値．
２．名称に＊印が付いているモデルについては，乗数はGDPでなく，GNPについての値．
（出所）経済企画庁経済研究所．2001年は内閣府経済社会総合研究所．

れるまでの時間である。これは政策当局者の努力の及ばないものである。金融政策の決定ラグは短いが、効果があらわれるのは前述のように一年以上かかってしまうとされるが、公共事業などは実施すればすぐ支出されるので即効性がある。

(2) 政策効果

②の政策効果の大きさは、乗数の問題である。日本の家計の平均消費性向は低く、限界消費性向も低いので、乗数は外国より低いといえる。経済企画庁（現内閣府）の計量モデルによると、公共投資の乗数は、高度成長期には二を超えていたが、一九八三～一九九二年のデータによるものは一・二四、一九八五～一九九七年のデータによるものも一・二一と大差はなかったが、一九八五～二〇〇〇年のデータによるものは一・一二と少し下がっている（表7－1）。マンデル＝フレミング効果（後出）や中立命題効果（後出）が特に大きくなっているというよりは、限界輸入性向が上昇していることにより乗数の低下がみられるというところだろう。

乗数が一以下に下がってしまったわけでもないのに、

◎ 表7-2　1990年代以降の景気対策 ◎

（兆円）

時　期	名　称	総事業規模	公共事業等	減　税	名目公的固定資本形成
1992年 8月	総合経済対策	10.7	8.6		1992年度　37.3
1993年 4月	総合的な経済対策	13.2	10.6		1993年度　41.2
1993年 9月	緊急経済対策	6	5.2		
1994年 2月	総合経済対策	15.3	7.2	5.9	1994年度　40.5
1995年 9月	経済対策	14.2	12.8		1995年度　43.4
1998年 4月	総合経済対策	16	7.7	4*	1998年度　39.5
1998年11月	緊急経済対策	17	8.1	6	
1999年11月	経済新生対策	17	6.8		1999年度　38.3
2000年10月	日本新生対策	11	4.7		2000年度　34.7

（注）＊は特別減税．

九〇年代に度重なる景気対策を行ったにもかかわらず景気回復がはかばかしくないのはなぜか。一つは、バブル崩壊等により、それほど民間需要が弱くなってしまっているためと思われる。二つには、景気対策の過大表示である。実需をどれだけ積んだかという真水論争は別にしても、公共事業の場合、前年度当初予算をベースにして補正予算でどれだけ追加したかを合計するのは問題があると思われる。たとえば、前年度は補正で一〇兆円追加し、今年度は五兆円追加すると、景気対策で合計一五兆円投じたことになっているが、この例は補正後の公共投資額は前年度より五兆円は減っていることになる。これでは、景気という観点から今年度は五兆円足を引っ張っていることになり、けっして景気刺激になっていることにならない。事実、公共投資額は一九九五年度の四三・四兆円をピークに、二〇〇〇年度は三四・七兆円と年々減少してきている（表7－2）。景気は盛り上がらないはずである。

マンデル＝フレミング効果というのは、公債発行などによって財政支出を拡大するとクラウディング・アウトが起きて金利が上昇する。金利が上昇すると円高になって輸出が減り、財政拡大の効果はなくなる、というものである。日本の現実は、景気対策を行っても金利は上昇せず、クラウディング・アウト現象はみられない。円高にもなっていない。

それは日本の不況が深刻で、需給ギャップが大きいからである。需給ギャップが小さいときに同様の景気対策を行えばクラウディング・アウトになるであろう。なお、需給ギャップが小さくなくても、市場の期待先行で金利が上がることはありえるだろう。そのようなときには、財政拡大とともに金融緩和政策を行って、金融面からのサポートをすることが重要である。

ところで、乗数の大小は短期的、数量的な効果を問題にするものである。しかし、公共事業は長期的な便益を生むものでなければならない。無駄な公共投資は不可という中身を問題にすることは、初期ケインズ派の発想になかった視点である。

また、中立命題の存否は別にしても、公債発行による財政拡大は、将来必ず公債償還のための増税を伴うので、増税したときの消費減まで考慮すると、長期の乗数は短期の乗数より低くなることも忘れてはならない。

(3) 政策意図の適正性

景気対策を特定の政治的意図に利用することは、不必要な経済変動をもたらしたり、資源配分の効率性を阻害するので避けなければならない。

アメリカでガバメント・サイクルといわれるものがある。大統領選挙が四年ごとに行われるが、そのときに合わせて選挙に有利になるように選挙民に迎合的な政策（たとえば減税）をとり、その結果財政赤字が拡大するので当選後財政再建策を行う、といった類のものである。かくして四年サイクルの景気変動が生まれるというのである。

現実にそのような四年サイクルが生じているわけではないが、それに近いことは起こりうる。日本の総選挙は不定期であるが、参議院選挙は三年ごとである。総選挙も時期はある程度予想できる。選挙前に国民負担になる措置は避けたり、介護保険料の徴収を猶予したり、「バラマキ」との批判もある地域振興券を配ったりする。

(4) 中立命題

新古典派は、リカード＝バローの中立命題によって財政策の効果はないとする。すなわち、政府支出の増加を公債でまかなうと、国民は将来公債償還のために増税されることを予想し、それに備えて貯蓄するために現在の消費が減り、政府支出増加を相殺するので政策効果がない（乗数はゼロ）、というのである。

しかし、将来のいつどのような増税があるかわからない現在において、最適な長期消費計画を立てて行動することを想定することには無理があろう。ある程度は政策効果はあると考えるのが現実的と思われる。いくつかの計量分析によっても、中立命題の存在を明確に立証することはできていないようである。

なお、中立命題は、政府支出を租税によってまかなっても、公債によっても、消費に与える影響は変わらないとする。また、公債の将来負担効果もないことになる。

4 ケインズ政策の試練

(1) スタグフレーション

ケインズ政策は、失業があれば景気刺激策をとり、景気過熱でインフレ高進なら景気抑制をする、という論理である。それはインフレと失業の間にトレードオフの関係があることを前提にしている。これは、物価上昇率（縦軸）と失業率（横軸）の間に右下がりの関係があるという、フィリップス曲線の存在を想定していることになる。

ところが、一九七〇年代に高失業率と高い物価上昇の併存という、いわゆるスタグフレーション現象が欧米諸国で一般的にみられるようになり、フィリップス曲線の安定性が崩れ、ケインズ政策への深刻な疑念が生じた。フィリップス曲線がシフトしたのは、おそらく石油危機によって供給側の構造が変わったのが直接的な原因であろう。

(2) 自然失業率仮説

理論的には、マネタリズムなどによる自然失業率仮説からの右下がりフィリップス曲線批判がある。自然失業率は、当然に発生する失業率で、内容は摩擦的失業とミスマッチ失業からなり、ケインズが問題にする非自発的失業はないと考えられている。

自然失業率仮説によれば、ケインズ政策は短期的には失業率を下げるが、長期的には自然失業率に収斂する。他方、ケインズ政策はインフレ期待を高め、物価を持続的に上昇させる。よって、長期的には、フィリップス曲線は自然失業率を通る垂直な線になる。物価安定のためにはケインズ政策をやめればよい、ということになる。

(3) ケインズ政策をめぐる時代の変遷

第二次世界大戦後、先進諸国の経済政策に強い影響力をもってきたケインズ経済学は、ここで実践面から大きな挑戦を受けることになった。そして、すでに随所で紹介してきたこれと対立するいくつかの学説が台頭することになった。

その後の推移は、一九八〇年代にイギリスではサッチャー首相、アメリカではレーガン大統領が登場し、硬直化しインフレ体質になった供給側の構造を改革する方向の政策をとるようになり、一九九〇年代にその成果が表れるようになるや、市場主義を強調するグローバリゼーションが世界に広がるようになってきた。

一九九〇年代には、欧米諸国の景気調整政策は金融政策が主体になり、EU（欧州連合）はその統一通貨への加盟条件を財政赤字をGDPの三％以内にするといったように、財政政策を景気対策に使わない傾向になってきた。

これには、欧米諸国はすでに社会資本整備が進んでおり、公共事業の対象が少ないこと、投資超過型経済であり、金融政策が効きやすいこと、といった事情もあろう。しかし、二〇〇一年九月のアメリカにおける同時多発テロ事件による経済減速に対して、アメリカは減税計画の積増し政策をとろうとしたように、財政政策をまったく排除しているわけでもない。

(4) ケインズ政策の評価

以上のように、ケインズ経済学にとって厳しい状況になっているが、財政政策について、新古典派とケインズ派の論争に決着がついているわけではない。新古典派の主張も極端なものが少なくなく、そのすべてが現実に妥当するわけではない。合理的期待の形成を想定できるのは例外的事例であろうし、実際のフィリップス曲線は右下がりの曲線と間欠的なシフトからなっており、垂直の直線型になっているわけではない。非自発的失業がないという想定も非現実的で、日本の構造改革論者は非効率部門の整理をいうが、そこで生じた失業者の吸収のためには別途需要増加が必要である。

ケインズ政策は、第二次世界大戦後大きな不況を回避するのに寄与してきたが、他方では経済にインフレ・バイアス（インフレになりやすい傾向）を生み、財政赤字体質にするという弊害があるのも事実である。

そこで、長期的な発展の基礎は供給側の強化、健全化を求める新古典派的な処方で固め、短期的な雇用、失業問題や景気変動への対処はケインズ派的なアプローチで行うのが一つの考え方であろう。

最近のケインズ派は、ミクロ的基礎も重視し、長期的視点もとり入れ、財政支出も金額だけでなく中身の効用も問題にするようになっている。

5 財政赤字の経済学

最近、日本では財政赤字が危機的に大きく、ケインズ政策はとれないという認識が支配的になっているので、財政赤字の問題をとりあげる。

(1) 財政赤字の問題点

まず、年々の財政収支は赤字で公債残高が多くても、政府の資産と負債の関係が資産超過なら問題にするにあたらないという見方がある。従来、政府の貸借対照表は作成されていなかったが、最近、その作成、公表の歩みが始まっている。なお試行的な段階であるが、減価償却と年金債務を算入すれば債務超過であるといわれている。しかし、フローとストックの両面から財政赤字は改善を要する問題であることは否定できない。

また、財政は赤字でも経常収支はかなりの黒字であり、日本国が対外的に支払い困難になっているわけではないから深刻ではない、という見方もある。これは経常収支の黒字がいつまで続くのかという問題と、将来の政府の公債償還能力の信認の問題にかかっている。後者については次項でとりあげることにする。

さて、財政赤字の問題の第一は、クラウディング・アウトである。公債発行により金利が上昇し、民間活動が抑圧される。公債価格は下がり、円安になる。といったことが指摘されているが、一九九〇年代から二〇〇〇年代初期の日本においては、金利の上昇などのクラウディング・アウト現象は起こっていない。それほど民間需要が弱いということである。

第二は、将来世代に負担を転嫁する問題である。素朴に考えると、将来世代は昔発行された公債の償還のために増税を負担するのは不公平だということになる。

これに反論する立場は、償還のための税負担をした人のお金は償還を受けた人にいくので、同時代の人の間をお金が動くだけで昔の世代の負担をしているのではないとする。

しかし、現在の政府赤字を世代別にどう分担することになるかを世代会計の手法で分析すると、若い世代が負担する形になるので（平成七年版の『経済白書』の分析。当時の四〇歳以下の層の実質的な負担になる）、やはり将来世代の負担と考えるのが常識的であろう。

モノの面に着目すると、公債を発行してモノを作ったとして、そのときが不完全雇用状態なら民間設備投資を抑制することはないので、民間の作るモノを減らすことにならず、その意味で将来負担にならないが、完全雇用時なら、金利が上がって民間設備投資を減らし、モノを減らすので、将来負担を生むともいえる。

なお、日本の財政法では、公共事業を賄うための建設国債は認めるが、経常経費を賄うための赤字国債は認めない（国会の議決があればよい）ことになっているが、経済学的には両者を区別する意味はあまりない。将来負担との関係でこのような規定があるのだろうが、不況時に公債を発行して経常支出が増えて景気が良くなり、設備投資が増えれば将来世代は受益する。経常支出が研究開発や人材育成のために使われれば、もっと直接的に将来世代が受益する。

国債を購入するのが自国民か外国人かもあまり差はない。外国人が買って元利償還のために資源が海外に流出するようにみえるが、外国人が国債を買うときにそれに見合う資産を日本に売って円貨を調達して買うのであるから、一方的に資源が流出するわけではない。

第三に、財政硬直化をもたらすことである。公債を発行すれば、その元利償還のための費用を計上せざるをえず、残りの財源は少なくなり、他の政策目的に自由に使える余地は小さくなる。この問題を否定する人はいないだろう。

(2) 財政赤字の維持可能性

ところで、財政赤字はどのようになったら危険ということになるのだろうか。

公債残高の名目GDPに対する比率が上昇していけば財政は破綻する。プライマリー・バランス(公債費を除く歳入－元利払費を除く歳出。一次的または基礎的収支)が赤字でなく、利子率より名目経済成長率が高ければ、将来の税収増で現在の公債残高が償還でき、公債残高比率は発散しない。

日本は、一九九三年度からプライマリー・バランスは赤字で、利子率は名目成長率より高いので、日本の財政は破綻への道を歩んでいることになる。

しかし、日本の国債は低い金利で問題なく市場で消化されており、市場が財政破綻を問題にする状況に立ち至っていない。それは市場が政府の将来の返済能力を信用しているからで、そこがかつてのメキシコやロシアの場合と異なる。

その理由として、日本の租税負担率(税収額の国民所得に占める比率)が国際的にみて低く、将来の増税の余地があること、その背景には、公共事業は多いが経常的支出や社会保障給付が少ないので政府支出のGDPに対する比率が国際的に小さいこと(『経済白書』二〇〇〇年度版)があげられる。

しかし、今後社会保障給付などが増えることは必至であり、いつ市場が政府の返済能力に不信感をもつかわからない。事実、一九九八年一一月以降、ムーディーズなどの外国の格付会社は、日本国債の格付を下げ始めた。

財政赤字がいくらになれば破綻するという客観的数値基準があるわけではない。GDPを超えるほどの公債発行を必要とする財政赤字にならなければ長期的には対応可能という見方もある（井堀［二〇〇〇］、二六七頁。日本の二〇〇〇年度の財政赤字は名目ＧＤＰの八％程度）。また、デフレ経済下に財政再建を図るのは経済安定の視点からは危険であり、財政再建は景気の自律回復後であるべきだろう。

しかし、とにかく日本の財政赤字は前述のようにすでに発散過程に入っており、二〇一〇年になる前には団塊の世代が年金世代になり社会保障給付が急増する。その前に財政再建路線に入ることがどうしても必要であろう。

6 金融政策の目標

第二次世界大戦後長らく日本の中央銀行である日本銀行は戦時中に制定された旧日本銀行法の下にあった。旧法の日本銀行の任務の規定は明確さを欠いており、究極的には国の経済政策に従属するものとされていた。そこで、財政再建のため財政は緊縮で、景気対策はもっぱら金融政策に押しつけられるとか、円高阻止のために低金利政策を強いられるとか、というアンバランスな位置づけに悩まされてきた。よって、日本銀行の独立性の確保は長年の懸案であった。

一九九〇年代に入り、金融ビッグバンの流れの中で、バブルの形成と崩壊の過程における金融政策の失敗の反省から、大蔵省（現財務省）からの金融行政部門の分離とともに、日本銀行の独立性を強める日本銀行法の改正が行われた（一九九七年）。

そこで、金融政策の目標は物価ないし通貨価値の安定（および信用秩序の維持）として明確に規定されることになった。

(1) 物価安定と経済成長

一九九〇年代に入り、物価は下落基調（デフレ）であるが、それまでは物価安定とはインフレを抑えることであった。そこでは、インフレ抑制と経済成長の維持との間に相克はないかというのが一つの論点であった。

マネタリズムの立場に立てば、長期的にはインフレと経済成長はトレードオフの関係にはない。よって、インフレ抑制と経済成長は両立するはずである。しかし、短期的にはトレードオフ関係はあり、よって景気対策としての金融政策はありうるが、その場合でも物価安定の枠内で、というのが日本銀行の立場である。

その後、二〇〇〇年前後から物価は下落傾向を鮮明にしつつあり、これを止めるのも日本銀行の役割かどうかが議論の種になった。当初日本銀行は、競争の激化、生産性の向上等供給側の要因による物価下落は「良い物価下落」であるとして容認する姿勢であったが、景気不振（需要不足）による物価下落であることが否定できなくなって、「デフレ懸念の払拭」のための「ゼロ金利政策」などの金融緩和策をとるようになった。さらに、より明確に物価上昇率を目標にして金融政策を行うべきとする「インフレ目標政策」が提唱されているが、この問題は後でとりあげる。

(2) 国際的均衡と金融政策

高度成長の前半期まで、日本の国際競争力は弱く、景気が良くなると輸入が増えて貿易収支は赤字になった。当時はブレトンウッズ体制下、固定相場制であり、円高で調整というわけにはいかず、金融を引き締めて景気を冷やすことが常であった。

高度成長の後半期には貿易収支は黒字基調になった。しかし、当時は日本中が円高恐怖症であったので、黒字を減らすために景気をさらに良くして、その結果インフレが加速してもやむをえないという傾向があった（調整インフレ政策）。

いずれも、国際均衡のために国内均衡を犠牲にするというケースである。一九七三年二月から、ブレトンウッズ体制が崩れ、変動相場制になった。これで国際均衡は為替レートの変動に委ね、金融政策は国内均衡維持を目的に運営できるようになることが期待された。

しかし、現実はそうはならなかった。一九八〇年代の前半、アメリカの高金利のためドル高円安になり、日本の貿易収支は黒字拡大を続けた。そこで一九八五年九月のプラザ合意により、各国はドル高是正策に協調することになり、アメリカの金利低下を支えるために日本は低金利政策を長期にわたりとることになった。それは日本の内需振興にも役立つこととされた。それが一因となって日本にバブルが発生したとみられている。

結局、国際均衡のために再び国内均衡が犠牲になることになった。これが苦い教訓となって、日本銀行は為替レート変動のために金融緩和政策はとらない、と心に決めているようである。

しかし、二〇〇一年以降の深刻なデフレ経済と、中国を中心とする低コスト諸国に生産拠点が移動する産業空洞化の急進展の中で、為替円安に誘導することが有効な政策ではないかという議論が起こっており、この問題も簡単には結論が出ないものと思われる。

7 金融政策の手段

金融政策というものは、景気が悪ければ金利を下げたり通貨の供給量を増やしたりして金融を緩和して経済活動を活発化させ、景気が過熱してインフレが進めば、金利を上げたり通貨供給量を抑えて金融を引き締め、景気を冷まそうとするものである。

(1) 金融政策の三つの手段

そのような金融政策の手段として、通常、①公定歩合操作、②預金準備率操作、および③公開市場操作（オープン・マーケット・オペレーション）の三つがあげられる。

①は、日銀貸出しに適用される金利である。かつては資金不足で日銀貸出しへの需要が多く、公定歩合はコールレート（短期のインターバンク市場の金利）より低かったので、公定歩合の変動は強い関心を集めた。しかし、日本経済が低成長になり、日銀貸出しへの需要が減り、一九九五年七月から「低め誘導」でコールレートが公定歩合より低くなって注目度は下がった。

②は、市中銀行のもつ預金の一定割合（必要準備率）を中央銀行の当座預金として預けさせているが、それを操作するものである。準備率を引き上げると引締め効果が出る。この手段はあまり利用されていない。

③は、中央銀行が債券や手形を市場で売買して金融市場全体の準備預金量を調節するものである。売り「オ

ぺ」とか買い「オペ」といわれる。

コール・手形市場はインターバンク市場であり、銀行以外の金融機関は参加しないので公開（オープン）市場ではないが、ここでのオペは日本銀行にとって重要な金融調節手段である。その他、日本銀行はオープン市場で、政府短期証券、短期国債、CD、CP、長期国債などの操作を行っている。

かつては、コール・手形市場が日本銀行の主たる金融調節の場であったが、二〇〇一年三月以降、量的緩和政策が本格的に採用されるようになったこともあって、オープン市場操作の役割も高まっている。

●操作変数

日本銀行が金融政策の運営のため日常操作するコール・手形レートは操作変数といわれる。もう一つの操作変数はハイパワード・マネー（ベース・マネー。マネタリー・ベース）である。

ベース・マネーは、市中金融機関が保有している準備預金と企業・家計などが保有している現金通貨の合計であるが、それは中央銀行の信用供与によって操作される。

しかし、日本銀行派の論者は、ベース・マネーは日本銀行が能動的に調節するものではなく、日本銀行は短期金利を操作し、それに対応するベース・マネーの需要量が決まり、それに見合って信用供与をする、という受動的なものと説明するのが常であった。

しかし、コンピューターの二〇〇〇年問題に対応してベース・マネーの伸び率が急増したり、二〇〇一年三月以降の量的緩和政策の時期にベース・マネーの伸び率が高まったりしているのをみると、日本銀行がやる気になればベース・マネーを能動的に動かすことが可能なことがわかる。

一九六二年以来、「成長通貨」の供給は長期国債の買いオペで行われることになっていた。しかし、二〇〇一年の量的緩和政策で長期国債買いオペ額の増加を決めており、短期的調節の手段にもなってきている。

長期金利（国債利回り）の決定要因は、金融政策ではなく、経済成長（景気）や物価の先行きとか将来の国債需給の見通しなどという見方が支配的である。

●流動性のわな

不況が深刻化してこれ以上金融を緩和してもその効果が上がらない状況を「流動性のわな」といい、それはケインズが示した考え方である。通常は、金利が限りなくゼロに接近してもマイナスになれないことをいう。そのとき物価が下がるデフレ状態なら実質金利はプラスで上昇し、景気抑制効果をもってしまう。このような状況の下では、財政政策しか景気浮揚効果はもたないことになる。金利がゼロになっても、さらに通貨供給量を増やせば効果があるという立場に立てば、「流動性のわな」はないことになる。

(2) マネーサプライのコントロール

マネーサプライとは、非金融部門が保有する現金通貨と預金通貨の合計である。預金通貨に何を入れるかでいくつかの種類が生じるが、通常はM_2（当座預金+普通預金+定期預金）+CDが用いられている。

マネーサプライは金融政策の中間目標とされる。直接の操作変数であるコールレートと政策目標である物価の中間に位置するという意味である。

信用創造乗数の理論というのがある。中央銀行がベース・マネーを供給すると、金融機関は貸出行動によって金融システム全体としてその乗数倍の預金通貨を生む、というものである。たとえば、必要準備率が一〇%、企業・家計の現金通貨保有率が一〇%とすると、銀行が貸せるのは八〇%で、それが金融システムの中で繰り返し行われている結果、ベース・マネーの五倍の預金通貨が生まれることになる（1/(1−0.8)）。

これはマネーサプライがインフレ率や経済成長率を決定すると考えるマネタリズムが支持している理論である。しかし、実際は乗数の値は安定しておらず、ベース・マネーの増加率を厳格に維持すると金利が大幅に変動するなどの難点が指摘されている。

日本銀行は乗数アプローチをとっていない。中央銀行は、ベース・マネーは直接コントロールできるが、マネーサプライは金融機関や企業・家計の資産選択の結果として決まってくるものであって、間接的にコントロールできるにすぎないものと考えられている。したがって、日本銀行ではマネーサプライは、中間目標とはいえ、総合判断の一材料として取り扱われている。

確かに、たとえば二〇〇一年の年央ごろは、ベース・マネーが前年同期比一〇％前後伸びているのに、M_2＋CDは三％台の伸びにとどまっており、ベース・マネーを伸ばしてもそれほどマネーサプライは伸びないような動きが現実にみられる。

(3) 金利政策か量的緩和か

日本経済は、二〇〇一年には景気後退に入っており、アメリカで同時多発テロ事件もあって景気は深刻の度を加えている。しかし、時の小泉首相は財政政策を景気政策に使うことを拒否しており、もっぱら負担は金融政策にかかっている。しかし、三月から日本銀行は量的緩和政策をとり、短期金利は事実上ゼロにしているので、これ以上金利を下げる余地はない。そこで、いっそうの量的緩和を求める見解と、これ以上の緩和は無意味とする見解が対立している。

この二つの見解は、金融政策の意味を考えるのに有益と考えられるので、量的緩和論を嶋中［二〇〇〇］の、その批判論を土志田［二〇〇一］のポイントを紹介する形で以下に示すことにする。

●量的緩和論

短期金利がゼロになっているとすれば、金利操作の余地はないので量的緩和策にならざるをえない。量的緩和政策とは、ベース・マネーの伸び率が、一国経済の中期的安定成長軌道の実現にとって過小の場合、これを一定の計画的枠組みによって漸進的に増加させていこうとする金融政策のスタンスである。

その際、その政策をもって実現を図る目標としてインフレ・ターゲットを示す必要がある。現在、日本経済はデフレであり、物価が下がっているので、ゼロ・インフレにするとして、消費者物価指数は現実より高めに出る偏りがあるのでそれを考慮してターゲットは〇・五〜二％とするのが適当である。日本銀行は消費者物価上昇率ゼロを目標にしているかにみえるが不明確であるし、もっと高い数字にすべきだ。

量的緩和論者は、金融政策をさらに使おうとするのであるから、「流動性のわな」に陥っているという認識はない。日本銀行はそれまで量的緩和政策を否定していたが、二〇〇一年三月からその政策をとり始めた。そのとき日本銀行は当座預金をそれまでの四兆円から五兆円に増やす方針を決め、九月には六兆円以上として上限をなくした。これで量的緩和論者がそれまで主張していた政策の一つにかなり近づいたことになるが、彼らはより明確にベース・マネーの伸び率を目標として掲げることを求める。嶋中は、マッカラム・ルールという方式で計算して二〇〇〇年一～三月期で一三・七％という数字を示していた（二〇〇〇年度の現実の伸びは三・八％であった）。マッカラム・ルールの計算式は、潜在的経済成長率＋適正なインフレ率＋流通速度の変化率＋調整係数、である。

オペの対象としては、既述のもののほか、株式や不動産の買入れもありうるとし、為替介入で売った円を吸収する不胎化もやめるべしとする。

このようにマネーの供給を増やすと、すぐ実体経済が上向くと考えているわけではない。マネーの増加圧力が大きいほど、債券や株がより多く購入されるようになり、為替は円安になり、不動産購入も刺激され、それらによる資産効果でやがて設備投資などの実需が動き出し、貸出増加に至るとみる。

ベース・マネーの増加がマネーサプライの増加につながらなければ、つながりやすいようなオペ、たとえば事業会社の株や不動産を買え、と説く。

嶋中も、ベース・マネーがコントロール可能かどうか、その乗数倍のマネーサプライ増があるかどうか、論争の結着はついていないことを認めている。しかし、金利が効かなくなれば、量的緩和をやってみるよりほかないではないかという判断である。

日本銀行は三月に量的緩和政策を始めたが、本章執筆時点の一〇月では、マネーサプライの伸び率はさして高まらず、株価は下がっており、円安にもなっていない。今後どうなるか、注目される。

●量的緩和懐疑論

日本銀行は一九九九年二月に短期金利ゼロ政策をとり、二〇〇〇年八月に解除したが、二〇〇一年三月から事実上再びゼロ金利政策に戻った。土志田はまずこのゼロ金利政策を批判する。

銀行は金利ゼロでは貸しても意味がないし、個人も金利なしでは預金する必要はない。金利ゼロは異常であり、ありえないことだ。ゼロ金利政策は「金利」か「通貨量」

かという対立を解消する究極の政策だ。そこでは短期の資金需要はすべて満足されるので、量的にも十分緩和されていることになり、それ以上の量的緩和政策の意味はない。

量的緩和政策は、ヘリコプターで日銀券をまくなど、おカネを一方的に供給するように受けとられているが、そのようなことはありえない。金融はあくまで貸借関係であり、日銀券を出すには見合いに国債や外貨があってのことである。オペで株や土地を買うのは不健全であり、やるべきではない。

量的緩和論者は、デフレはマネーの不足で生じているからマネーサプライの増加をというが、名目GDPは前年割れを続けているのにM_2＋CDは前年比三％増程度を維持しており、マネーの供給は量的に十分なされているといえよう。問題は貸出しが前年割れを続けていることで、マネーの需要が弱いのである。それは企業側の経済活動が沈滞しているからで、そのような状況で長期国債を買いオペして長期金利が少し下がっても、それで設備投資が活発化することなど期待できないだろう。

インフレ目標（インフレ・ターゲティング）政策については、金融政策はインフレ抑制には効果があるが、日本の現在のような貯蓄超過のデフレ経済の下で、デフレを阻止するのに有効かどうか疑問がある。インフレ抑制のために低いインフレ率を目標に掲げることは多いが、デフレ阻止のために高いインフレ率を掲げて成功した例は一九三〇年代のスウェーデンしかない。それもインフレ目標の結果というより、金本位制離脱による為替レート切下げの効果とみた方がよさそうである。

金融政策の効果があらわれるにはかなりのタイム・ラグがあるので、仮に金融緩和政策の効果があってインフレ目標に現実の経済が達したときに金融緩和政策をやめても、インフレはさらに進んで許容できない高いインフレ経済になってしまうおそれがある。

以上のような量的緩和論批判に耐えられるかどうか。二〇〇一年の日本経済は深刻なデフレ状況なので、効果のありそうな政策は総動員する必要があり、量的緩和策も排除することはないが、財政は緊縮政策で、金融政策のみで景気浮揚を図るのは無理のように思える。

8 戦後日本の財政・金融政策の推移

(1) 高度成長前期

一般的に、高圧経済、投資超過経済のときは金融政策が効きやすく、低圧経済、貯蓄超過経済の場合は財政政策が有効と思われる。

戦後復興期の後、一九五五〜六四年は高度成長前期としてよいと思うが、企業の投資意欲はきわめて旺盛で常に資金不足といった状態であった。そして、戦前のインフレ経済に懲りて、財政は単年度均衡主義を維持していたので、景気調整は主として金融政策の担当であった。

金融政策は、公定歩合操作とともに、窓口規制（市中銀行に対する直接的信用供与操作）が用いられた。

財政政策は均衡予算で、景気政策としての役割は限られており、むしろ好況で税収が増えると減税したりして景気変動を増幅するようなことをやっていたが、剰余金が出ると翌々年度の歳入に繰り入れる措置により、ビルト・イン・スタビライザー効果はある程度みられた。

(2) 高度成長後期

昭和四〇年不況では、投資意欲がきわめて沈滞し、金融政策のみでは景気回復に向かわず、戦後初めて国債発行による財政面からの景気刺激がなされた。以後、一九七〇年代まで財政金融両面からの景気調整政策がとられることになる。

一九六五〜七〇年のいざなぎ景気の時期に日本経済は貿易収支が黒字基調になった。一九六四年頃までは、好況で貿易収支が赤字になると金融引締めをするというパターンであったが、そのような制約を離れて国内均衡を追求できるようになった。しかし、物価安定のために金融引締めをすると貿易黒字が増えてしまうという新しい問題も生まれた。そして一九七一年八月のニクソン・ショック以降、円切上げ不況におびえて財政金融両面から大幅な緩和政策をとり、狂乱物価といわれるインフレ高進を招き、第一次石油危機につながっていく。

(3) 一九八〇年代前半ごろまで

第一次石油危機後の深刻な不況に対処するためかなりの財政支出をした上に、一九七七年のサミットで福田首相は日本機関車論を受け入れて七％経済成長を目指して積極財政を展開し、大幅な財政赤字が累積することになった。そこで、一九七九年から財政再建路線に入り、予算要求は「ゼロ・シーリング」と枠をはめ、一九八〇〜一九八三年の景気後退期にも財政面からの景気刺激策はとられなかった。

このような金融政策のみという片肺飛行は一九八五年九月のプラザ合意の後まで続き、金融政策が過大な役割を担うことになり、二・五％という戦後最低の公定歩合を長く続けることにつながり、バブル発生の一因になったとみられている。

(4) バブルの形成と崩壊

プラザ合意により円は急騰を始め、金融政策のみでは支えきれなくなり、一九八六年秋と一九八七年夏に補正予算を組んで財政政策も参加することになった。しかしこれら財政・金融政策は行き過ぎの面があり、一九八六、八七年ごろから株価、地価の急騰というバブル現象があらわれ始めた。

バブルの進行に懸念を強めた日本銀行は一九八九年五月に公定歩合を上げ始め、一九九〇年八月の六％にまで立て続けに引き上げた。大蔵省（現財務省）は不動産融資総量規制を一九九〇年五月に行った。これらの措置により、株価も地価も暴落し始め、バブルは崩壊した。

(5) 一九九〇年代以降

バブル崩壊後の経済の極度の不振を受けて、一九九五年までは財政面から相当額の景気対策がとられたが、そこで生じた巨額の赤字を削減するために一九九七年（橋本内閣）には強力な財政再建政策がとられた。しかし、その緊縮財政とともに、大型金融破綻も加わり経済は再び深刻化し、一九九八年には大規模な景気対策がとられる（小渕内閣）。そして、それへの反省から二〇〇一年には「改革なくして回復なし」の小泉内閣になり、財政によらない景気回復を目指し、再び財政再建優先路線になっている。しかし、アメリカの同時多発テロ事件による世界経済の減速もあり、この路線の堅持も怪しくなりつつある。

以上のように、積極財政路線と財政再建路線が交互に登場しており、不安定な状態が続いている。経済政策思潮も、ケインズ派と新古典派（構造改革派）が交互に主流となっているが、本章執筆時点では構造改革派が多数派になっている。

金融政策は、一九九〇年代の経済停滞に応じて公定歩合が順次引き下げられ、一九九五年九月には内外史上最低の〇・五%になり、一九九九年二月にはコールレートが実質的にゼロ金利になった。ここで、金融政策は限界にきたという見方と、金利から量的緩和へ向かうべしという見解に分かれたが、日本銀行は少しずつ量的緩和に軸足を移しつつある。なお、公定歩合は二〇〇一年九月には〇・一%になっている。

財政政策に頼るべきではないし、金融の量的緩和政策にも批判的な論者は、構造改革に活路を見出そうとしている。しかし、構造改革で景気がよくなる保証はない。いずれにせよ、日本経済は未曾有の困難な時期に入っている。

【参考文献】


石弘光［一九八〇］『ケインズ政策の功罪』東洋経済新報社。

井堀利宏［二〇〇〇］『財政赤字の正しい考え方』東洋経済新報社。

岡崎哲二［一九九九］「戦後日本の財政政策——歴史的パースペクティブ」小野善康・吉川洋編著『経済政策の正しい考え方』東洋経済新報社、所収。

小野善康［一九九八］『景気と経済政策』岩波書店。

——［一九九九］「バブル崩壊後の不況の原因と経済政策」小野・吉川編著、前掲書、所収。

黒坂佳央［一九八八］「財政の景気調整機能」本間正明・黒坂佳央・井堀利宏編『財政』有斐閣、所収。

黒田晁生［一九九八］『金融政策の話』日本経済新聞社。

嶋中雄二［一九八四］「政策による制御は可能か」香西泰編『景気循環』教育社、所収。

——［二〇〇〇］『日本経済の油断——アメリカン・バブルの行方』東洋経済新報社。

鈴木孝一・畠山孝智［一九八四］「経済安定に役立つ制度」香西編、前掲書、所収。

谷崎良孝［一九八四］「総需要政策の考え方と実際」香西編、前掲書、所収。

土志田征一［二〇〇一］『日本経済の宿題——失った一〇年を超えて』ダイヤモンド社。

吉川洋［一九九九］「日本経済の成長力」小野・吉川編著、前掲書、所収。

第**8**章

景気の予測

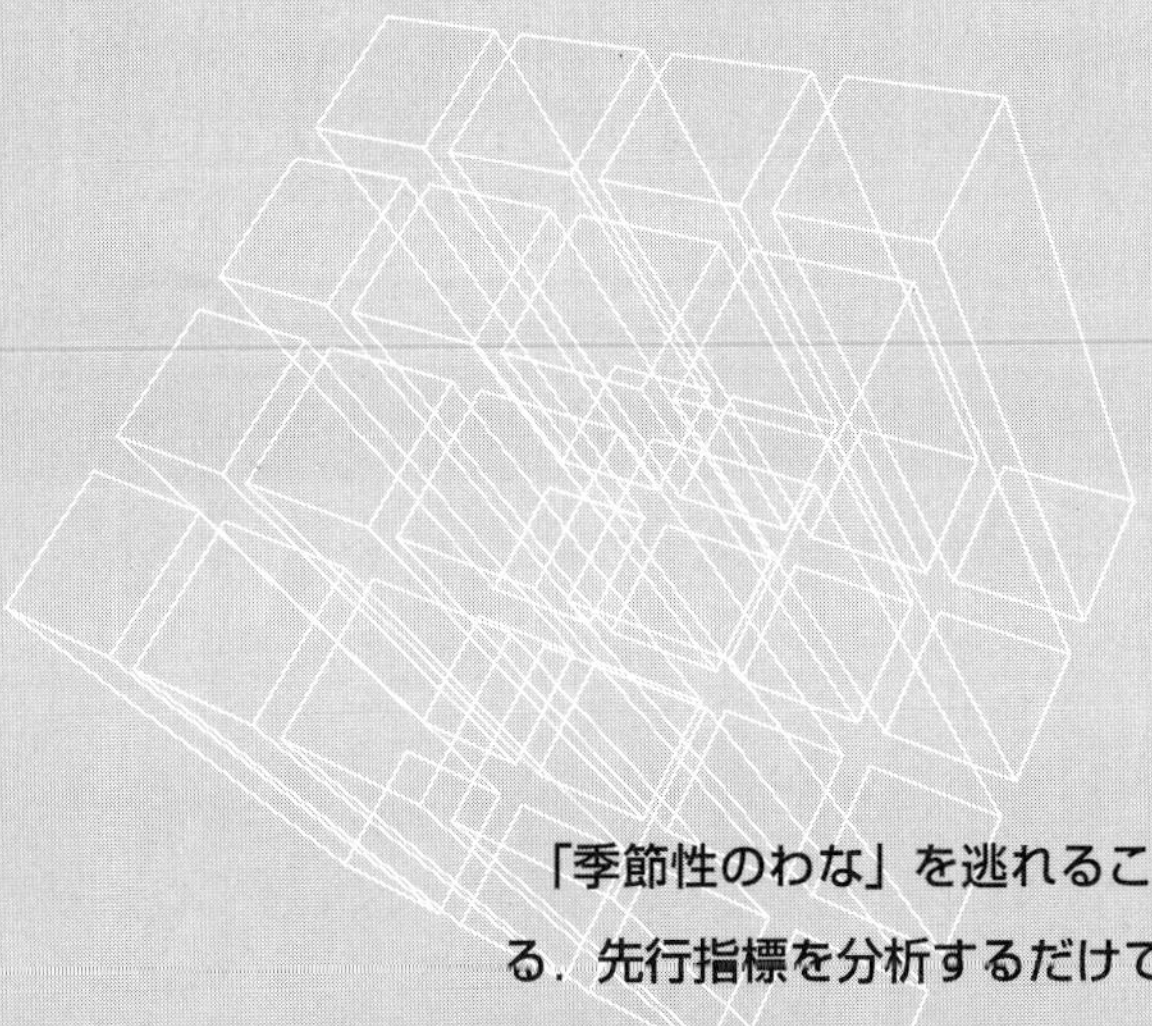

「季節性のわな」を逃れることが景気予測の出発点になる．先行指標を分析するだけでも景気は予測できる．先行指標の変化が何を意味しているか，経済の因果関係をたどって推理することが重要だ．日銀短観などサーベイ調査は数字にはあらわれない景気の気配を教えてくれる．

景気予測のツールとしては，消費関数や設備投資関数など，因果関係を一本の式にした方程式を使う．ブロックごとの分業で予測を進めるのが段階的接近法，一つのモデルにまとめるのが計量モデル予測．方程式の誤差を恣意的に埋めず，過去のデータだけで予測するのが時系列モデルだ．

1 季節調整

(1) 季節性のわな

純一君が家計調査のデータとにらめっこしている。チョコレートの需要予測を仰せつかったからだ。

二〇〇〇年二月の一世帯当たりチョコレート消費額は八八九円だった。一月は、と思ってみると、三二三円。なんと二月は前月比で一七五％も需要が伸びたことになる。

「すごい伸びだ。チョコレートが爆発的に売れているんだ」

純一君はそう思った。ところが三月をみると、三二〇円で、前月比で六四％もの大幅な減少になっている。

「どうなっているんだ、これは」

純一君は頭を抱え込んでしまった。純一君は「季節性のワナ」にかかってしまったのだ。賢い読者ならすぐわかる。そう、バレンタインデーのおかげで、二月は通常の月とは比べものにならないくらいチョコレートが売れる。

「そうか、バレンタインデーのせいだ」

純一君は気を取り直して毎月の消費額をグラフにしてみた。案の定、二〇〇〇年もその前年の一九九九年も、二月に大きなこぶができる。しかも一～一二月までの消費パターンは非常によく似ている。チョコレート消費は、夏場になると少なくなり、春、秋の行楽シーズンと、クリスマス、新年と続く冬場に伸びるようだ。

このように季節による経済行動パターンの変化を季節性と呼んでいる。この「季節性のわな」からいかに逃れるかが経済予測の出発点となる。

純一君は二月の消費と年平均の比率を求めてみた。一九七〇年では一・二一だったものが年とともに上昇し、一九八〇年代になると二倍に乗せてくる。これが九〇年代では三倍台に跳ね上がる。しかし、それも一九九二年をピークに少しずつ小さくなり、一九九八年からは二倍台に下がっている。ひところのバレンタイン・チョコ熱は冷めてきているということだろう。季節性も時代とともに変わってくる。

「そうか、季節パターンが同じなら前年比の増加率を

◎ 図8-1　1世帯当たりのチョコレート消費の月別推移 ◎

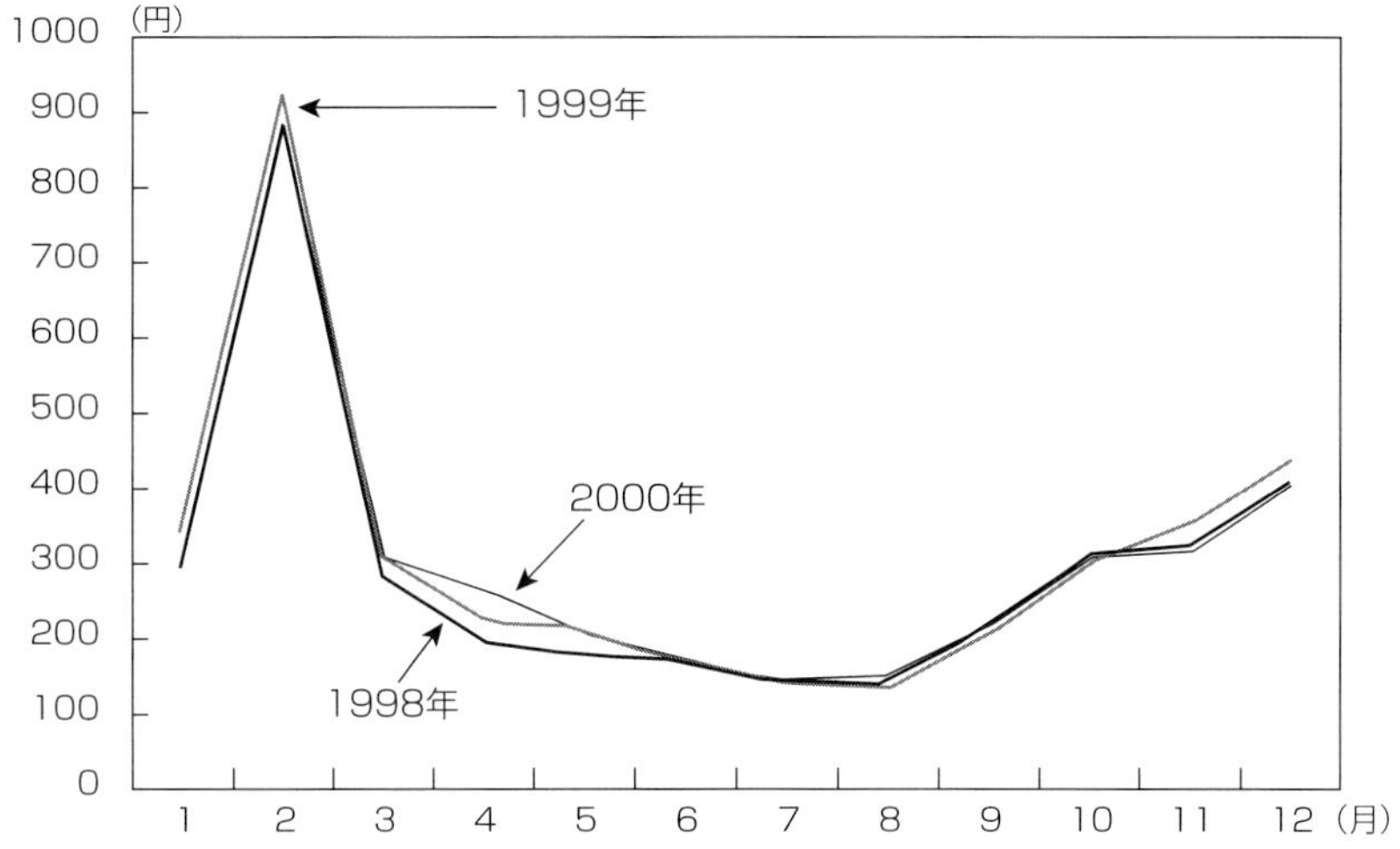

（出所）総務省「家計調査」.

みればいいんだ」

純一君は簡単な季節性を除く方法に気が付いた。季節性が毎年変わらなければ、前年に比べた増加率は景況の度合いを映し出しているはずだ。

二〇〇〇年二月の前年に比べた増加率はマイナス三・七％だった。最初にチョコレート消費は絶好調、と判断したのが、この段階で間違いだとわかる。二〇〇〇年全体では〇・九％減だから、二月は平均以上に悪かったことになる。季節性を除去する最も簡単な方法は前年同期と比べてみることだ。

(2) T・C・S・Iへの分解

一つのデータの中にどのような情報が含まれているかを考えてみよう。季節性のあることはわかった。季節性は英語ではシーズナリー・ファクターというので、その頭文字をとって「S」とする。

成長商品であれば、一定の右肩上がりの傾向がみてとれる。逆に衰退産業なら、右肩下がりになる。趨勢はトレンドだから、「T」であらわす。

好不調を一定の期間で繰り返すものが多い。キチン・

サイクルを体現したデータであれば、三〜四年周期の浮き沈みがみてとれるはず。循環は英語ではサイクルなので、「C」であらわす。

最後は不規則変動で、イレギュラーだから、「I」であらわす。

一つのデータはT、C、S、Iの四つの要素からなる集合だということがわかる。

問題はどうやって四つの要素にふるい分けるかである。経済分析ではよく「ならしてみる」という手法を使う。専門用語では「移動平均」と呼んでいる。月次のデータであれば一二カ月の移動平均を使う。移動平均は、毎期ごとに平均をとっていくやり方をいう。一二カ月を平均すれば、季節による浮き沈みは消えてしまう。移動平均をとった系列はT・C系列という。趨勢と循環からなるデータだ。原データをこのT・C系列で割ると、S・I系列が求まる。

いま、簡単に「割る」という表現を使ったが、原データがT、C、S、Iの積和としてあらわせると考えたからだ。在庫投資や国際収支などのようにプラス、マイナスの変動をみせる場合は積和ではあらわせない。この場合は単純な和（加法型）で表現する。

さて、S・I系列からどうしてSだけを抜き取るのだろうか。通常は、今度は月ごとに過去にさかのぼって移動平均を求め、この移動平均値をSとする。原系列を求まったSで除したものが季節調整済み系列になる。季節調整済み系列はT・S・I系列でもある。Sのことを季節指数という。

(3) センサス局法に一本化

一九七九年まで、わが国の季節調整法は「戦国時代」だった。当時、経済企画庁は自ら開発した方法をEPA法と名付けて、GNP（国民総生産）などの季調（季節調整のこと）に使っていた。通商産業省も比較的簡便な季節調整法を開発し、MITI法と呼んで鉱工業生産指数などの季調に使っていた。日本銀行はアメリカの商務省センサス局が開発した方法をとり入れていた。

一九七七〜一九七八年にかけて、当時経済企画庁経済研究所長だった馬場正雄京都大学教授が季節調整法の一本化を提案、統計審議会の大きなテーマになった。

一九七九年九月、統計審議会は「今後の季節調整法の適用基準」を発表、できるだけ米商務省センサス局法・X―11を使うようにと勧告した。経済企画庁はこの勧告に従ってEPA法からセンサス局法に切り替えたが、通産省はMITI法にこだわった。鉱工業生産指数の場合は系列数が多い上に、速報性が必要だから、簡便なMITI法が優れている、というのが通産省の主張だった。

だが、その通産省も九九年からセンサス局法・X―12―ARIMAに切り替えた。この結果、季節調整法はセンサス局法に一本化されることになった。X―12―ARIMAは移動平均法を中心にしたX―11とARIMAモデル（時系列分析モデル）の融合による画期的な季節調整方式といわれている。

ポイントは原系列データをいったん時系列モデルで統計的に処理するところにある。この段階で①レベルシフト（水準の急激な変化）、②異常値、③曜日による影響を識別する。同時に、直近時点データの移動平均に必要となる将来時点のデータをARIMAモデルで予測する。この曜日変動などの識別と予測値の採用がX―11に比べたX―12―ARIMAの優位性だといわれる。

スーパーの売上げは休日とウィークデーとでは大きく違う。土・日・祭日がたくさんある月はそれだけで販売額が大きくなるわけで、この点を考慮しない季調値では販売動向を見誤る。

もう一つ、予測値の採用も直近時点での季調値の精度アップに貢献しているといわれる。というのは、季調のための移動平均は過去と将来の値を使って実施するからだ。直近時点の場合は、予測値がない限り中途半端な処理しかできない。それでは最も重要な直近期の季調済みデータがあやふやになる。X―12―ARIMAの場合は予測値でこの不足データを補完できる分、直近期の季調がなめらかになる。

2 先行指標による予測

(1) 風が吹けば桶屋が儲かる

景気予測の基本は現在の状況の中から何らかの変化の先触れをつかみ取ることだ。「風が吹けば桶屋が儲かる」ということわざがある。風が吹くと砂ぼこりが立って、目の不自由な人が増える。目の不自由な人は三味線をひくので三味線の皮がたくさん必要になり、ネコがいなくなる。すると、ネズミが増えて、桶をかじる。だから、桶屋が儲かる。

マネーサプライ（通貨供給量）を例にとって考えてみよう。巷に出回るお金の量が増えるとどうなるだろう。景気に影響する主な道筋は二つある。

一つは金利だ。商品市場で商品の供給が増えれば値段が下がるように、お金の量が増えれば金利は下がる。金利が下がれば、家計であれば、消費者ローンや住宅ローンの金利が安くなるのだから、耐久消費財や住宅の購入を増やすだろう。企業であれば、借入金利が安くなるのだから、設備投資や在庫投資を増やそうとする。

もう一つは資金需給からの影響だ。お金の需給が緩めば、銀行は積極的に資金の貸付けを増やそうとする。だから、企業も家計もお金が借りやすくなる。もっとも、バブル（極端な資産インフレ）崩壊後の日本経済のように、恒常的な資産デフレの下では少々マネーサプライが増えてもなかなか景気上昇に結びつかない、といった事態も起こる。

利益率と金利との兼合いは、重要な投資判断指標だとみられている。利益率から金利を差し引いた利益率・金利差のデータをプロットしてみると、設備投資に先駆けて変化していることがわかる。金利は投資のコストに当たるわけだから、コスト以上に収益率が持ち上がってくれば、投資マインドが積極的になってくるという理屈だ。

(2) 「予兆」をつかむ

数学を学ぶと、微分、さらには二次微分という概念が出てくる。これを経済データに置き換えると、増減（一次差分）、増減の増減（二次差分）ということになる。二次微分や二次差分は加速度ともいうが、この加速度の変化方向がわかれば、増減、さらにはこの元にある原データの変化方向も読めてくる。この場合、加速度が変化の「予兆」を示しているといえる。

経済データの中にはこの「予兆」をあらわす指標がたくさんある。こうした指標を注意深く観察していれば、景気の変化を早くつかむことができるというわけだ。

たとえば、日経商品指数がある。日本経済新聞社が算出している商品相場の代表的な価格指数で、繊維、鉄鋼、非鉄、木材、化学、石油、紙、大豆、砂糖、ゴムなど四二品目の価格を平均したものだ。主に一次製品で「川上」に近い。原材料の需給を反映した業者の「期待（予想）」で敏感に動く。この価格指数が上向けばやがて景気も上向いてくる。

予想を反映しているという意味では、各種の見通しも参考になる。内閣府が発表している景気動向指数（DI）の先行指数でも中小企業業況判断来期見通しという指標を採用している。

民間のシンクタンクや金融機関が発表している経済予測も参考になる。安価で高性能のパソコンが普及したことで経済予測は花盛りといったところだが、逆に多すぎて混乱をもたらしている面がないともいえない。特徴を出すためにあえて極端な予測を発表している機関もあり、予測の取捨選択が難しい。予測の平均値はその時点での代表的な見方をあらわしているから、大方の見方はこんなものだ、と理解すればよい。必ずしも平均的な見方がよく当たるともいえないが、有力な情報には違いない。

もう一つ重要な「予兆」は経済活動の初動をあらわす経済指標だ。たとえば機械受注。受注を受けて機械メーカーが生産に入り、ある段階で代金が支払われる。発注元が増産できるのは機械を受け取ってからになる。だから、受注はこうした一連の設備投資、さらには新規設備による生産増の先行指標になるというわけだ。

建設着工床面積や新設住宅着工床面積も同じような理由で設備投資や住宅投資の先行指標といえる。新規求人数は雇用の先行指標。求人数の増加は企業が人員増に動いているわけで、単に労働市場ばかりではなく、景気全体への明るいシグナルでもある。

(3) 景気動向指数の先行系列を使う

これまでにみてきた景気先行指標をいくつか束ねて総合的に景気の先行きを占おうというのが景気動向指数・先行系列のねらいだ。

時代とともに採用系列が変わってきているが、現在は次のような一一の指標からなっている。

①最終需要財在庫率指数　最終需要財というのは家電製品や自動車のように、最終需要になる製品のことだ。この在庫を出荷で割ったのが在庫率である。景気が良く

◎ 図8-2　景気動向累積指数の動き ◎

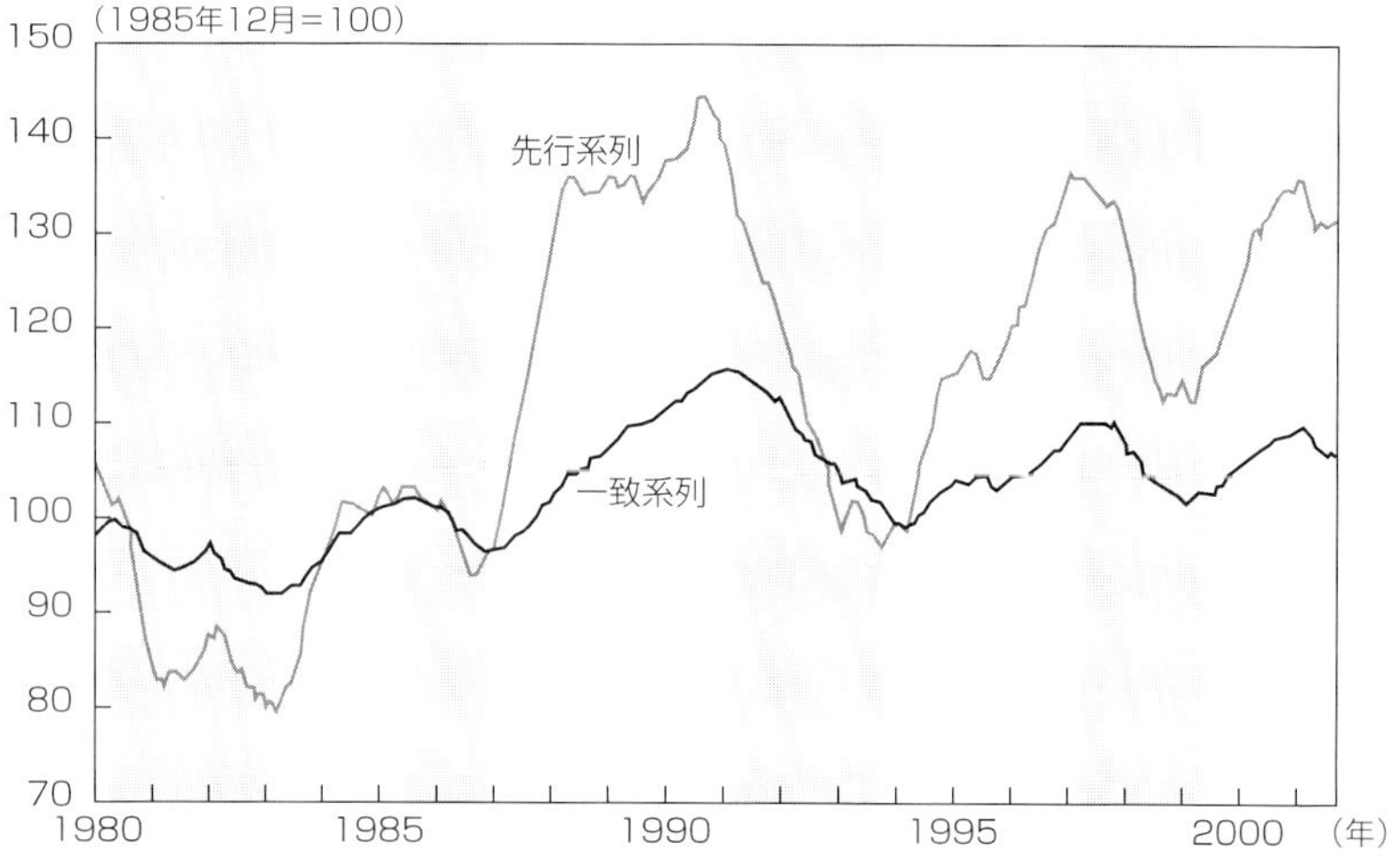

(出所) 内閣府経済社会総合研究所「景気動向指数」.

なると、この在庫率が下がり始める。仮にまだ出荷が目にみえて増えていない段階でも、在庫が減っていれば、在庫率は下がる。だから、在庫率が下がるというのは、荷もたれ感が解消しているということで、これから景気が良くなる前触れになっている。景気動向指数はプラス方向を景気上昇、マイナス方向を景気下降と定義しているので、先行系列では逆数をとっている。

②鉱工業生産財在庫率指数　最終需要財が消費や投資に使われるのに対し、生産財は主に企業の生産活動に使われる。最終需要財在庫率指数がいわゆる「川下」の景況を反映しているのに対し、生産財在庫率指数は「川上」の景況を計っている。

③新規求人数　求人が増えるというのは、企業の側に人が足りないということだから、景気が上向く有力な材料になる。新規学卒者の場合は、四月採用と決まっているから、毎月の労働需給をつかむには適さないので除いている。

④実質機械受注　設備はまず生産者が受注、一定期間の生産活動の後に需要者に渡す。したがって設備投資行動の「第一報」が機械受注ということになる。機械受注

の中でも船舶と電力からの受注は一般の景況とはやや性格が異なるので先行系列の計算からは除いている。

⑤新設住宅着工床面積　民間住宅投資の先行的な動きをとらえるのがねらいである。

⑥耐久消費財出荷指数　自動車、家電製品、家具などの出荷動向を示す。必需品などに比べて振れが大きく、消費全体の先行的な動きが見てとれる。

⑦消費者態度指数　暮らし向きや収入の増え方などに対する消費者の半年後見通しを基に消費態度の強弱を指数化している。二〇〇一年一一月分から月次速報が可能になったので、先行系列に加わった（詳しくは次節「サーベイ調査による予測」に説明がある）。

⑧日経商品指数・四二種　鋼材、非鉄金属地金、繊維糸、木材、砂糖、大豆、ゴムなどの四二品目からなる商品価格指数。日本経済新聞社が毎週発表している。

⑨長短金利差　長期金利と短期金利の差。長期金利は一〇年物新発国債の流通利回り、短期金利はユーロ円（海外円）TIBOR（東京市場銀行間金利）の三カ月物を採用している。景気に上昇の気配が見えると、設備資金などの動きを反映して長期金利が上がる。逆に景気に鈍化の気配が出ると、長期金利が下がる。金利差と景気の先行きが連動する。

⑩東証株価指数（TOPIX）　前年同月比の上昇率で見る。株価の上昇率が拡大しているときは、景気の先行きは強い。

⑪製造業・投資環境指数　金融コストを差し引いた実質利益率。この実質利益率が持ち上がってくれば投資マインドが好転すると考える。具体的には製造業の総資本営業利益率から上場国債の最長期物最終利回りを差し引いたものを指標としている。

⑫中小企業業況判断来期見通し　中小企業金融公庫が四半期ごとに発表している「中小企業動向調査報告」による全産業の来期見通し。中小企業経営者の来期景気見通しを先行指標の一つとして採用している。

この一二の指標を三カ月目と比べ、増えていれば「一」、横這いは「〇・五」、減っている場合は「〇」とし、一一指標について合計、これを指標の数（一一）で割って一〇〇を掛ける――というのが景気動向指数・先行系列の計算手順だ。すべて増加であれば一〇〇、すべて減少の場合はゼロ（〇）。すべて横這いは五〇だから、五〇

◎ 図8-3　先行系列による一致系列の説明度合い（決定係数）◎

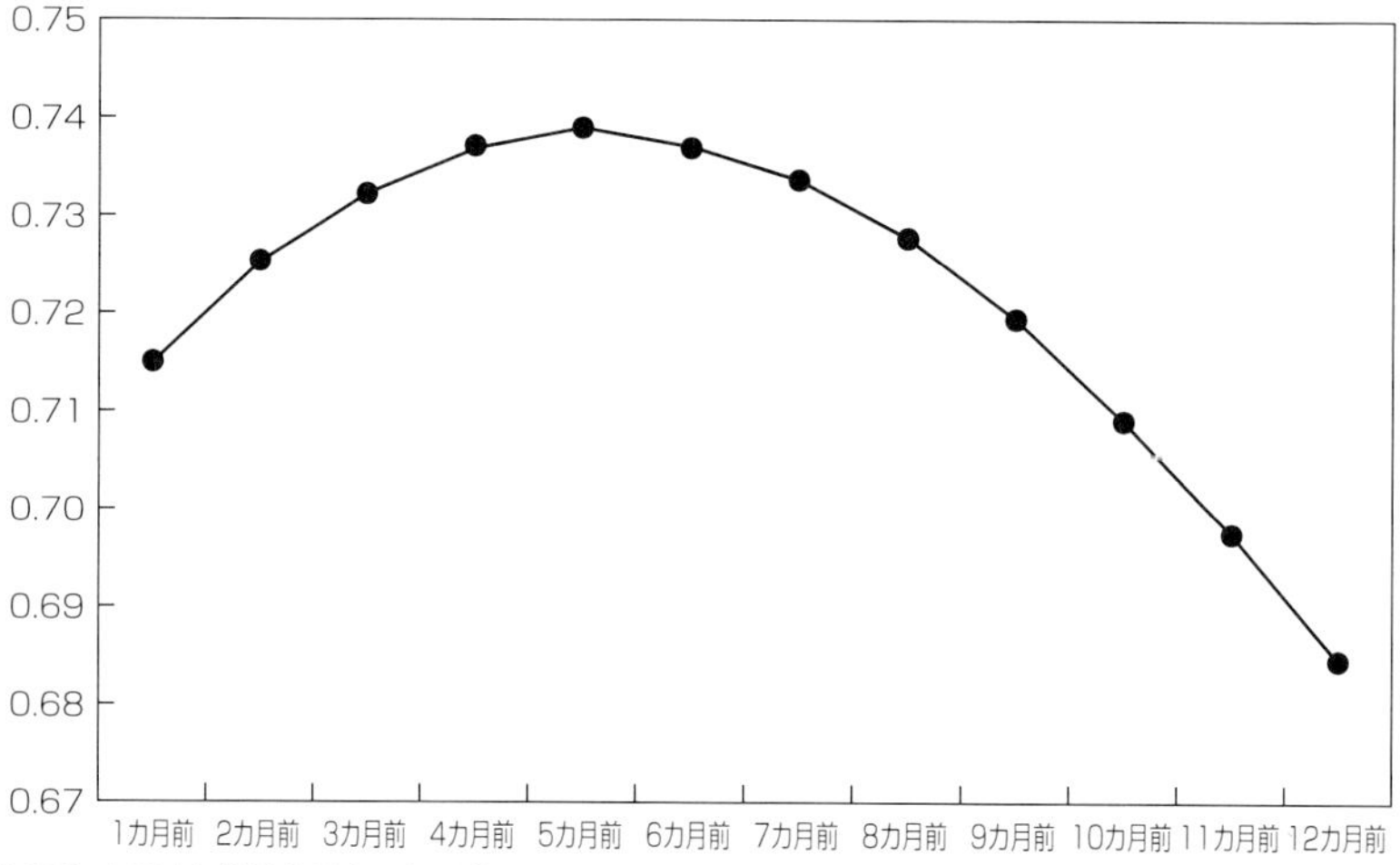

（出所）内閣府経済社会総合研究所「景気動向指数」.

が景気の上昇・下降を分ける分岐点になる。

問題はこの先行系列を使ってどのように景気を予測するかだ。いま、景気の上昇局面にあって、先行系列が五〇を下回ってきたとする。果たして景気は下降に転じたと判断できるのだろうか。

答えは「ノー」だ。たとえば一九八六年一一月〜一九九一年二月まで続いた平成景気では、一九八八年五月、上昇に転じて二一カ月目、先行系列は三六・四と五〇を下回った。だが、当時、景気判断の総元締めの立場にあった経済企画庁は上昇過程の軽い調整局面と判断、依然として上昇局面が続いているとの見方を示した。

「三カ月連続ルール」というのがある。先行系列が三カ月続けて局面変更のシグナルを出してはじめて景気の転換点とジャッジする、との見方だ。

このモノサシで景気の山に対する先行系列の先行性を調べてみると、おおむね二、三カ月先のシグナルを出していることがわかる。

しかし、これとて万能ではない。一九八八年五月に先行系列が五〇を下回ったといったが、その後、六月、七月と続けて五〇を下回っている。三カ月連続ルールに従えば景気転換点を迎えた、ということになるが、実際は違った。さらに、一九八九年五〜七月にかけて、またもや三カ月続けて五〇を下回った。このときも「誤報」だった。

一九九七年三月の山に対しては、実に三カ月もシグナルが遅れている。もっともこのときは、一九九七年三月が五四・五とわずかに五〇を上回っただけで、その二カ月前から五〇を下回る状態に入っていたから、同着との判断もできる。だが、先行性への疑問は残る。

景気動向指数を累積したものが別途、「累積指数」として発表されている。この累積指数を使って、先行指数の先行度を相関分析で調べてみた。方程式の左辺に来るのが一致累積指数、右辺がラグ（遅れ）付きの先行累積指数だ。一期ラグは一カ月前の先行累積指数を指すから、この相関が高ければ、先行系列は一致系列に対して一カ月の先行性があると判断できる。

一〜一二カ月前まで、それぞれの相関度を調べてみた。二乗の形で相関を示す決定係数の一番高かったのは五カ月前で、〇・七三九。一〜五カ月前まで次第に決定係数が高くなり、それ以降減衰する。

推定期間は一九七〇年一月〜二〇〇一年八月だが、推定期間を変えても結果は大きくは変わらない。ということは、先行累積指数は一致累積指数に対しておおむね五カ月の先行性があると判断できる。

3　サーベイ調査による予測

(1) マインド（心理）を読む

景気を定量と定性に分けて考えると、定量の「王様」はＧＤＰ統計（国民経済計算統計）、定性の「王様」は「短観」（企業短期経済観測調査）になる。定性という意味は、景気の状態、あるいは景気感覚というようなことである。

『広辞苑』で「景気」を引いてみると、①様子、けはい、ありさま、②元気、威勢がよいこと、③人気、評判、④売買、取引などの経済活動の状況、などと書いてある。もともとは量だけでは計れないファジーな概念なのであろう。だから定量的な統計だけみていたのでは景気の先行きはわからない。

短観は、日本銀行の企業短期経済観測調査をつづめた呼び名だ。「タンカン」の愛称で呼ばれている。

政府も景気対策を打つ際に、必ずGDP統計の速報とともに短観をみる。だから、二つの統計の発表時期を知っていれば、対策の決定がいつごろになるかがわかる。

短観には正確にいうと「主要企業短期経済観測調査（主要企業短観）」と「全国企業短期経済観測調査（全国短観）」がある。資本金一〇億円以上の上場企業を対象にしたのが主要企業短観、従業員五〇人以上の法人企業を対象にしたのが全国企業短観である。主要企業短観の調査企業が七〇〇社程度であるのに対し、全国企業短観は一万社近い。毎年二、五、八、一一月の四回調査する。

短観は大きく①判断項目と、②計数項目に分かれている。計数項目では生産高、受注残高、総売上高、経常損益、設備投資額、棚卸資産、金融機関借入額、社債など一通りの経営指標を網羅している。その意味では、企業経営の統計資料としても重要だが、重点は前半の判断項目にある。

一五の判断項目について企業の回答をまとめている。判断項目はDI（ディフュージョン・インデックス）として発表される。短観のDIの場合は「良い」と答えた企業の割合から「悪い」と答えた企業の割合を引いた値だ。「悪い」が多ければDIはマイナス領域に来る。

判断項目として一番重視されるのが「業況判断」である。ストレートに景気が良いか悪いかを聞いている。他には製品需給、在庫水準、設備判断、雇用人員判断、資金繰り、手元現預金、金融機関の貸出態度、価格判断などを聞いている。

業況判断DIは「実績」と同時に先行きの「予測」も載せている。この予測DIをみれば、大企業が景気の先行きをどのようにみているかがわかる。

企業のビジネスマインド（経営意欲）をもっと掘り下げて知る、という意味では内閣府が四半期ごとに発表している「法人企業動向調査」が参考になる。法人企業動向調査は資本金または出資金一億円以上の営利法人から標本調査した約四五〇〇社が調査対象になっている。短観と同じように国内景気、業界景気、内外需要、輸出動向、製品価格、原材料価格、売上高、経常利益などを対

◎ 図8-4　業況判断DIの推移（四半期）◎

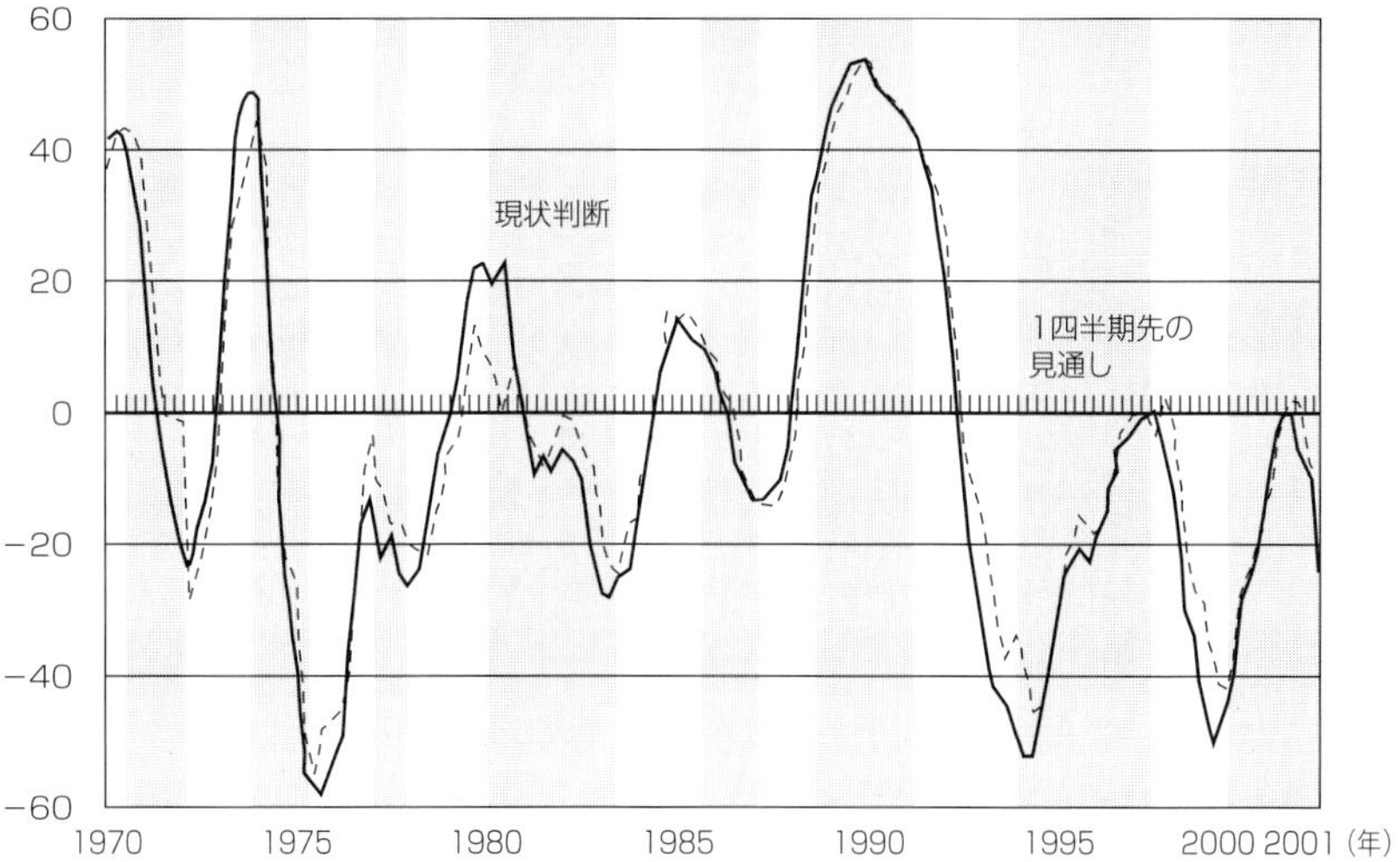

（出所）日本銀行「企業短期経済観測調査」.

象に先行き見通しを聞いている。この結果は、上昇とみる企業の割合から下降とみる企業の割合を引いた計数で示される。BSI（ビジネス・サーベイ・インデックス）と呼んでいる。

消費者の消費マインド（消費態度）を知るのであれば内閣府の「消費動向調査」が使える。法人企業動向調査と同じく、四半期ごとに調査している。全国の単身、外国人を除く一般世帯約三〇〇〇万世帯から選んだ約五〇〇〇世帯から回答を求めている。消費者の意識、旅行の実績・計画、サービス支出への態度、主要耐久消費財の購入計画、その買替え状況などが主な調査内容だ。

マインドを読む、という観点から重要なのは消費者の意識だろう。このうち①暮らし向き、②収入の増え方、③物価の上がり方、④雇用環境、⑤耐久消費財の買い時、の五項目を単純平均したものを「消費者態度指数」として発表されている。消費者態度指数は「良くなる」が「一」、「やや良くなる」が「〇・七五」、「変わらない」が「〇・五」、「やや悪くなる」が「〇・二五」、「悪くなる」が「〇」として集計したものだ。

(2) 計画や予測からつかむ

計画のサーベイで一番大がかりなものは設備投資計画調査であろう。政府、民間が数字を競い合っている。いずれも調査対象企業にアンケート用紙を送って答えてもらう。調査機関は違っても同一企業であれば答える部署は同じなわけで、調査を依頼された企業にとってはかなりの負担になっているという。

同一企業であれば結果は誰が調査しても変わらないと思われがちだが、実際の結果は調査機関によってずいぶん違う。

一つは調査対象企業の相違から来る。たとえば内閣府の場合は資本金または出資金が一億円以上の企業を対象にサンプリングした約四五〇〇社だが、民間の場合は資本金一〇億円以上の一〇〇〇社前後というところが多い。サンプルが一番多いのは日本銀行の全国企業短期経済観測調査だ。一万社近い企業を対象にしている。

調査タイミングの違いでも結果は違ってくる。内閣府の法人企業動向調査や日本銀行の短観は四半期ごとと調査間隔が短いが、民間の多くは年二回程度だ。調査月も一～三月だけとっても、一月(民間銀行に多い)、二月(短観)、三月(法人企業動向調査)とばらけている。

短期的な設備投資計画の変化を追跡するのであれば、内閣府の法人企業動向調査が便利である。四半期ごとに「来期計画」と「来々期計画」を尋ねている。来々期計画は三カ月経つと来期計画としてあらわれる。さらに三カ月経つと当期実績になる。半年間の間にどのような修正がなされたかをみれば、設備投資が上向くのか、下向くのかがわかる。

消費の計画は内閣府が四半期ごとに調べている。すでに消費者マインドとの兼合いで説明した「消費動向調査」の中で、旅行、サービス、耐久消費財などの支出予定を聞いている。「増やす」「やや増やす」「変えない」「やや減らす」「減らす」という五段階での定性評価だが、方向は読める。右肩上がりの経済ではいつも増えることは当り前だから、このような五段階評価では食い足りない。だが、低成長経済では増えるか減るかが重要な問題点である。その意味では低成長時代を迎えて消費動向調査の有用性が増している。

予測情報は最も手っ取り早い予測のためのサーベイ・データといえる。一九七〇年代、コンピューターの発達と歩調を合わせて予測ビジネスが花開いた。リードしたのはアメリカのL・R・クライン、O・エクスタイン、M・エバンスの三人だ。大学教授として経済学を教えながら、アカデミック・ベンチャーともいえる経済予測機関を創設した。

いずれも似たようなビジネス・モデルだ。コンピューターにマクロ、産業、企業、マーケットのデータを蓄積、発表と同時にメンテナンスする。このデータを使って計量モデルを構築し、このモデルで予測した結果を定期的に発表する。

ビジネスなので、もちろん有料サービスである。データ処理用のソフトや計量モデルの利用料、データの利用料、それに当時はタイムシェアリング・サービスといって大型コンピューター（メインフレーム・コンピューター）を多勢で共同利用していたから、このコンピューター・リソースの利用料も加わった。難しいデータ処理では別途、コンサルティング料も請求した。

京都大学の佐和隆光教授の表現を借りれば、予測ビジネスの出現を機に、経済予測が制度化されていった。企業や役所で、アカデミック・ベンチャーのデータ、ツー

COLUMN

クライン　（L.R.Klein）［1920年～］

「ミスター計量モデル」といっていい計量モデルの草分けである．1944年，弱冠23歳で博士号を取得した．このときの博士論文が『ケインズ革命』であり，ケインズ型マクロモデルの出発点といえる力作だ．

マクロモデルのルーツ（源）に当たるのがクライン＝ゴールドバーガー・モデルだろう．K－Gモデルの愛称で，今もエコノミストに親しまれている．

日本のエコノメトリシャンにも大きな影響を与えた．1950年代の終わり，ロックフェラー財団の援助で来日，大阪大学で日本のエコノミストと一緒に日本のマクロモデル（阪大モデル）を開発した．親日家で，毎年のように日本を訪れている．

クラインは1960年代の終わりごろから壮大なプロジェクトを開始する．国別モデルを貿易を通じてつなぎ合わせるワールド・リンク・モデルの開発だ．

リンク・モデルには初期の段階から社会主義圏のモデルが入っていた．世界平和への貢献を眼目とするクラインらしい発想といえる．

クラインは計量モデルへの貢献を評価され，1980年にノーベル経済学賞を受賞する．クラインと親しい帝塚山大学の森口親司教授は，クラインにはもうひとつのノーベル平和賞もあげたい，という．

◎ 図8-5　政府経済見通しと実績（実質経済成長率）◎

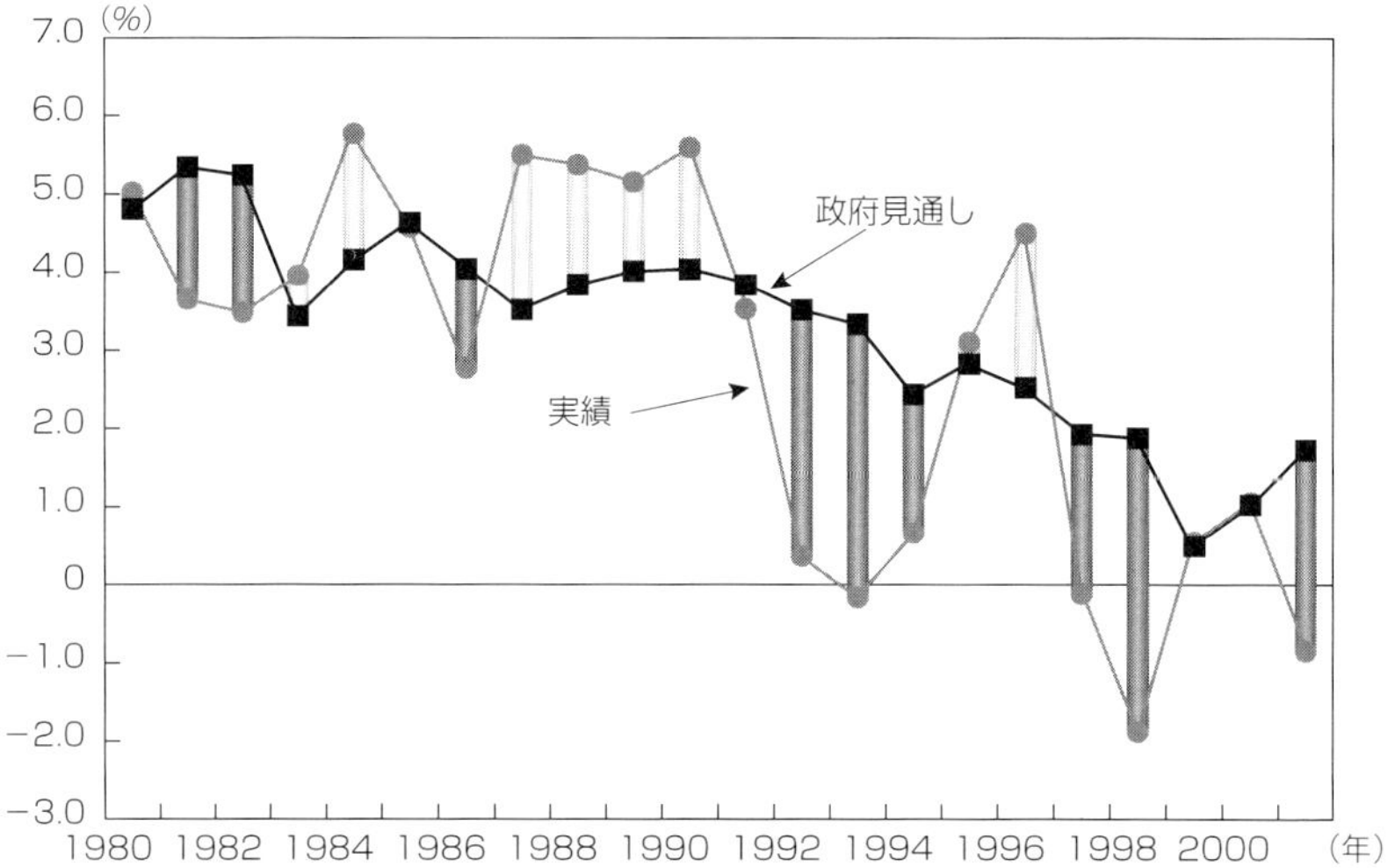

（出所）内閣府「政府経済見通し」，内閣府経済社会総合研究所「国民経済計算年報」．

ル、モデル、アドバイスを活用しながら、予測の輪を広げていったのである。

こうしておびただしい数の予測情報が溢れることになった。金融機関のホームページを訪ねると、経済予測を紹介している。ジャーナリズムでも、たとえば日本経済新聞社は早くからアメリカのアカデミック・ベンチャーと同じようなサービスの提供を始めた。マクロ経済予測は毎月発表している。東洋経済新報社も一九八〇年代以降、経済データ・サービスを充実させてきている。

圧巻は一二月で、予測機関の発表会といった様相を呈する。日本経済研究センターではこの予測結果を『会報』に収録、その数は七〇近くにのぼる。

アメリカではブルーチップ・エコノミック・インディケーターズ社が「ブルーチップ予測」として五〇程度の機関の予測をまとめて有料でサービスしている。この平均値は「コンセンサス」と呼ばれ、アメリカ予測の代表的な見方として重視されている。

もちろん、政府も経済見通しを発表している。わが国では例年、予算を作成する一二月に発表する。新会計年度のＧＤＰ（国内総生産）、雇用、生産、物価、国際収支などの見通しをまとめる。国の予算を作成する上での環境認識を示したものだ。

政府は「あくまでも予算作成の参考資料」と考えているが、時として「政策目標」ととられる場合がある。新年度の途中で景気がおかしくなると、経済成長率の見通しが景気対策を迫る上での格好の材料になる。政府経済見通しのGDPが達成されそうもないと、現実の見通しとの差額を埋めるだけの事業規模を確保する、といった形での景気対策が一九九〇年代まで続いた。

「政府の見通しは常に甘い」とよくいわれる。確かに九〇年代は実質成長率で政府見通しの勝ち負けを判断すると、二勝六敗二引き分けと政府は大敗している。しかし、一九八〇年代は六勝三敗一引き分けだった。この二〇年間の実質成長率の平均をみると、政府見通しは三・二八%、実績は二・八二%だった。ならしてみればそれほど大きな差はない。

4 段階的接近法による予測

(1) 予測作業の分業

わが国で最も大がかりに段階的接近法による予測を行っているのは日本経済研究センターだ。『経済白書』を執筆、当時経済企画庁の花形エコノミストだった金森久雄氏が一九六七年に日本経済研究センターの主任研究員として段階的接近法による一八カ月予測を始めたのがはじまり。以来、予測担当主査は移り変わったが、段階的接近法による予測は現在も続いている。

段階的接近法はサクセッシブ・アプロキシメーションという英語の頭文字をとってSA法と呼ばれることもある。はじめてこの言葉が登場したのは一九六五年のOECD報告書「経済予測のテクニック」だった。経済予測技術の世界的なサーベイ、といった色彩のリポートだが、この中で、多くの予測機関の手法は「SA法」と整理できる内容だったと結論づけている。

すでに計量経済モデルが実用段階に達していたにもか

◎ 図8-6　段階的接近法のフローチャート ◎

（日本経済研究センターの場合）

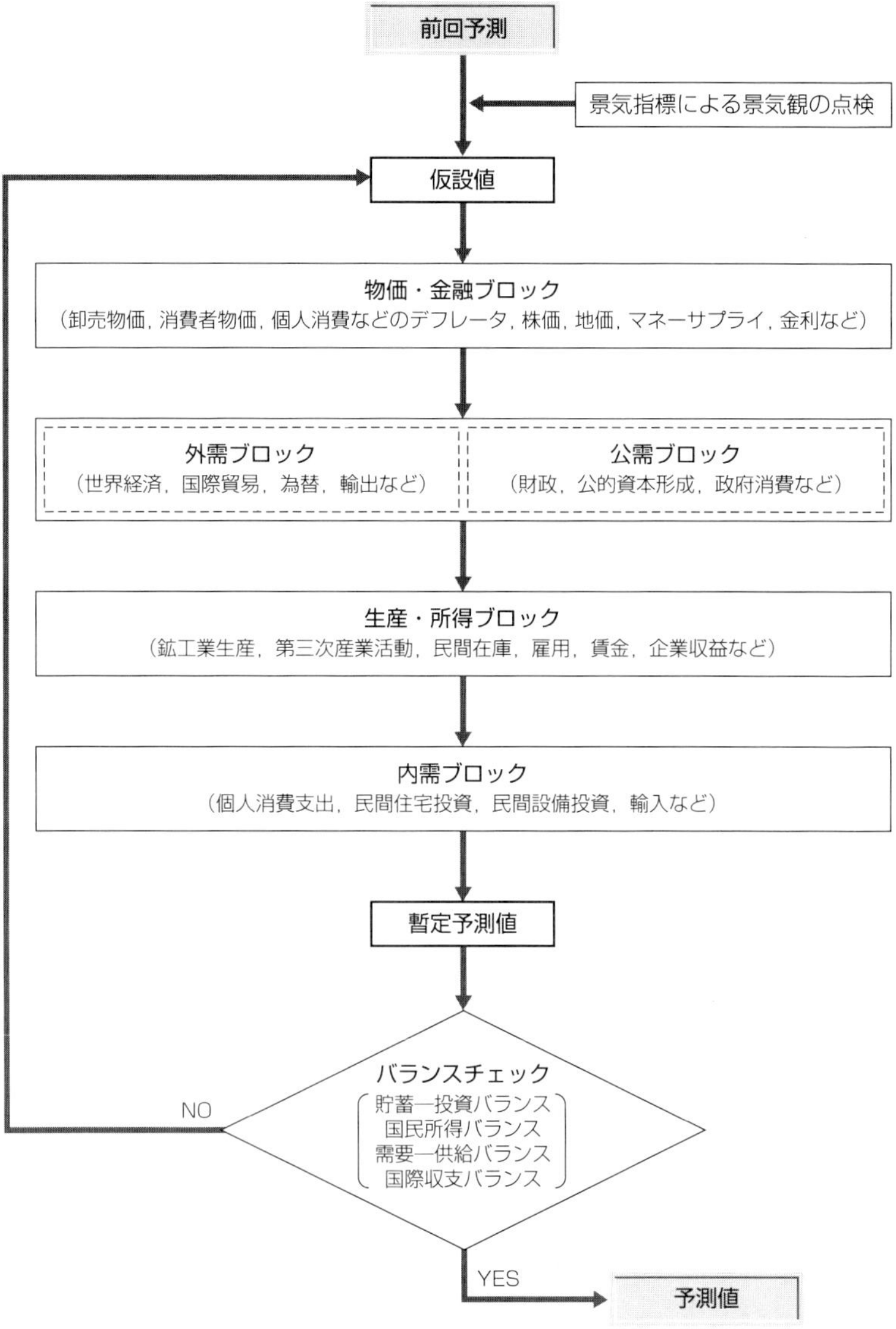

かわらず、なぜＳＡ法なのだろうか。ＳＡ法が支持を集める理由の第一は、分業で予測作業を進められる点にある。

日本経済の予測を例にとってみよう。いま、ＧＤＰ（国内総生産）とこの関連項目を予測すると考えると、いくつかのブロックが浮かび上がってくる。

支出面だけでみても、個人消費、民間住宅投資、民間設備投資、民間在庫投資、政府支出、輸出入と六ブロック程度に分けて考えられる。仮に個人消費と民間住宅投資を合わせて家計支出、民間設備投資と民間在庫投資を合わせて企業支出と分類してみても、四ブロックにはなる。

供給面では、国内総生産の決定が問題になる。主要産業別にＧＤＰを求めるとなると、これだけでかなり骨の折れる作業になる。

物価では、卸売物価と消費者物価、さらにはこのもとになっている賃金を予測しなくてはならない。賃金の関連では雇用の決定も重要だ。

賃金と同時に、法人所得の決定も分配面の重要な課題だ。雇用者所得と法人所得を中心に、個人業主所得、利子所得、財産所得など、分配項目の一つひとつは国民経済を分析する場合、見逃せないポイントだ。

経済にはモノやサービスの流れを表の動きとすると、この裏でお金の流れがある。金融の動きは、一つは通貨供給量（マネーサプライ）を通じて物価に、一方では金利を通じて投資や消費に大きな影響を与えている。

近年、資産市場も国民経済の分析に重要だとの認識が深まっている。『複合不況』（宮崎義一、中公新書）を分析しようと思えば、株価や地価のモデルが必要になる。

これだけのことを一人のエコノミストが予測すると考えると、気が遠くなる作業になる。日本経済予測を一台の車を作る作業に見立てると、一人ですべてのパーツ（部品）を作り、組み立てると考えるか、何人かで手分けをして作ると考えるかだ。当然、分業が問題解決のビジネスモデルとして選ばれる。これと同じことが経済予測の世界で起こっていたと考えればよい。

(2) コアにあるガウス＝ザイデル法の解法

段階的接近法の予測作業を簡単に説明しよう。戦略的に重要な指標をいくつか選択し、これを仮設値とする。

国民経済の予測の場合は、実質ＧＤＰと、このコンポーネント（構成項目）である実質個人消費や実質民間設備投資、さらには卸売物価、消費者物価、賃金、マネーサプライなどだ。

いったんこの仮設値を使って、それぞれのブロックが各ブロックごとの予測モデルに沿って細目の予測値を求める。たとえば、輸入を予測するための方程式には実質ＧＤＰが説明変数として入っている。消費を予測するための実質可処分所得を計算するには消費者物価の情報が必要、といった具合である。細目の予測に仮設値が必要になるということだ。

求まった細目から逆に仮設値を計算する。たとえば、主要商品別に個人消費を予測していれば、この合計値と最初に仮設値として設定した個人消費全体とを比べる。初めに与えた仮設値と、いま求まった仮設値を比べた場合、まず一致することはない。

どうしてスタート時点の仮設値と、分業作業の結果として求まった仮設値の予測値が食い違ったのか。予測に携わった人たちが集まって侃々諤々の議論を戦わせる。この議論こそがＳＡ法の神髄といってよい。この議論の中で、細部で起こっているいろいろなファクトが報告され、将来への情報が豊かになってくる。日本経済研究センターがいまでも研修のツールとしてＳＡ法を採用しているのは、ＳＡ法が経済予測のノウハウを吸収する上で格好のシステムになっているからだ。

議論を経て、次の仮設値を決定する。各エコノミストは新しい仮設値を持ち帰って、それぞれのパートを再計算、新しい予測値を求める。こうして再び細目から仮設値を予測して持ち帰った仮設値と比べる。食い違ったら、なぜ違ったのか、再び議論する。納得がいくまでこの仮設値の再計算を続けるのがＳＡ法の基本だ。ただし、この作業にはきりがない。たいがい数回で予測値ができあがるように手順を工夫する。

こうした繰返し計算のことをイタレーションという。問題はこの反復計算が収束するものかどうかということだ。仮に発散するのであれば、理論上、反復作業を何度繰り返してみても徒労に終わることになる。通常、予測体係は全体のブロックを合わせると、膨大になる。しかも非線形の方程式群からなっている。とっさには収束するかどうか、判定は不可能といえる。

ところが、体系がどんなに複雑でも、方程式本数がどんなに多くても、現実経済のモデルはおおむね反復計算で解が求まることが証明されている。連立方程式の解法の一つであるガウス＝ザイデル法の考え方だ。ＳＡ法は巧みにこの解法を作業手順に組み込んでいることになる。

5 計量経済モデルによる予測

(1) 経済の仕組みを方程式にあらわす

読売巨人軍・長嶋元監督の口癖の一つが「勝利の方程式」だった。先発ピッチャーがなんとか失点を最小限に抑え、四番が打ち、最後は抑えのピッチャーが敵打線をピシャッと抑えて勝つ。監督の選手起用の一つひとつが「変数」で、一定の組合せが成立すれば、この方程式の答えは「勝利」になる。

同じことが景気予測にもいえる。ＧＤＰの六割強を占める個人消費の来年度の値が知りたいとする。デパートやハンバーガーショップをのぞいてみて、客の入りを調べたりといった足を使った観測はもちろん重要だが、三〇〇兆円近い個人消費をわずかなものの動向からつかもうというのはどだい無理な話である。

支出は懐具合いかんだ、というのは、古今東西変わらぬ真実だ。そうであれば、懐具合と個人消費を結ぶ方程式を探せばよい。懐具合をあらわす変数として実質可処分所得を選ぶ。個人所得から税金や社会保険負担などを差し引いたものが可処分所得である。これを個人消費デフレータ（実質値を求めるための価格指数）で割ればよい。

問題は方程式の推定だ。実質消費は実質可処分所得から実質貯蓄を引いたものだから、実質可処分所得の何割かになっているはずである。ということは、実質可処分所得と比例関係にある直線が思い浮かぶ。これが求めようとしている方程式だ。何通りかの直線が引けるが、この中で実績との外れ具合が最も小さい直線を選んでやればよい。

具体的には最小二乗法の推定プログラムを使う。インターネットで「最小二乗法」をキーワードにして検索す

◎ 図8-7　実質個人消費の実績と推定値 ◎

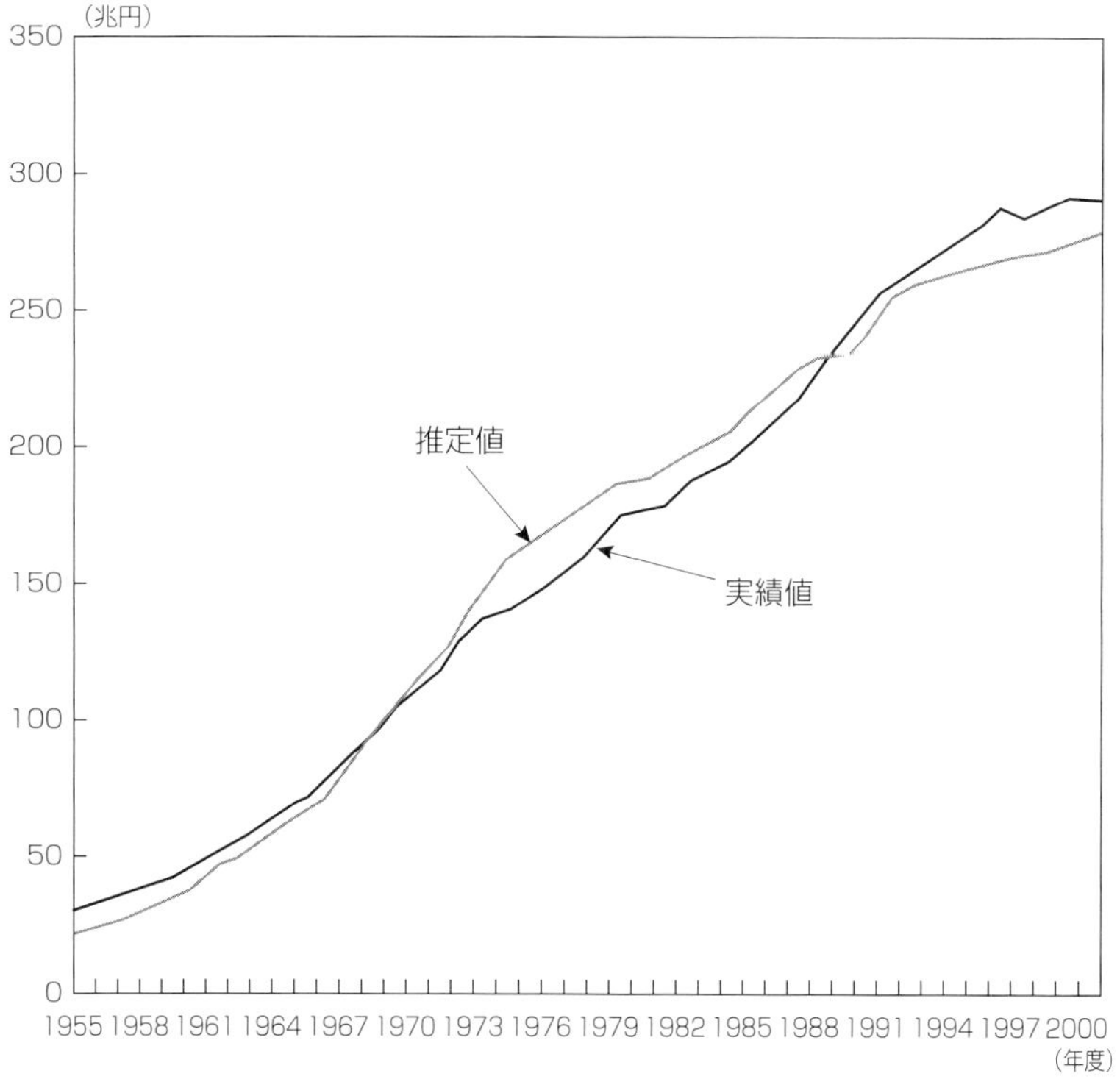

〈実質個人消費関数の推定結果（単位：10億円）〉

$$[\text{実質個人消費}] = -10908.78 + \underset{(50.5)}{0.8941349} \times \frac{\text{可処分所得}}{\text{個人消費デフレータ}}$$

（1995年＝1）

▽自由度修正済み決定係数＝0.9827

▽標準偏差＝11256

▽推定期間：1955～2000年度

▽（　　）内は t 値

れば、ダウンロードできるプログラムの情報が出てくる。

実際に推定してみると図8−7のような結果になった。決定係数が〇・九八だから、かなりよい当てはまり具合といえる。

(2) 方程式のいろいろ

● 消費関数

すでに説明したように、実質可処分所得がコアの説明変数になる。通常はこれに被説明変数である実質個人消費の一期前を説明変数として導入する。この説明方程式はM・フリードマンの「恒常所得仮説」に則っている。消費を決定するのは、その時々の可処分所得というより、その人が生涯にわたってもらえるであろう恒常所得に依存する、と考える。

近年はこれに資産効果を加えた消費関数を使う場合が多い。特に資産価格が大きな影響を与えた一九八〇年代以降の世界経済を分析する際には、株価、地価などの動向を抜きにしては需要動向を語れなくなった。

COLUMN

本章で使われる用語集

- 決定係数＝式の当てはまり状態を示す．1が最高で小さくなるにつれて当てはまりは悪くなる．
- 標準偏差＝実績値と推定値の間の乖離の度合いを示す．差の二乗和のルートをとる．
- t 値＝推定パラメーターの下にあるかっこ内の数値．推定パラメーターが誤差の何倍になっているかを示す．通常２以上であれば信頼性があると考えられる．
- 説明変数＝方程式の右辺に来る変数のこと．左辺を決定する基になる変数だ．これに対して左辺の変数は「被説明変数」という．
- 関数＝あるものを説明する仕組みを表したものが関数．予測モデルでは一次方程式が多いが，複雑な決定方式を導入すると，説明変数同士が非線形の複雑なコンビネーションになる．
- ストック調整原理＝常に最適なストック量を念頭に，これを実現するように経済行動が行われているとする考え方．いまストックを K，最適なストックを K^*，前期のストックを K_{-1} とすると，

$$K-K_{-1}=\theta\ (K^*-K_{-1})$$（θ は調整スピードを表す）

●住宅投資関数

個人消費と同様、実質可処分所得がキー変数になる。消費と違う点は、耐用年数が長いということだ。靴や洋服などと違って、二、三年経ったらまた新たに購入する、といったことはない。「建築循環」の項で分析しているように、いったん建てた住宅は四分の一世紀くらいはもつ。

ということは、常に最適なストックを念頭に住宅投資が行われているということだ。関数としてはストック調整原理（本章で使われる用語集参照）を使うことが多い。最適な住宅ストックを生涯所得と住宅ローン金利の関数と考えれば、住宅投資は実質可処分所得、住宅ローン金利、一期前の住宅ストックで説明できる。

●設備投資関数

住宅ほどではないが、設備も一〇年ほどの耐用年数がある。だから、住宅投資関数と同じようにストック調整原理で考えることが多い。

問題は最適なストックをどう考えるかだが、①能力原理、②利潤原理、③資金のアベイラビリティ（利用可能性）、④加速度原理など多様な考え方が提示されている。

能力原理なら稼働率、利潤原理では法人所得、資金のアベイラビリティでは今はやりのキャッシュフロー（内部留保と減価償却の合計）がキー変数となる。加速度原理では実質ＧＤＰの増分が中心的な説明変数になる。

法人所得をキー変数と考える場合でも、税引後所得とすると、税制が非常に重要になる。ここから投資減税の効果をはじく、といったことも可能になる。

トービンのqも設備投資研究家には人気のある変数だ。トービンのqは企業の市場価値と現存資本の更新費用の比としてあらわされる。分子の市場価値を示す中心的な指標は株価である。分母は資本の価格だから、簡単に株価と設備投資デフレータの比としてあらわす場合もある。トービンのqが上がるときはその企業の市場評価が高まっているときで、設備投資にも強気な態度があらわれると考える。

●在庫投資関数

ここでもストック調整原理がよく使われる。最適な在庫比率をαとすると、最適な在庫残高はα×実質ＧＤＰ

として示される。実際の在庫投資はこの最適在庫を実現するように行われる。しかし、実際には一〇〇パーセント実現することは難しい。実際に実質GDPを説明変数として方程式を推定すると、調整スピード（本章で使われる用語集のθ）が推定される。

●輸出関数

世界貿易の動向と競争相手との相対価格がキー変数になる。本来は海外の所得をとるべきだが、世界全体の所得動向をあらわす速報データがなかなか入手できないので、世界貿易で代替するケースが多い。

相対価格はドル・ベースでとる場合が多いので、邦貨建ての輸出価格をドル・ベースに変換する必要がある。ドル・ベースへの変換は、

邦貨建て輸出価格指数×基準時点の対ドル円レート／現在の対ドル円レート

北米やアジアを中心に対外直接投資額が膨らむにつれ、海外設備用の機材輸出が増えるので、この「直投」（対外直接投資のこと）を説明変数に加える傾向がある。

●輸入関数

国内所得と輸入価格・国内価格の相対価格がキー変数である。国内所得としては実質GDPを使う場合が多い。ドル建て輸入価格はいったん対ドル円レートを介して円建てに直す必要がある。

輸出関数と同様、対外直接投資にともなう輸入を考慮する傾向がある。直投が一定のラグ（時の遅れ）を置いて輸入増を招く、との考え方だ。

●円レート関数

国際経済論ではこの円レートの決定がハイライトの一つだ。最も基礎的な理論は購買力平価仮説である。二国間の為替レートはそれぞれの国の通貨の購買力動向で決まると考える。円の購買力について簡単に説明しよう。いま、一個一〇〇円のリンゴが二〇〇円になったとする。リンゴとの関係でみた円の価値は、半分になったことになる。これでわかるように、円の購買力とは物価の逆数だ。ドルの購買力と円の購買力を比べたとき、購買力が相対的に強くなっている通貨の価値が上がる、というのが購買力平価仮説である。

常識的な為替レート理論というと、ファンダメンタルズ・アプローチが話題になる。経済の基礎的な動向（ファンダメンタルズ）で決まるとする。金利が上がれば円高、経常収支黒字が増えれば円高、と判断している人はおおむねファンダメンタルズ派とみていい。

これに対し、金利が上がれば円安、という理論がある。マネタリー・アプローチの考え方だ。購買力平価と貨幣需要関数を組み合わせると、①金利高は円安、②マネーサプライの増加は円安、③実質成長率の上昇は円高、といった結論が導かれる。

近年、国際的な資金移動で為替相場が大きく変動することに焦点を当てたのがアセット・アプローチの考え方だ。金融資産の移動をベースに為替レート動向を判断する。アセット（資産）が集まる国の通貨は高くなると考える。

理論的には、経常収支の決定と資本収支の決定を考え、最終的に経常黒字と資本赤字が等しくなるような水準に円レートが決まる、と考えるのが正しい。ただし、これをきちんとモデル化するのはなかなか難しい。

●生産関数

通常はコブ＝ダグラス型（自然対数型）の関数を念頭に①稼働資本、②労働投入、③技術進歩、の三要素をもとに生産水準を決める。具体的には稼働率と資本ストックから稼働資本を求める。労働投入は就業者数と労働時間の積和（マンアワー）を使うことが多い。技術進歩は時間の関数だと考える。

この関数を使って、稼働率と労働時間の上限を与えてやれば能力生産量が求まる。生産能力を分母に実際の生産量を分子にして、一から差し引いた値が需給ギャップ率だ。

近年、第四の要素として資源を導入する試みがなされるようになった。資源の制約や地球環境面への配慮、といった視点からである。

●利潤関数

企業活動を計量モデルに取り込む際、重要なのは生産活動と企業所得をどう描くかだ。「投資の成果として利潤が生まれる」と考えれば、国民所得に占める法人所得の割合をＧＤＰに占める民間設備投資の割合で説明することもできる。カルドア型の利潤関数だ。

マクロ経済には生産、支出、所得の三面等価の関係がみてとれる。生産したものが売れるためには、この購買力となる所得が支払われていなくてはならない。この生産、支出、所得が等しくなって初めて国民経済がバランスする。

マクロ計量モデルでは、この三面等価をモデル化する。生産は、たとえば産業別の生産活動から求める。支出は個人消費、設備投資、輸出、といった形で需要項目ごとに求める。所得は賃金、利潤、利子所得などを積み上げる。しかし、国内総生産（GDP）、国内総支出（GDE）、国民所得（NI）にまとめた段階で三者が一致する保証はない。これをバランスさせるというのはなかなか難しい。マクロモデルの基本的な問題といえる。

たとえば、モデルは需要を中心に描き、需要項目の合計がそっくり供給されると考え、需要計とGDPが等しいと置く。問題は所得とのバランスだが、GDPから間接税などの控除項目を差し引いて国民所得を求め、これから賃金、利子所得など法人所得以外の所得項目を差し引いて法人所得を求める、といったモデルが考えられる。

この場合は、利潤はモデル全体の残差として計算されることになる。

●雇用関数

通常、マクロモデルでは失業率関数をもとに、労働力人口から失業者を差し引いて就業者を求める。失業率関数への単純な接近は、実質成長率が上がれば失業率が下がる、と考えるものである。労働投入と算出との関係を分析したA・オーカンの法則とも整合的だ。

さらに、たとえば、失業率が下がれば賃金上昇が激しくなる、という失業率と賃金のトレードオフから接近する方法もある。この賃金を物価に読み替えたのがフィリップス曲線だが、物価から接近する方法もある。

●賃金関数

わが国の場合、春闘の賃上げを予測することが主要なターゲットになる。名目賃金という意味では、前年度の消費者物価上昇率がまず問題になる。第二の変数は、企業の支払い能力であろう。法人所得を変数とする場合が多い。第三は労働需給であり、失業率か有効求人倍率を使う。

●物価関数

卸売物価指数と消費者物価指数の決定が中心的なテーマだ。卸売物価の場合は①輸入インフレ、②需給状態(ディマンド・プル・インフレ)、③コスト・プッシュ・インフレ(賃金インフレ)、④通貨インフレなどの要因を考える。①輸入物価、②需給ギャップ、③賃金、④マネーサプライもしくは金利がそれぞれの要因に対応する変数だ。近年はインフレというよりデフレが問題だが、方程式を構成する変数としてはインフレの場合と大きくは変わらない。

消費者物価の場合は①卸売物価、②賃金、③需給ギャップ、④マネーサプライ、もしくは金利が主要な説明変数といえる。サービスのウエイトが高いので、卸売物価以上に賃金への感応度が高い。

●マネーサプライ関数

実質貨幣需要関数として表現する場合が多い。説明変数は①実質GDP、②金利、③資産取引の三つである。モノやサービスの需要が増えれば貨幣需要も増える。金利が上がれば、高金利金融資産へ資金はシフトするので、実質貨幣需要は減る。資産取引が増えれば、仲介するマネーの需要は増える。

●金利関数

金利を決定する要因としては①マネーサプライ、②企業の手元流動性、③物価上昇率、④実質成長率、⑤為替レート、⑥海外金利などが考えられる。一九八〇年代までの日本経済では、公定歩合に連動する規制色の強い動きだったため、公定歩合との期間構造でほとんどの金利が説明できた。

一九九〇年代以降、次第に弾力的になり、マーケットの状態に依存する度合いが大きくなってきている。とはいえ、アメリカなどと比べると市場化はかなり遅れている。アメリカ式の金利決定を関数化しようと思ってもうまくいかない場合が多いようだ。

●資産価格関数

株価と地価の決定が中心になる。株価も地価も、少なくとも一九八〇年代までは収益の現在価値でかなりの説明力が得られた。地価の場合には、収益の代理変数として名目GDPをとり、長期金利で割り引いて現在価値に直すと、八割程度の説明力があった。株価の場合は、企業収益を長期金利で割り引いたものを説明変数にすると、九割弱の説明力が得られた。

ところが、この方程式はバブル崩壊後はすっかり説明力を失ってしまった。説明力は五割程度だが、GDPデフレーターで回帰すると、バブルが崩壊した以降も、それ以前と同じ程度の説明力を保持している。ストックの価格はフローの価格が累積されたもの、と思えば、ある意味では当然といえる。

(3) 内生変数と外生変数

計量モデルは、これまで説明したような方程式を束ねたものである。計量モデルの場合、連立方程式体系の中で解かれる変数を内生変数、外から与える変数を外生変数と呼ぶ。内生変数は、実質GDP、消費者物価、企業収益など、予測のターゲットになる変数だ。外生変数は、気温などのように人間がコントロールできない事象や政

COLUMN

レオンチェフ (**Wassily W. Leontief**)［1906～1999年］

レオンチェフといえば，誰もが思い浮かべるのが産業連関分析だ．インプット-アウトプットの頭文字をとってI-O分析ともいう．

革命前のロシアで生まれた．数量的マルクス経済学の系譜をたどっていくと，F・ケネーの経済表からK・マルクスの再生産表式への展開が主軸になるが，これにL・ワルラスの一般均衡理論を合わせたものがレオンチェフ着想の基礎になっているようだ．

戦後，コンピューターの発達と歩調を合わせる形で隆盛になった数量経済分析は，計量モデルとI-O分析が双璧だったといえる．だが，両者の接近法は基本的に違う．計量モデルが，経済理論をバックに経済行動を関数としてとらえるのに対し，I-O分析は投入係数という生産にともなう技術的な関係だけで経済現象を説明する．

着想はシンプルだが，経済分析のパワーは絶大だ．表を横に読むと，モノやサービスが何に使われているかがわかる．縦にみると，モノやサービスの供給に何を使っているかがわかる．横に使えば，産業別の需要予測ができる．縦に使えば，価格動向が予測できる．

府支出・公定歩合など国の政策にかかわるものを指す。

しかし、実際のところ内生、外生の境界は曖昧だ。いま公定歩合は外生変数だと書いたが、仮に金融当局の政策態度を表現するような方程式を導出、これをマクロモデルに組み込めば、公定歩合もれっきとした内生変数になる。人口もマクロモデルでは外生変数として扱う場合が多いが、将来の人口構成などデモグラフィックな姿を予測するのがねらいであれば、やはり内生変数になる。世界貿易や輸入価格も一国のマクロモデルでは外生変数だが、世界モデル予測では内生変数になる。

内・外生の区別が非常に曖昧なのは為替レートだ。「方程式のいろいろ」の「⑦円レート関数」で説明したように、国民経済と国際経済の接点にあるのが円レートで、そのために方程式はいろいろな形をとる。望ましい円レート関数は経常収支と資本収支の両面からの為替需給を均衡させるように定式化することだが、これを方程式としてあらわすのは至難の業といえる。とすれば、世界貿易や輸入物価と同じように、外生変数と扱うのもあながち間違っているともいえない。

ただし、マクロモデルのパフォーマンスとしては、円レートを内生化するか外生化するかで結果はかなり違ってくる。要はどんな目的に供するかでモデル・ビルディング全体が違ってくるということだ。

(4) 構造方程式と定義式

方程式にも二つのタイプがある。一つは構造方程式と呼ばれるもので、経済行動の因果関係を統計的処理で導出したものだ。左辺と右辺は実績レベルで一対一に対応するわけではなく、必ず推定誤差をともなう。もう一つは定義式で、左辺と右辺が恒等式で結ばれる。

(5) モデルのテスト

方程式を推定する段階でまずいくつかの統計的検定を受けなくてはいけない。通常、エコノミストが気にする統計量は①t値、②決定係数、③ダービン＝ワトソン（DW）比だ。

t値は推定パラメーターの値をこの標準偏差で割ったものである。推定誤差の大きさをあらわす標準偏差は小さいほどいいわけで、t値は大きい方がよく、二以上が望ましい。

決定係数は式の当てはまり具合をあらわす。最も当てはまりのいいのが一で、できるだけ一に近い方がいい。

ダービン＝ワトソン比は式全体の推定誤差のばらつき具合をあらわしている。推定結果の信頼性という意味では、誤差は限りなくランダムであることが望ましい。仮に誤差が推定期間の前半で過小評価、後半で過大評価になっているようだと、予測に使った場合過大評価になりやすい。ＤＷ比は誤差項同士の系列相関（誤差の異時点間での相関度）が高くなるにつれゼロに近づく。逆に乱数に近づくにつれ二に近づく。

モデルを組み上げた後は①内挿テストと②外挿テストを実施する。推定期間内でモデルを解くことを内挿テスト、推定期間外でモデルを解くのを外挿テストという。外挿テストは予測を通じてモデルの有効性をテストすることになる。内挿テストでの留意点は、まず変数ごとの実績とのはずれ具合である。乖離率はできるだけ小さく、しかも実績を上下に縫うように動くのが良い。

(6) シミュレーション

計量モデルが段階的接近法より優れている点の一つはシミュレーション（模擬実験）ができるということである。通常、シミュレーションは外生変数の値を変えることで実施する。たとえば、公共投資を毎年一〇％減らしたらどうなるか、とか、公定歩合がゼロ％になったら、といった想定に基づいてモデルを解くことである。

時には内生変数を外生化し、この値を変えることでシミュレーションを実施することもあるし、構造方程式の誤差項に一定の変動を想定してシミュレーションを行う場合もある。個人の消費行動や企業の投資行動に推定期間にはみられなかった新たな変化が起こると想定した場合などだ。

(7) 乗数テスト

計量モデルのパフォーマンスを調べる場合、最も一般的な方法は主要な外生変数の乗数を比べることである。

乗数というのは、外生変数の一定の変化に対して内生変数がどの程度変わるかを示した値のことである。たとえば、公共投資を毎年一兆円増やした場合、初年度に名目ＧＤＰが一兆二〇〇〇億円増えたとしたら、このモデルの公共投資乗数は一・二になる。よく実施する乗数テストは、公共投資、税制変更、公定歩合、公共料金、原油価格、円レートなどだ。

経済政策にからんでよく登場するのが公共投資か減税か、という政策論議である。乗数の比較が一つの判断材料になる。石油危機のときには原油価格シミュレーションがマクロモデル利用の花形だった。消費税導入時には消費税増税のパフォーマンスをめぐってマクロモデルが妍を競った。

(8) 時系列モデルによる予測

実は、これまで計量モデルについて説明してこなかったことが一つある。それは、外生変数を設定してそのままモデルを解いても納得のいく予測値が得られるとは限らないということである。まず九分九厘、不満足な結果しか得られない。

ポイントは推定式が誤差を含んでいるということだ。誤差分のアッドファクター（調整項）を加えてはじめて方程式は実績に一致する。これをゼロと置いて予測する、というのが公式な作法だが、直近時点での誤差のポジションに引っ張られて、予測値は意図せざる方向に行ってしまう。ところがこの調整項をいかほどにすればいいかというと、納得のいくルールは存在しないのだ。となると、計量モデルによる予測は予測者の主観に引っ張られてしまう。

この否定の上に登場したのが時系列分析モデルだ。理論よりもデータの中に秘められている情報をフルに活用して将来を予測する。時系列モデルの基本は①自らの過去の分布ラグで将来を予測する、②誤差がホワイトノイズと呼ばれる完全なランダム状態になるようにラグの長さとパラメーターを決める、という点にある。

だが、時系列モデルでは仮に予測が的中しても、なぜかは説明できない。また、ホワイトノイズを導き出す途上で定常化変換（一方的な偏りを除く）を実施するが、この変換次第でモデルは大きく違ってくる。時系列モデルといえども恣意性を除去できないということだ。

(9) モデルを作ってみよう

小さなマクロモデルを作ってみよう。ターゲットは実質ＧＤＰ（国内総生産）だ。実質ＧＤＰを需要サイドからみたとき、必要最小限のブレークダウンは①消費、②

◎ 図8-8 ミニマクロモデルの方程式一覧 ◎

①消費関数（推定期間：1971～2000年度）

$$C=11440+\underset{(7.00)}{0.2670}\times Y-\underset{(-1.41)}{164.7}\times\dot{P}+\underset{(6.81)}{0.4765}\times C_{-1}$$

$\bar{R}^2=0.999$　　$DW=1.78$　　$S=1930$

②投資関数（同：1971～2000年度）

$$I/K_{-1}=-0.03111+\underset{(3.05)}{0.09483}\times Y/K_{-1}-\underset{(-2.60)}{0.002090}\times\dot{P}+\underset{(6.45)}{0.7500}\times I_{-1}/K_{-2}$$

$\bar{R}^2=0.899$　　$DW=1.64$　　$S=0.01068$

③資本ストック関数（同：1971～2000年度）

$$K=8843+\underset{(9.44)}{0.9146}\times I+\underset{(74.5)}{0.8776}\times K_{-1}$$

$\bar{R}^2=0.999$　　$DW=1.06$　　$S=5222$

④輸出関数（同：1983～2000年度）

$$\ln(E)=4.130+\underset{(14.7)}{0.6662}\times\ln(TW)-\underset{(-2.75)}{0.2028}\times\ln(P/FX/PTW)$$

$\bar{R}^2=0.968$　　$DW=1.06$　　$S=0.03928$

⑤輸入関数（同：1986～2000年度）

$$\ln(M)=-10.11+\underset{(5.14)}{1.701}\times(\ln(Y)+\ln(Y_{-1}))/2$$
$$-\underset{(-1.47)}{0.3550}\times(0.2\times\ln(PM\$\times FX/P)+0.6\times\ln(PM\$_{-1}\times FX_{-1}/P_{-1})$$
$$+0.2\times\ln(PM\$_{-2}\times FX_{-2}/P_{-2}))$$

$\bar{R}^2=0.918$　　$DW=0.653$　　$S=0.06995$

⑥実質GDPの決定

$$Y=C+I+G+E-M$$

⑦就業者関数（推定期間：1971～2000年度）

$$\ln(L)=0.3269+\underset{(48.1)}{0.2921}\times\ln(Y)$$

$\bar{R}^2=0.988$　　$DW=0.399$　　$S=0.009552$

⑧GDPデフレータ関数（同：1971～2000年度）

$$\dot{P}=-0.4964+\underset{(8.26)}{0.09751}\times(\dot{W}+\dot{W}_{-1})/2+\underset{(1.26)}{0.03075}\times(\dot{PM\$}\times FX)$$
$$+\underset{(3.52)}{0.5321}\times\dot{Y}_{-1}$$

$\bar{R}^2=0.847$　　$DW=1.43$　　$S=1.792$

⑨賃金関数（同：1985～2000年度）

$$\dot{W}=-0.2439+\underset{(1.48)}{0.3332}\times\dot{P}_{-1}+\underset{(3.92)}{0.8979}\times((Y_{-1}\dot{/}L_{-1})+(Y_{-2}\dot{/}L_{-2}))/2$$

$\bar{R}^2=0.619$　　$DW=1.77$　　$S=1.116$

〈記号の説明〉

$\bar{R}^2$	自由度修正済み決定係数	S	標準偏差
DW	ダービン=ワトソン比	・（ドット）	前年度比伸び率（%）

〈変数の説明〉

C	実質民間最終消費支出（1995年価格・10億円，内生）	P	GDPデフレータ（1995年＝100，内生）
I	実質民間投資＝住宅・設備・在庫計（1995年価格・10億円，内生）	W	雇用者1人当たり賃金（1000円，内生）
K	実質民間資本ストック＝住宅・設備計（1995年価格・10億円，内生）	G	政府支出（1995年価格・10億円，外生）
E	実質輸出（1995年価格・10億円，内生）	$PM\$$	輸入デフレータ（ドル・ベース）（1995年＝100，外生）
M	実質輸入（1995年価格・10億円，内生）	FX	対ドル円レート（円／ドル，外生）
Y	実質GDP（1995年価格・10億円，内生）	TW	実質世界貿易（1995年価格・10億ドル，外生）
L	就業者数（100万人，内生）	PTW	世界貿易デフレータ（1995年＝100，外生）

◎ 図8-9　実質GDPの内挿テスト結果（1995年価格）◎

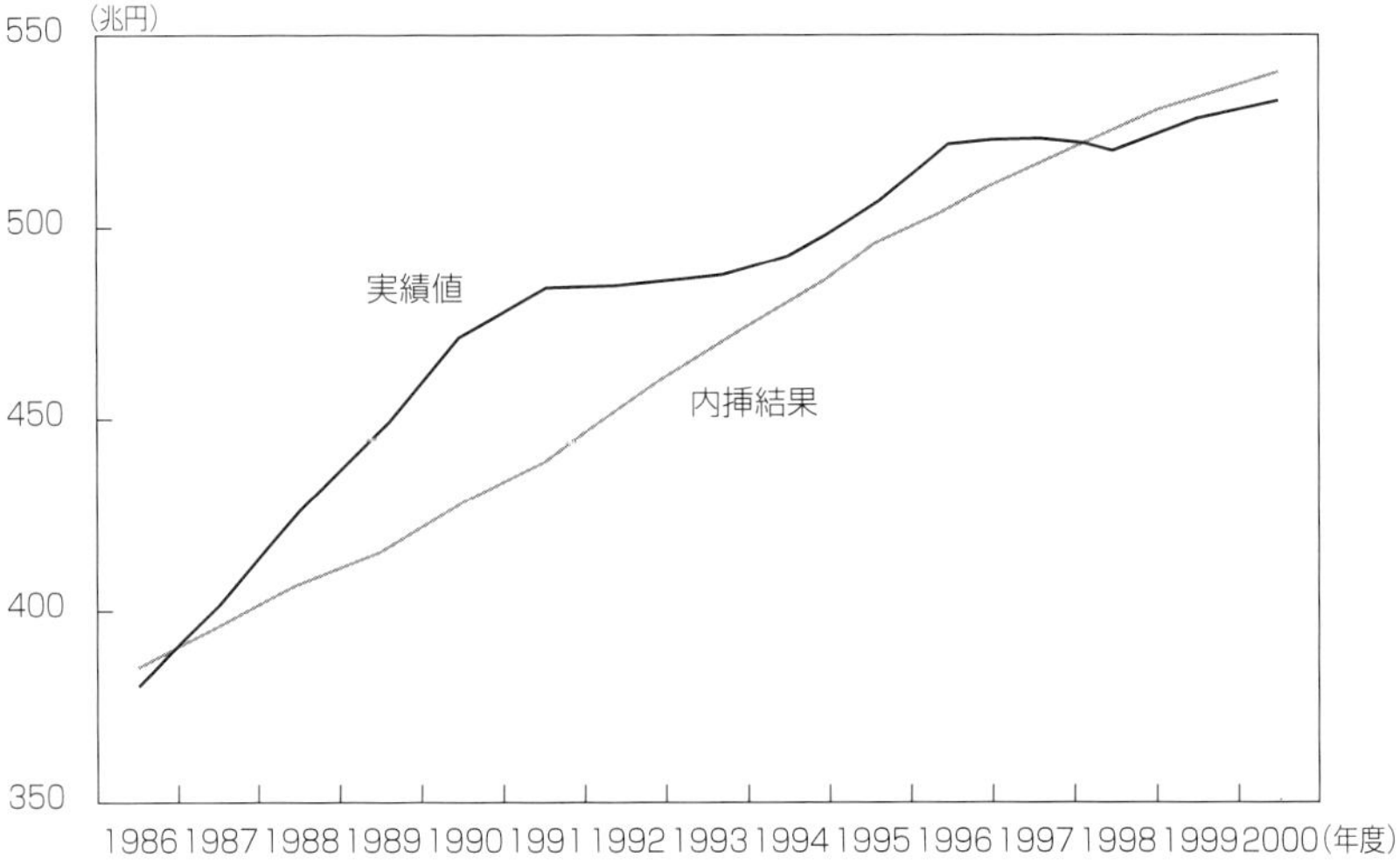

民間投資、③政府支出、④輸出、⑤輸入であろう。政府支出は外生変数だから、構造方程式として推定する必要があるのは、消費、民間投資、輸出、輸入の四項目だ。この四本の式ができればそれだけでも実質ＧＤＰは予測できる。

しかし、輸出入関数を扱えば必ず内外の相対価格が説明変数として入ってくる。価格は外生、と割り切ってモデルを構築することも可能だが、数量だけ動くモデルでは市場の動きが反映されない。ＧＤＰデフレータくらいは内生化しよう。

だが、いったん価格ブロックに足を踏み入れると、賃金が戦略変数として登場する。賃金を扱えば就業者数が問題になる。こうして実質ＧＤＰ関連で資本ストックを加えた五つの構造方程式、これに価格・労働で三つの方程式、定義式として実質ＧＤＰの恒等式を加えればミニマクロモデルができあがる。

推定期間は年度モデルにしたので長めに、原則として一九七一年度から二〇〇〇年度までとした。かなりリスキーな内挿テストだが、思い切って一九八六〜二〇〇〇年度まで解いてみた。

結果は予想した通り、実質GDPは、バブル期では過小評価、一九九〇年代後半は逆に過大評価になった。物価は一九九〇年代後半のデフレを追い切れなかった。しかし、九本のミニモデルにしてはまずまずのパフォーマンスといえるのではないだろうか。

興味のある人はこのモデルを使って予測してみて下さい。

【参考文献】


池田吉紀・内田茂男・三橋規宏［一九八五］『ゼミナール日本経済入門』日本経済新聞社。

太田清［一九九三］『景気予測の考え方と実際』有斐閣。

金森久雄監修［一九七〇］『段階的接近法による経済予測』日本経済新聞社。

――・土志田征一編［一九九一］『景気の読み方』有斐閣。

刈屋武昭・溝口敏行［一九八三］『経済時系列分析入門』日本経済新聞社。

L・R・クライン著／篠原三代平・宮沢健一訳［一九六五］『ケインズ革命』有斐閣。

J・M・ケインズ著／塩野谷祐一訳［一九九五］『雇用・利子および貨幣の一般理論（普及版）』東洋経済新報社。

小峰隆夫［一九九二］『基本ゼミナール　日本経済・景気予測入門』東洋経済新報社。

小宮隆太郎［一九九四］『貿易黒字・赤字の経済学』東洋経済新報社。

――・須田美矢子［一九八三］『現代国際金融論』日本経済新聞社。

J・ジョンストン著／竹内啓他訳［一九七五］『計量経済学の方法』東洋経済新報社。

通商産業大臣官房調査統計部統計解析課統計指標研究会編［一九九六］『景気を読む統計指標』大蔵省印刷局。

内閣府経済社会総合研究所編［二〇〇一］『経済動向指標の再検討』財務省印刷局。

日本経済研究センター編［二〇〇〇］『経済予測入門』日本経済新聞社。

日本経済新聞社・日本データ開発センター編［一九七二］『経済分析のためのデータ解説』日本経済新聞社。

畠中道雄［一九九一］『計量経済学の方法』創文社。

馬場正雄［一九八八］『日本経済　観測と分析』名古屋大学出版会。

R・E・ルーカス著／清水啓典訳［一九八八］『マクロ経済学のフロンティア』東洋経済新報社。

渡部経彦［一九七〇］『数量経済分析』創文社。

【マ行】

【ヤ行】

【ラ行】

【A～Z】

【タ行】

【ナ行】

【ハ行】

【サ行】

索　引

白川　一郎（しらかわ　いちろう）
1943年香川県に生まれる．1968年慶應義塾大学大学院経済学研究科修士課程修了．立命館大学政策科学部教授．景気循環学会理事．第3章第4～6節担当．主要著書：『内外価格差』（中央公論社，1994年），『SNA統計・見方使い方』（東洋経済新報社，1994年），『景気循環の演出者』（丸善，1995年）．

田原　昭四（たはら　しょうじ）
1929年山口県に生まれる．1953年山口大学経済学部卒業．南山大学経済学部教授を経て，現在，景気循環学会顧問．第4章担当．主要著書：『景気変動と日本経済』（東洋経済新報社，1983年），『新しい景気の読み方』（編著，東洋経済新報社，1988年），『日本と世界の景気循環』（東洋経済新報社，1998年）．

野村　信廣（のむら　のぶひろ）
1943年東京都に生まれる．1967年慶應義塾大学経済学部卒業．現在，南山大学経済学部教授．景気循環学会常務理事．第6章担当．主要著書：『景気サイクルの読み方』（自由国民社，1988年）．主要論文：「経済統計と現代日本経済」（『南山経済研究』第14巻第3号，2000年より現在まで毎号掲載中）．

森　一夫（もり　かずお）
1935年京都府に生まれる．1961年同志社大学大学院経済学研究科修了．現在，同志社大学経済学部教授．景気循環学会副会長．第2章担当．主要著書：『日本の経済予測』（東洋経済新報社，1976年），『日本の景気サイクル』（東洋経済新報社，1997年）．

横溝　雅夫（よこみぞ　まさお）
1934年兵庫県に生まれる．1956年東京大学経済学部卒業．1989年経済企画庁審議官退官．㈱日興リサーチセンター理事長を経て現在，明星大学経済学部教授．景気循環学会常務理事．第7章担当．主要著書：『景気循環で読む日本経済』（日本経済新聞社，1991年），『新しい日本の構想』（東洋経済新報社，1993年）．主要論文：「日本には1400万人の余裕労働力がある」（『エコノミスト』第68巻第9号，1990年）．

【執筆者紹介】

金森　久雄（かなもり　ひさお）**編者**
1924年東京都に生まれる．1948年東京大学法学部卒業．経済企画庁内国調査課長，経済企画庁経済研究所次長，日本経済研究センター理事長などを経て，現在，日本経済研究センター顧問．景気循環学会会長．序章担当．主要著書：『日本の貿易』（至誠堂，1961年），『入門日本経済』（中央経済社，1977年，以後各年版），『わたしの戦後経済史』（東洋経済新報社，1995年）．

池田　吉紀（いけだ　よしき）
1943年石川県に生まれる．1965年横浜国立大学経済学部卒業．現在，㈱格付投資情報センター（R&I）代表取締役社長．景気循環学会理事．第８章担当．主要著書：『ゼミナール日本経済入門』（共著，日本経済新聞社，1985年）．主要論文：「板ガラス産業モデル」（KIER（京都大学経済研究所）ディスカッションペーパー，1969年）．

上野　達雄（うえの　たつお）
1940年京都府に生まれる．1974年ピッツバーグ大学大学院修士課程修了．現在，大阪産業大学経済学部教授．第３章第１～３節担当．主要著書：「景気循環の類似性」（『経済分析』130号，大蔵省，1993年）．主要論文：「景気循環の周期性」（『景気とサイクル』23号，景気循環学会，1997年）．

大守　隆（おおもり　たかし）
1951年神奈川県に生まれる．1974年東京大学工学部卒業，オックスフォード大学経済学博士．日本経済研究センター主任研究員，大阪大学経済学部教授，経済企画庁内国調査第一課長などを経て，現在，内閣府経済社会総合研究所総括政策研究官．第５章担当．主要著書：『介護の経済学』（共著，東洋経済新報社，2001），主要論文：「アジアの時代の国際経済政策」（『日本経済政策学会』1997年）．

嶋中　雄二（しまなか　ゆうじ）
1955年東京都に生まれる．1978年早稲田大学政治経済学部卒業，三和銀行入行．1983年同行を退職後，早稲田大学大学院経済学研究科修士課程修了，㈳日本経済研究センター研究員等を経て，1989年㈱三和総合研究所主任研究員．現在，㈱UFJ 総合研究所投資調査部長兼主席研究員．景気循環学会理事兼事務局長．第１章担当．主要著書：『メジャー・サイクル』（東洋経済新報社，1996年），『日本経済の油断』（東洋経済新報社，2000年）．

ゼミナール　景気循環入門

2002年4月8日 発行

編者　景気循環学会／金森久雄
発行者　高橋　宏
〒103-8345
発行所　東京都中央区日本橋本石町1-2-1　東洋経済新報社
電話 編集03(3246)5661・販売03(3246)5467 振替00130-5-6518
印刷・製本　図書印刷

Printed in Japan　ISBN 4-492-31303-6　http://www.toyokeizai.co.jp/